国家自然科学基金面上项目（41371140）
国家社会科学基金重大项目（16ZDA016）
教育部人文社会科学重点研究基地重大项目（17JJD790007）

Interconnection and Interworking:
The Structure and Evolution of the Shipping Network in China

互联互通：
中国航运网络的结构与演化

王列辉 ◎ 著

科学出版社
北　京

图书在版编目（CIP）数据

互联互通：中国航运网络的结构与演化 / 王列辉著. —北京：科学出版社，2018.11

（中国城市研究丛书）

ISBN 978-7-03-059093-0

Ⅰ. ①互… Ⅱ. ①王… Ⅲ. ①航运-交通运输网-研究-中国 Ⅳ. ①F552.3

中国版本图书馆 CIP 数据核字（2018）第 231668 号

责任编辑：杨婵娟　姜德君 / 责任校对：王　瑞
责任印制：张欣秀 / 封面设计：有道文化
编辑部电话：010-64035853
E-mail：houjunlin@mail.sciencep.com

科学出版社 出版
北京东黄城根北街 16 号
邮政编码：100717
http://www.sciencep.com

北京建宏印刷有限公司 印刷
科学出版社发行　各地新华书店经销

*

2018 年 11 月第 一 版　开本：720×1000　B5
2019 年 6 月第二次印刷　印张：14 3/4
字数：297 000
定价：98.00 元
（如有印装质量问题，我社负责调换）

丛 书 序

　　城市是人类创造的一种具有高度文明的聚居形式，她很早就在人类活动的历史长河中占有一定的地位。但因生产力发展长期处于落后的水平，农村一直是人类的主要聚居形式。直至进入工业化时代，城市化进程始开始加速。20世纪后半叶起，发展中国家城市化进程开始加速，促使世界城市化水平逐步提高。根据联合国经济和社会理事会（Economic and Social Council，ECOSOC）人口与发展委员会《世界城市化展望》（2005年版）的报告，2008年世界城市化水平首次达到50%，这意味着城市开始成为人类的主要聚居形式，人类从此进入城市时代。

　　中国有着数千年的城市发展历史。1978年实施改革开放政策后，融入全球化时代的中国进入城市快速发展时期。2014年，国家统计局公布的我国城市化率已达54.77%，城市人口超过了全国人口的半数，较2000年的36.09%城市化率提升了18.68个百分点，年均增加1.33个百分点。快速城市化推动了大量剩余农业劳动力向城市中的非农业部门转移，加快了我国经济、社会转型和空间重组。与此同时，城市居民的居住条件、城市各项服务设施和基础设施水平也有显著提升，人居环境得到改善。因此，城市化已和工业化、信息化、市场化、全球化一起成为当前我国经济社会发展的重要特征，并和其他"四化"彼此间相互作用、相互影响。但过快的城市化也使各种城市问题伴之而生。其中，既有和其他国家共同面临的城市问题，如中低收入阶层居民的居住问题、交通堵塞、环境污染、城市蔓延等，也有具有中国特色的城市问题，如大规模的农村人口流动及由户籍制度限制导致的进城农民的"半城市化"、城中村等现象，以及城市化进程中的区域差异扩大等问题。

　　面对快速发展的中国城市化进程，2003年，华东师范大学成立了中国现代城市研究中心，主要由来自于校内地理、社会、经济、历史、城市规划等学科的研究人员组成，还聘请了数位国外教授担任中心的兼职研究员。2004年11月，中心被教育部批准为普通高等学校人文社会科学重点研究基地。自中国现代城市研究中心成立以来，中心科研人员承担了大量的国家级和省部级研究项目，在城市研究领域取得了丰硕的成果，并主办多次较大规模的国际学术会议，在国内外产生了积极的影响。

为繁荣城市科学的学术研究，从 2007 年起，中国现代城市研究中心在科学出版社的大力支持下组织出版"中国城市研究丛书"。这套丛书汇集了中心研究人员在中国城市研究领域的代表性成果，迄今已有 8 部专著问世。这些专著聚焦于城市网络、城市与区域经济、全球生产网络、大都市区空间组织等城市研究前沿，从信息化、全球化、网络化等角度探讨了中国城市发展的新动态、新特点。这些著作的出版在国内外学术界产生了积极的反响，其中有些还获得了省部级奖。"中国城市研究丛书"将进一步拓展研究领域，逐步出版中心研究人员在城市化、城市群、城市社会融合等方面的最新研究成果，以促进中国城市科学研究的进步。

18 世纪的工业革命开启了人类社会现代化的进程，也带来了城市化的进程。在城市化推动经济和社会进步的同时，各种城市问题与城市化进程如影相随，甚至产生严重的病症。正如 19 世纪伟大的英国作家狄更斯在《双城记》中所言："这是最好的时代，这是最坏的时代。这是智慧的年代，这是愚昧的年代。"2010 年，上海举办了以"城市，让生活更美好"为主题的世博会，这在世博会历史上是第一次，表明应对快速城市化带来的问题已成为人类社会面临的挑战。我国未来的城市化进程仍然任重而道远，中国现代城市研究中心同仁将继续积极投身中国城市的研究，为中国城市化的持续健康发展做出自己的贡献。

宁越敏
华东师范大学中国现代城市研究中心主任
2015 年 10 月于华东师范大学丽娃河畔

前　言

　　港口是区域经济发展的重要基础设施，是地方对外联系的重要门户。2002年当我进入复旦大学历史地理研究所攻读硕士学位时，我的导师吴松弟教授正以"港口-腹地"为切入点，研究中国现代化的空间进程。同门师兄弟分别以沿海沿江某个港口城市为研究对象，考察近代中国开埠后，在全球化浪潮下，中国的港口城市与腹地的双向互动关系及对当前区域经济发展和现代化的影响。因为我来自宁波，而宁波又是近代率先开埠的五口之一，所以就被吴老师安排研究近代宁波港与腹地经济的互动关系。在研究宁波港的过程中，大量的史料显示，作为相邻港口的上海港在近代宁波港的发展历程中产生了非常重要的影响，而在2000年前后，洋山深水港的论证与建设又引起了学界对上海港与宁波港如何协调发展的关注。因此，在我确定提前攻读博士学位后，在吴老师的支持下，我把研究主题确定为近代上海、宁波两港的空间关系。2009年在浙江大学出版社出版的《驶向枢纽港：上海、宁波两港空间关系研究（1843—1941）》是我对硕博期间关于近代港口研究的一个总结。

　　2008年进入华东师范大学地理学博士后流动站，在宁越敏教授的指导下，我更多地接触和学习当代地理学的理论和方法。在梳理港口地理学的发展历史和学术脉络时，我注意到港口研究的对象有一个转变的过程：传统的研究大多只关注陆向腹地（hinterland），也就是每个港口服务的内陆区域，之后港口的研究开始考虑到海向腹地（foreland）的因素，也就是港口服务的海外区域，20世纪80年代的学者又注意到港口之间的竞争是对相邻港口间交叉腹地的竞争，之后学者的研究又表明港口之间的竞争更重要的是争夺或吸引船公司，而非货主。在这样的认识基础上，研究港口的海向腹地成为我的一个新的兴趣点。同时，这一时期学术界对网络的理论探索和方法拓展取得了很大进展，我也开始尝试用复杂网络的分析工具来研究港口的航运网络。

　　本书在梳理了国内外研究现状的基础上，探究了全球、中国沿海和长江沿岸的航运网络格局和演化特征，进而从自然条件、政府和企业等航运行为主体的策略、港口间功能分化与相互竞争等方面考察了影响航运网络的因素。全书希望能在港口地理学的研究范式上有新的尝试，即从等级视角向网络视角转变、地方空间向流动空间转变、港口中心论向企业中心论转变、港际竞争向港际合作转变、单一学科向多学科融合转变。

本书的研究得到了国家自然科学基金面上项目（41371140）、国家社会科学基金重大项目（16ZDA016）、教育部人文社会科学重点研究基地重大项目（17JJD790007）的资助，也得益于国家留学基金管理委员会对我赴比利时访问研究的资助。本书的研究工作都是在教育部人文社会科学重点研究基地——华东师范大学中国现代城市研究中心完成的，特别感谢原主任宁越敏教授、现主任曾刚教授长期以来对我的关心和指导，也感谢中心和城市与区域科学学院杜德斌教授、徐长乐教授、谷人旭教授、林拓教授、孙斌栋教授、孔翔教授、汪明峰教授、刘承良教授、何丹副教授、姜允芳副教授、滕堂伟副教授等同仁的大力支持。

本书的写作也一直得到复旦大学历史地理研究所吴松弟教授，中国科学院地理科学与资源研究所金凤君研究员、王成金研究员、王娇娥研究员，中国科学院南京地理与湖泊研究所曹有挥研究员、吴威副研究员等的关心，在此深表谢意；也要感谢 Theo Notteboom 教授给我提供在比利时安特卫普大学访学的机会；感谢法国国家科研中心（CNRS）研究室主任 César Ducruet 两次邀请我参加在巴黎召开的全球航运网络研究工作坊（International Workshop on Maritime Flows and Networks）；感谢香港城市大学新丝路研究中心王缉宪教授、加拿大曼尼托巴大学阿斯佩商学院供应链管理学系吴盖宇（Adolf K. Y. Ng）教授、香港理工大学香港专上学院刘锐业（Lau Yui Yip）等学者的支持和帮助。

本书的部分章节在国内外学术期刊上发表，包括《城市规划学刊》（2018年第2期）、《长江流域资源与环境》（2017年第10期）、*Sustainability*（2017年第9期）、《中国经济史研究》（2017年第5期）、《中国城市研究》集刊（2015年第八辑）、《史林》（2014年第2期）、《江汉论坛》（2012年第10期）。对上述刊物允许本书使用有关文献表示感谢，也感谢上述论文的匿名审稿人及编辑提出的宝贵意见。

本书的完成也离不开我的研究生的参与，感谢陈鹏、叶斐、朱艳、严宽。张圣对本书的图表、参考文献等格式进行了大量的修改。在此，感谢他们的辛勤付出。

王列辉
2018年6月29日于华东师范大学地理馆

目 录

- 丛书序
- 前言
- 第一章 绪论 ··· 1
  - 第一节 研究综述 ·· 1
  - 第二节 关于本书 ·· 8
- 第二章 全球航运网络空间格局 ·· 13
  - 第一节 全球航运网络枢纽节点 ································· 17
  - 第二节 全球航运网络航线组织 ································· 22
  - 第三节 全球航运网络社团结构 ································· 27
  - 第四节 全球航运网络的空间系统 ······························ 39
  - 第五节 本章小结 ·· 48
- 第三章 中国沿海航运网络研究 ·· 50
  - 第一节 中国沿海港口城市航运可达性 ······················· 50
  - 第二节 中国沿海港口动态关联关系研究 ···················· 59
  - 第三节 中国沿海港口体系的分散化与集中化 ·············· 73
  - 第四节 本章小结 ·· 86
- 第四章 长江沿岸航运网络研究 ·· 88

第一节　近代上海宁波两港的航运网络 …………………………… 88
第二节　近年来上海宁波两港航运网络 …………………………… 91
第三节　长江沿岸港口城市航运网络结构 ………………………… 100
第四节　本章小结 …………………………………………………… 116

第五章　城市、腹地与中国航运网络 ………………………………… 119

第一节　上海与香港在近代中国航运网络中的地位 ……………… 119
第二节　上海与香港成为航运网络重要节点的因素 ……………… 124
第三节　本章小结 …………………………………………………… 129

第六章　政府、企业与航运网络
　　　　——20世纪20年代英日两国在华航运网络研究 ……… 131

第一节　国内外航运史研究进展 …………………………………… 131
第二节　列强在华航运发展历程 …………………………………… 133
第三节　英日两国在华航运网络结构特征 ………………………… 135
第四节　英日两国在华航运网络格局的影响因素 ………………… 143
第五节　本章小结 …………………………………………………… 146

第七章　航运企业重组与航运网络整合
　　　　——基于中远、中海重组的实证分析 …………………… 148

第一节　航运企业的兼并重组 ……………………………………… 148
第二节　航运网络的幅员经济和枢纽经济 ………………………… 151
第三节　中远、中海与中远海运航运网络格局差异 ……………… 152
第四节　本章小结 …………………………………………………… 161

第八章　港口功能分化与航运网络 …………………………………… 164

第一节　港口体系的集中化与分散化 ……………………………… 165
第二节　相邻港口的空间关系 ……………………………………… 167
第三节　中国沿海相邻港口的功能分化 …………………………… 169
第四节　中国沿海相邻港口功能分化的形成机制 ………………… 174
第五节　本章小结 …………………………………………………… 179

第九章　相邻港口竞合与航运网络演变
——以上海、宁波、香港、深圳四港为中心 ············ 181
- 第一节　相邻港口竞合的数据和方法 ·························· 182
- 第二节　两组相邻港口箱量与航线对比分析 ················ 185
- 第三节　相邻港口航运网络演变的驱动力分析 ············ 193
- 第四节　本章小结 ··· 198

参考文献 ·· 199

图 目 录

图 1-1　港口运作系统 ·· 2
图 1-2　港口地理学的要素 ·· 2
图 1-3　港口地理学研究对象（1999～2013 年） ···························· 4
图 1-4　港口研究的学科演进 ·· 8
图 2-1　三级枢纽港枢纽指数与吞吐量比较 ································· 22
图 2-2　全球主要航区间组织联系 ··· 23
图 2-3　2004～2012 年我国港口内外贸集装箱吞吐量占集装箱吞吐总量的比例 ··· 33
图 2-4　马六甲海峡的航线组织格局 ··· 43
图 2-5　直布罗陀海峡的航线组织格局 ······································· 44
图 2-6　西北欧的航线组织格局 ··· 45
图 2-7　加勒比海的航线组织格局 ··· 46
图 3-1　枢纽港-支线港网络示意图 ··· 51
图 3-2　数据建模流程 ··· 66
图 3-3　四大板块之间的溢出效应示意图 ··································· 71
图 3-4　港口演变模型 ··· 74
图 3-5　中国沿海港口的集中化 ··· 80
图 3-6　1991～2007 年中国货物进出口总额 ······························· 81
图 3-7　1991～2007 年中国沿海主要港口货物和国际集装箱吞吐量 ········ 82
图 4-1　2004 年上海航运网络 ·· 92
图 4-2　2004 年宁波航运网络 ·· 93
图 4-3　2012 年上海航运网络 ·· 94
图 4-4　2012 年宁波航运网络 ·· 95
图 4-5　中国航运网络中度和介数排名前列的港口 ··················· 96
图 4-6　城市联系类型（以核心性分类） ································· 107
图 4-7　长江港口城市联系网络 ··· 108

图 4-8　2016 年长江沿岸港口货物运输量 …………………………………… 109
图 4-9　长江港口城市派系 …………………………………………………… 110
图 4-10　网络主要核心城市对外联系 ……………………………………… 113
图 4-11　航运服务业不同门类联系网络 …………………………………… 116
图 6-1　英国和日本在华航运网络结构 ……………………………………… 138
图 6-2　英国和日本在华远洋航线 …………………………………………… 140
图 6-3　英国和日本在华近洋航线 …………………………………………… 141
图 6-4　英国和日本在华内河航线 …………………………………………… 142
图 7-1　2015 年中远、2015 年中海及 2016 年中远海运航区间航段联系 …… 156
图 7-2　2016 年中远海运航运网络空间格局 ………………………………… 158
图 7-3　基于航运网络变化的企业协同效应获取模式 ……………………… 162
图 8-1　各港内外贸优势指数 ………………………………………………… 170
图 8-2　各港内外贸中转优势指数 …………………………………………… 172
图 8-3　中国港口功能分化机制 ……………………………………………… 179
图 9-1　1995~2015 年上海、宁波、香港、深圳四港集装箱吞吐量 ……… 186
图 9-2　1995~2015 年上海、宁波、香港、深圳四港联系的港口数量 …… 189
图 9-3　1995~2015 年上海、宁波、香港、深圳四港国际航运网络结构 … 191
图 9-4　两组相邻港口航运网络演化的动力机制 …………………………… 194

表 目 录

表 2-1　全球航运网络港口体系及其分布 ···18
表 2-2　1978～2017 年全球（集装箱）枢纽港演变 ·······································19
表 2-3　2006 年和 2017 年全球主要枢纽港的等级结构 ································20
表 2-4　全球主要航区联系格局 ···24
表 2-5　排名前 100 的航线中跨航区的联系 ···26
表 2-6　中国航运网络中的社团结构划分（2004 年、2012 年）··················27
表 2-7　1869～1904 年各港经香港输入外国货物占各港全部外国货物比重 ·····31
表 2-8　各社团港口数量（2004 年、2012 年）··32
表 2-9　社团之间航线联系（2004 年、2012 年）··34
表 2-10　中国同各地区海关货物进出口额占比（2004～2012 年）·············36
表 2-11　各社团中的首位港（2004 年、2012 年）··37
表 2-12　全球航运子系统层级 ···40
表 2-13　主要组团及其子系统格局 ···40
表 2-14　2006 年和 2017 年全球航运网络子系统分布格局 ··························47
表 2-15　2006 年和 2017 年东亚航运子系统辐射格局 ··································48
表 3-1　O-D 组合数 ···52
表 3-2　2005 年与 2010 年各港口城市间 O-D 组合数
　　　　及可达性指数（马士基）···53
表 3-3　2005 年与 2010 年各港口城市群可达性指数比较（马士基）··········54
表 3-4　2005 年与 2010 年各港口城市间 O-D 组合数及可达性
　　　　指数（地中海）···55
表 3-5　2005 年与 2010 年各港口城市群可达性指数比较（地中海）··········57
表 3-6　2005 年与 2010 年中国沿海港口城市航运可达性 ···························57
表 3-7　2005 年与 2010 年中国港口城市群可达性指数 ·······························58
表 3-8　块模型中的 4 种位置 ···66
表 3-9　中国沿海港口关联关系网络指标 ···67

表 3-10	港口板块的溢出效应	69
表 3-11	港口群体板块的特征	70
表 3-12	板块之间关系的密度矩阵	70
表 3-13	板块之间关系的像矩阵	71
表 3-14	1993~2007年中国沿海港口体系的赫希曼-赫芬达尔指数	76
表 3-15	1990~2007年中国沿海三大集装箱港口群的赫希曼-赫芬达尔指数	77
表 3-16	中国沿海港口集中化过程	78
表 3-17	1997~2007年中国水运投资额与新增沿海主要港口码头泊位及年吞吐量	83
表 3-18	中国沿海港口集中化的模式	85
表 3-19	宁波-舟山港集中化的动力与阻力	86
表 4-1	20世纪30年代宁波港外海轮船表	89
表 4-2	上海和宁波航运网络的数据	95
表 4-3	2004年、2015年上海宁波两港在各航区中的港口数量及地区覆盖	97
表 4-4	两港不同航区中的首位港	98
表 4-5	上海宁波航运网络中权重前20的航线	99
表 4-6	公司服务值判定标准	102
表 4-7	航运服务业指标选取及主要含义	104
表 4-8	港口城市航运服务业相对联系度	106
表 4-9	城市间联系层级	107
表 4-10	港口区块特征分析	111
表 4-11	核心港口城市航运服务业服务值的区域贡献率	112
表 5-1	1869~1904年上海、香港洋货进口占全国的比重	120
表 5-2	近代中国的三大远洋航线	121
表 5-3	1871~1904年上海港与南北沿海主要港口贸易值	122
表 5-4	广州口岸进出口贸易额统计表	127
表 6-1	1895~1930年各国在中国船只吨位的比重	134
表 6-2	1927年英日两国在华航运网络的数据	136
表 6-3	英日两国远洋航线中的中国港口	139
表 6-4	英国和日本航运网络中排名前10位的航线	143
表 6-5	1913~1927年日本、英国船只在中国北部港口中所占比重	144
表 6-6	太古、怡和、日清、招商局四大公司长江航线轮船吨位数比较	145
表 7-1	港口变动指数评价情况	152
表 7-2	2015年中远、中海港口挂靠情况	153

表 7-3	2015年中海和中远航运网络空间格局	154
表 7-4	2015～2016年港口挂靠变化情况	157
表 7-5	介数中心性排名前15位枢纽港挂靠强度变动情况	159
表 8-1	2012年10个港口集装箱吞吐量及排名	167
表 8-2	各组港口之间的吞吐量比重	169
表 8-3	各港内外贸集装箱吞吐量在本港集装箱总吞吐量中的比重	171
表 8-4	各港的外贸中转和内贸中转在本港中的比重	173
表 8-5	外资企业在中国主要港口的投资	176
表 8-6	广州、烟台、营口、泉州等港口的合资	177
表 9-1	1995～2015年集装箱吞吐量排名前十位的中国港口	185
表 9-2	1995～2015年上海、宁波、香港、深圳四港偏移增长率	187
表 9-3	1995～2015年长三角、珠三角地区集装箱港口体系港口首位度计算结果	188
表 9-4	1995～2015年上海、宁波、香港、深圳四港排名前十的国际港口连锁网络联系度	189
表 9-5	1995～2015年上海、宁波、香港、深圳四港国际港口连锁网络联系度为"1"的港口	191
表 9-6	1995～2015年上海、宁波、香港、深圳四港排名前五的航线及其联系比重	192
表 9-7	上海、宁波、深圳港口主要集装箱码头合资经营情况	196

第一章
绪　　论

第一节　研　究　综　述

一、港口地理学研究对象

港口地理学的研究对象可以有不同的分类，Weigend（1985）提出港口地理学的研究要素包括港口、承运人、货物、陆向腹地、海向腹地和滨水区。Robinson（1976）把港口体系分为五个层次（图1-1），即港口内部体系、港口-陆向腹地体系、港口陆向腹地-海向腹地体系、港口区域体系和整个港口体系。

传统的观点认为港口的竞争是对陆向腹地的竞争，因此学术界对港口-陆向腹地体系和港口内部体系的研究积累较多，而一个港口的发展必然与相邻港口之间有着直接的联系，因此对港口区域体系和整个港口体系的研究成果也比较多，而对港口陆向腹地-海向腹地体系的研究成果则较少。近年来人们发现港口之间的竞争更重要的是争夺或吸引船公司，而非陆向腹地和货主。Wang和Slack（2000）在对珠江三角洲集装箱港口体系的研究中注意到，与香港港相比，深圳港具有港口运作、运输和驳船等方面的费用优势，但是港口之间的竞争更重要的是对干线的竞争。由于深圳和香港两港之间的距离很近，班轮公司可以在两者之间进行选择，而航线的多少将影响港口在全球航运网络中的地位。因此，王缉宪（2010）对中国港口的对外连接度进行了考察，其主要考察了市场覆盖范围（market coverage）和班次密度（frequency of service）。

Hilling和Hoyle（1984）把港口地理研究分为陆向腹地（hinterland）和海向腹地（foreland）（图1-2）。在陆向腹地方面，重要的研究方向包括城市-港口互动、港口-城市的工业化、国家/区域贸易发展、港口与区域发展之间的关系、国家/区域政策对港口的影响等。在海向腹地方面，港口的发展首要的也是最重要的是依靠船舶，船舶所提供的服务与船公司如何选择挂靠的港口都会对港口的发展产生很大的影响，因此航运服务与港口选择过程也是港口地理学

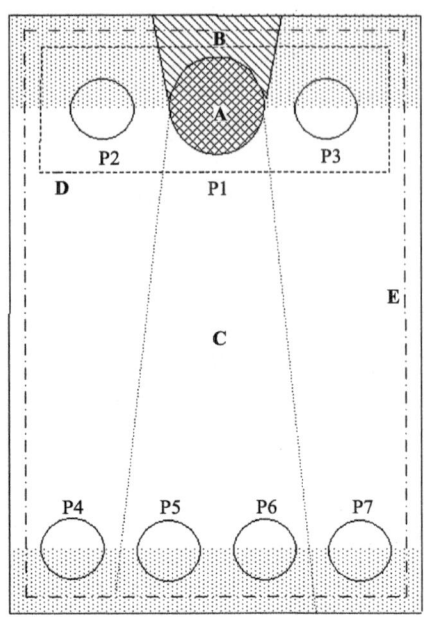

图 1-1　港口运作系统

A：港口内部体系（intra-port system）；B：港口-陆向腹地体系（port-hinterland system）；C：港口陆向腹地-海向腹地体系（port hinterland-foreland system）；D：港口区域体系（regional port system）；E：整个港口体系（total port system）。P1～P7 表示港口。

资料来源：Robinson（1976）；Hilling（1996）

研究的重点。港口最基本的功能是货物的装卸与中转，对外贸易的发展对港口的发展影响很大，海向腹地的范围和发展程度、国际贸易兴衰及政策等也是港口地理学的重要研究内容。

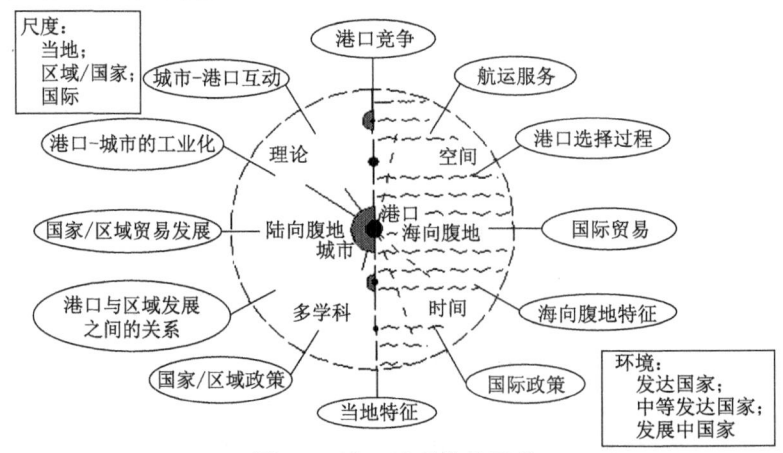

图 1-2　港口地理学的要素

资料来源：Hilling 和 Hoyle（1984）

地理学对交通网络的研究视角主要集中在航空、轨道交通（铁路与地铁）、城市公交与道路等（莫辉辉等，2008；于海宁等，2012）。随着近年来经济全球化和区域一体化进程的加速，航空运输在国际（城市）交流中扮演着越来越重要的角色，基于航空联系的航空网络近几十年来也被学术界广为关注。

交通地理学者研究港口地理学大多集中在港口的陆向腹地，包括腹地的可达性、港口区域化、港口体系的演变等陆向联系（Robinson，2002；Notteboom and Rodrigue，2005）。国内学者已经注意到研究海向腹地的重要性。韩增林团队在环渤海港口运输体系建设和中国国际集装箱运输网络的布局与优化方面有很深入的研究，曾提出要处理好集装箱港口与航运公司的关系，并认为干线航班的多少是影响一个集装箱港口发展的重要因素，在集装箱港口的发展过程中，班轮公司控制着全球的干线航班的开辟，港口与班轮公司的合作更加紧密（安筱鹏和韩增林，2002）。曹有挥团队在长江沿岸及中国东部沿海集装箱港口体系的研究中颇有建树，在研究中国沿海集装箱港口体系的形成机理时已经揭示了船公司对航线和挂靠港口的选择会对运输网络及某个港口的功能、地位产生决定性影响（曹有挥等，2003）。由于港口选择策略已经极大地改变了航运网络结构（Slack and Frémont，2009），学者开始从航线和承运人的角度来研究港口选择的标准，但是大部分研究还是把港口选择的影响因素集中在经济指标上（Notteboom，2009）。Fleming和Hayuth（1994）所提出的航运网络的相关分析工具（如中心性等）并没有大量运用到网络分析和可视化上。

二、港口航运网络分析研究

近年来，许多文献都在回顾和反思港口地理学的研究进展（Su et al.，2011；Notteboom et al.，2012；Ng et al.，2014；Ng et al.，2013；潘坤友和曹有挥，2014），如2017年的一篇综述发现港口地理学最主要的研究主题由1967~1982年的"北美"（North America）、"集装箱服务"（Container service），1983~1998年的"深水"（Deep-sea）、"航运市场"（Shipping market）、"竞争"（Competition）转变为1999~2013年的"港口"（Ports）、"网络设计"（Network design）（Lau et al.，2017）（图1-3）。港口地理学研究中"网络"受到重视是跟集装箱流的结构成为航运物流运营中的核心问题息息相关的，基于图论的网络分析方法的运用和数据可获得性提高也推动了航运网络的研究（王列辉和洪彦，2016；Ducruet and Wang，2018）。国内学者曹有挥、王成金、王列辉等在航运网络的研究上取得了丰硕的成果。航运网络基本的研究范式是把港口作为网络中的节点、港口间的航线作为网络中的边，基于航运公司的船期表，利用网络分析方法研究港口在航运网络中的地位、航运网络的结构等。

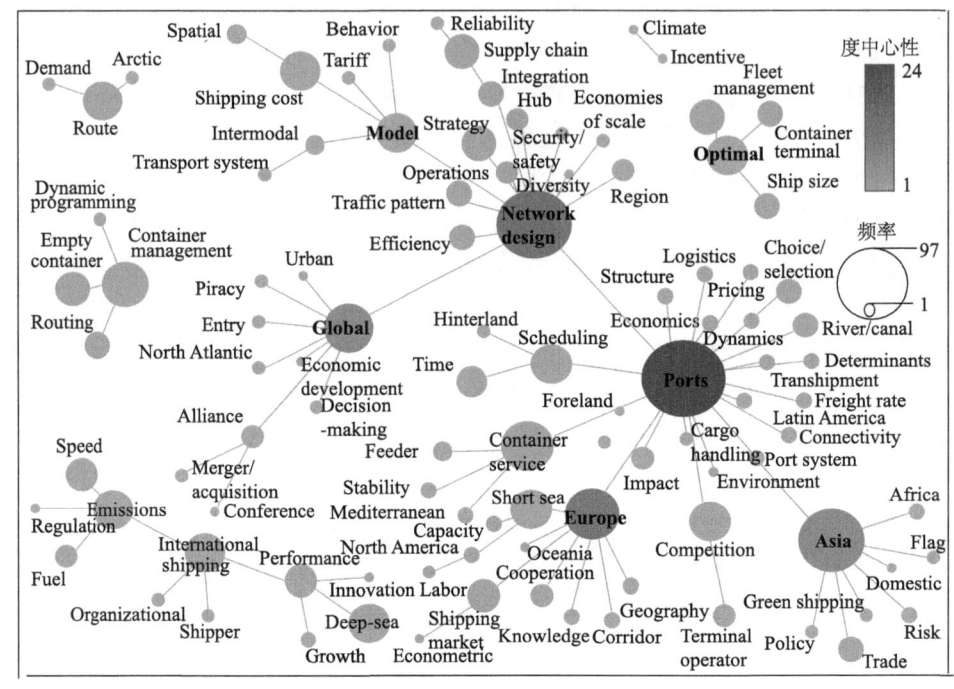

图 1-3　港口地理学研究对象（1999～2013 年）
资料来源：Lau 等（2017）

近年来，国内外对港口航运网络的研究开始出现，主要集中在以下四个方面。

（1）船公司航运网络的覆盖范围。通过某个船公司来揭示港口网络的区域或全球的分布。例如，以中远集运为例，分析船公司与港口体系发展的关系（Comtois and Rimmer，2004），并考察 1990～2000 年中国的航运网络布局（Rimmer，2005）。Frémont（2007）以世界上最大的船公司马士基为例，考察全球航运网络，提出点对点式航线与枢纽-支线网络并不是分割的。全球经济一体化的大背景下，船公司纷纷建立航运联盟，以扩大航线覆盖范围（Bergantino and Veenstra，2002），航运联盟的出现对航运网络产生一定的影响。Notteboom（2004）研究了集装箱航运发展、战略联盟、船队组成和行程安排等问题。王成金（2008a）选取全球主要的 24 家集装箱班轮公司和 530 个港口，以集装箱船月度运营表为研究对象，探讨全球港口的运输联系格局和主要空间系统。

（2）网络连接度。王成金和金凤君（2006）考察了中国海上集装箱运输的组织网络，认为我国北方和华东港口同日韩地区的港口联系较强，我国华南港口同北美、欧洲和东南亚地区的港口联系较强。国际集装箱组织网络中，中国港口从属于3个国际系统：北方及华东港口（以釜山为枢纽港），华南港口（以新加坡为枢纽港），部分港口（以大阪和神户为枢纽港）；釜山和新加坡成为中国对外经济联系的"咽喉"。Ducruet等（2010a）考察了1996～2006年东北亚的港口等级体系，认为虽然中国港口发展迅速，但韩国等地的港口仍然保持了原来的地位。王缉宪（2010）利用船公司的航期表统计了2007年7月中国对外航线的港口城市与世界各个市场区的航线数量关系，计算了港口城市海路外部连接度，显示中国各个地区对外贸易联系通道差异巨大，中国港口体系可以分成没有国际航线的地方港、仅有单一班轮公司联通亚洲市场的区域港、具有部分远洋市场的国际干线港、具有所有国际主要市场的国际枢纽港。吴旗韬等（2012）选择中国和西北欧36个集装箱港口，建立集装箱海运辐轴网络模型，模拟结果表明，辐轴网络相对传统直线网络可节省53%～95%的运输成本，香港、高雄和上海是中国区域最优枢纽港，泽布吕赫港、汉堡港和勒阿弗尔港是北欧最优枢纽港。

（3）网络效率。韩增林等（2002）在环渤海港口运输体系建设和中国国际集装箱运输网络的布局与优化方面有很深入的研究，在建立了中国集装箱运输地理信息系统（GIS）基础上，提出港口优化、中转站优化，并在此基础上进行运输通道的合理布局，以期建立一种与集装箱运输规律相适应的中国集装箱运输网络体系，实现各种集装箱运输资源的合理配置。Tai和Hwang（2005）模拟港口选择过程，从集装箱航线的角度用灰色决策模型来评估网络效率，评价东亚主要港口的竞争力，认为香港在东亚港口中最具有竞争力，高雄紧随其后。Hsu和Hsieh（2005）从局部角度考虑在加入中转港情况下如何设计网络路线以降低运输成本和库存成本。Ducruet和Notteboom（2012）分析了全球航运网络的特征，利用中心性指标评价了全球港口的相对地位，结果显示在1996～2006年全球航运网络具有一定的稳定性。

（4）复杂网络。田炜等（2007，2008）通过对国际航运网络的实证分析，研究了国际航运网络表现出的小世界效应和无标度特性。邓为炳等（2009）在全球层面描述网络的层次结构，与其他交通网络的小世界和无标度网络的特点进行比较，认为世界海运交通网络具有相对较低的效率。Hu和Zhu（2009）利用复杂网络的一系列指标对全球25个港口在全球海运交通网络中的地位进行了排序，新加坡、安特卫普和釜山排在前三位。Kaluza等（2010）把2007年16 363只船舶分为干散货船、集装箱船和油轮，首先考察航运网络的特征，接着分别考察这三类船只的移动模式及形成的网络。宗刚等（2012）基于复杂网络理论，系统分析了中国沿海港口网络的度分布、网络集聚系数、可达性等，结果表明中国沿海港口网络空间结构特征差异明显，表现出较强的集聚性，整体结构呈现"小世界网络"特点。吕康娟和张蓉蓉（2012）根据世界重要航运公司在各城市的职能分布，建立并验证了基于航运企业价值链的世界航运中心之间呈现复杂的网络关系，世界航运城市网络具备小世界特征，对该复杂网络进行测度得出国际航运中心出现向亚太地区转移的趋势。王成金（2012）基于图论理论和复杂网络理论，分析了世界和中国集装箱航运网络的空间组织，认为全球范围内尚未形成全球性或大规模的集装箱航运组织系统，而形成了 44 个区域性航运系统和枢纽港，其布局呈现区域化、多元化、南北对称性、近邻性等空间特征。

三、航运网络机制研究

Rimmer（1999）和 Notteboom（2002）考察了航运企业重组对港口和航线的影响。Notteboom（2009）总结了 11 个影响港口选择的因素。Ducruet 等（2010b）以大西洋为例，考察了枢纽-支线港策略对航运网络结构的影响，并且证明了基于图论和网络分析，利用船只移动的数据可以像研究其他交通网络一样研究海运网络。王成金（2012）分析了国际贸易、航运企业重组、国际企业码头扩张等对航运网络结构的影响。

在上述对港口航运网络及机制的研究中，法国学者 Ducruet 和我国学者王成金是成果最多的研究者，近年来有多篇论文或专著发表。例如，Ducruet 主要研究 1996~2006 年全球航运网络的结构，同时对大西洋、东亚等重点区域也有很深入的考察。王成金选择 2006 年 7 月 1~31 日的即时航线和航班作为分析数据，并对航运网络的演变机制进行分析。这些研究为本书研究的开展奠定了学术基础，并启发我们做更深入的研究。上述两位学者的研究也存在一些不足，Ducruet 的研究更多地侧重于网络结构的考察和网络的可视化，对网络结构的演变机制分析不够深入。王成金对网络结构演变机制有较多的研究，但由于只选择了一个月份的数据，很难把握网络结构的演变过程，因此也影响对机制的深入分析。

四、今后研究的方向

在仔细梳理港口地理学最近 60 年的发展脉络和港口航运网络最近 10 年的相关成果，本书认为港口地理学研究的范式需要转变。

（一）从港口中心论向企业中心论转变

港口中心论曾是港口地理研究长期采用的研究范式，并主导了过去60多年的研究进展。自20世纪90年代以来，航运企业和码头企业的地位不断凸显，港口发展逐步由外部因素决定。企业中心论的研究范式不仅反映了港航企业行为的空间效应，而且体现了技术进步、网络组织、资金流动等各方面的综合效应（王成金，2012）。企业中心论的研究范式将拓展港口地理学的研究视野。

（二）从等级视角向网络视角转变

港口间的等级关系是港口地理学中的重要概念，特别是在港口体系演化和集装箱枢纽港识别方面。等级意味着隶属、支配，自上而下的控制和相互竞争，而网络基于联系而实现，意味着平等、共享与积极寻求港口间的协同性和互动关系。

（三）从地方空间向流动空间转变

在信息社会，流动空间越来越成为一种决定性的社会空间形式。在流动空间中，港口、城市等网络节点被穿行其中的流（信息、资本、知识、文化实践等）所生产和再生产，而不是它们内部所确定的东西（如可供属性数据量度的港口或城市的形态和功能）。"流动空间"理论将人们的注意力从政治边界限定的、地方主导的"地方空间"向网络空间转变，港口航运网络越来越多地受到网络化的流动空间的塑造。

（四）从港际竞争向港际合作转变

目前有大量文献探讨港口之间的竞争关系，但是在船舶大型化和航运联盟化及通信技术变革所引发的"时空压缩"效应下，港口间相互依赖程度不断加深，港口间的合作成为更加普遍的联系。港口间的竞争关系源于等级化过程，合作化的关系则来自网络化过程。

（五）从单一学科向多学科融合转变

传统的研究往往局限于单一的学科，如交通运输经济与交通运输地理都局限于经济学和地理学，而很少有多学科的交叉研究。近年来，学科间的壁垒被打破，交通运输地理的研究不断借鉴经济学、管理学、运筹学等学科的理论思想、分析工具等，跨学科的研究成为必然（图1-4）。

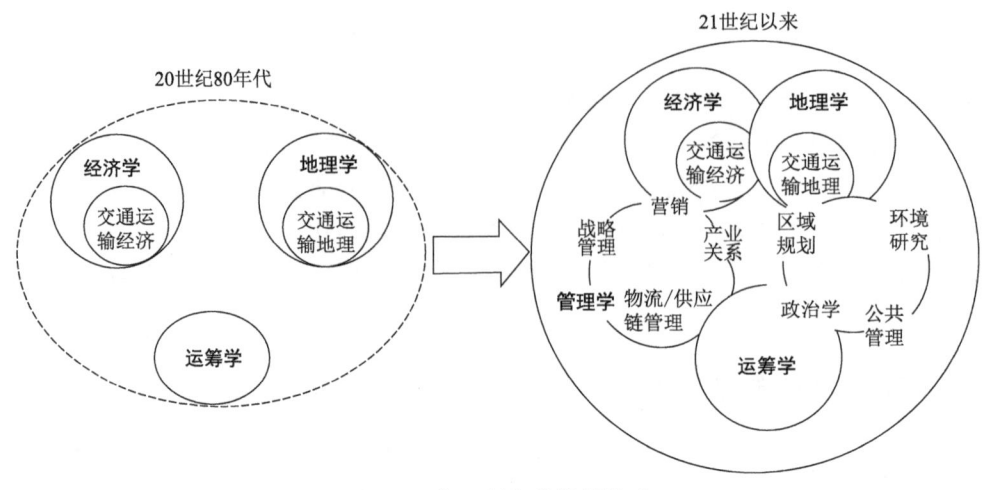

图 1-4　港口研究的学科演进
资料来源：Su 等（2011）

第二节　关 于 本 书

一、本书的研究脉络

本书首先是学术史的回顾和对本书简单的介绍，然后研究航运网络的格局，最后研究航运网络的影响因素。

航运网络的空间格局从全球、中国沿海和长江沿岸三个层面展开研究。第二章在全球层面，重点研究全球航运网络的枢纽节点、航线组织、社团结构和空间系统等，从网络的点、线、面等切入，多角度地分析全球航运网络的结构特征；第三章在中国沿海层面，围绕港口城市航运可达性、港口间动态关联关系和港口体系的分散化、集中化等内容揭示中国沿海航运网络特性；第四章在长江沿岸层面，首先重点研究了近代开埠以来到近年来上海、宁波两个港口的航运网络，其次利用航运服务业的关系数据，研究了长江沿岸港口城市航运网络结构。

影响航运网络演变的因素是多方面的，本书重点围绕自然条件（第五章）、政府和企业等航运行为主体（第六、第七章）、港口间功能分化与相互竞争（第八、第九章）展开讨论。第五章以上海和香港为案例，研究城市、腹地与航运网络之间的关系。第六章分析了英国和日本在近代中国的航运网络结构特征，并分析了这两国政府的政策和企业策略对航运网络格局的影响。第七章以2015年年底中国远洋运输（集团）总公司（简称中远）和中国海运（集团）总公司（简称中海）整合为中国远洋海运集团有限公司（简称中远海运）为案例，研究航运企业重组与航运网络整合之间的关系。第八章分析了中国沿海港口功能分化与航运网络、港口体系演变之间的关系。第九章以上海、宁波、香港、深圳四港为中心，研究相邻港口之间的竞合对航运网络的影响。

二、主要研究方法

本书尝试以关系的视角替代结构的视角，重新构建网络分析的范式，强调"流动空间"的重塑过程中，航运网络空间特征的变化、港口角色的转变。本书对网络分析方法在航运网络研究中的应用进行积极的探讨，弥补传统研究方法的不足。同时强调地理学研究的综合特性和空间关系演化的历时性，既要将自然要素与人文要素相结合进行综合分析，又要利用近百年的数据，对航运网络演化过程和发展阶段进行长时段的考察。

其一，运用复杂网络方法和地理学分析空间方法对航运网络进行深入研究。复杂网络是一种数据的直观表现形式，也是一种科学研究的手段。通过复杂网络软件，可以迅速计算出海量数据组成的复杂网络的整体网络指标及节点的网络属性指标，从而能更加科学、量化地分析该网络的网络特征及该网络中节点的网络地位，具有化繁为简、便捷、直观、可视化的优点。结合复杂网络指标（如度、加权度、介数中心性等）和GIS空间分析方法，可以使航运网络的拓扑结构特征更具空间效应，航运枢纽的识别更具合理性。

其二，引入世界城市网络研究方法进行定量分析。Taylor（2001）提出世界城市网络理论之后，连锁网络模型便多用于世界城市网络的分析，主要是基于全球跨国公司的企业总部与分支机构所在城市构建数据库，分析城市间的联系。在航运网络研究领域，多是对网络空间结构的研究，缺乏对航运服务业的探讨。本书主要借鉴西方城市网络理论，引入连锁网络模型分析长江沿岸航运服务业网络的空间特征，并关注城市间的关联模式。

三、重点研究对象选择

前人研究较多地集中在全球尺度或国家尺度，本书从全球、中国沿海和长江沿岸三个层面展开研究，同时把中国航运网络放到全球航运网络中进行考察。这种对区域性港口航运网络的研究，可以揭示区域的特殊性和独特性，有助于拓展港口地理学的相关理论。从点、线、面三个层面建立起港口航运网络结构特征的分析框架，完善了对网络结构特征的宏观微观分析维度，建立起基于关系的网络分析视角。

在研究城市、腹地与航运网络之间的关系时，选择上海和香港为案例。上海港和香港港在近代开埠之后是中国沿海最重要的两大港口，也是当时中国的国际门户和在全球航运网络中的重要节点。上海港、香港港所依托的区位条件、城市经济和腹地范围等是两港成为全球航运网络重要节点的基础。

在研究政府政策与企业策略对航运网络格局的影响时，选择英国和日本在近代中国的航运发展的案例。20 世纪 20 年代，英国和日本在中国的航运市场上占据前两位的份额。两国采取了截然不同的策略，日本以政府"命令航线"[①]的方式，既对日本的轮船公司给予巨额补助，又使其各在一定的范围内分工协作，增强竞争力量。英国没有这样明确的有形组合，但各大公司间逐渐形成了的分工和配合。两国不同的政策和企业策略投影在空间上，形成了不同的航运网络。

在研究航运企业重组与航运网络整合之间的关系时，选择中远和中海整合为中远海运作为研究对象。中远与中海是中国最大的两家航运企业，在 2015 年其运量分别排在全球第 6 位和第 7 位，两家企业整合后运量排名上升至全球第 4 位。两家企业整合前后的航运网络格局的比较，给我们提供了一个很好的案例，揭示出航运市场的主体变动对航运网络的影响。

在研究相邻港口之间的竞合对航运网络的影响时，以上海港-宁波港和香港港-深圳港为中心。相邻港口之间的竞争与合作对航运网络的影响深远。上海港-宁波港与香港港-深圳港分别是长江三角洲（简称长三角）、珠江三角洲（简称珠三角）港口群中的重要门户港。由于两组相邻港口距离较近，一港的发展往往会影响另一港口的发展。上海港-宁波港与香港港-深圳港两组相邻港口在改革开放之后发展迅速，且发展特点突出，具有代表性，分别形成区域内的双枢纽发展模式。因此，对这两组相邻港口的研究，有助于深入分析相邻港口之间的竞合关系对航运网络的影响。

---

① 日本政府对一些轮船公司的特定航线进行经济补贴，同时详细规定了补助航线上应投入的船舶吨位、航行次数、航行速率等。

四、研究意义

(一)船舶大型化和集装箱化导致港口航运网络新模式的产生

自20世纪90年代中后期以来,集装箱船舶大型化越发强烈,越来越多的大型船舶投入使用。船舶大型化和集装箱化的出现使得国家与国家之间、区域与区域之间、港口城市与港口城市之间形成新的航运网络模式,并且受国际贸易、运输成本、航运联盟及船舶大型化等的影响,航运网络还在不断变化。受港口中心论研究范式的影响,过去60多年来,港口地理学的研究理念、理论框架、技术方法主要围绕港口展开,对港口与城市、港口与陆向腹地等的研究成果大量涌现,但是对港口与海向腹地、港口与航运网络等的研究较少(王列辉,2007b;郭建科和韩增林,2010)。港口不仅仅是接驳船只的地方,还是全球供应链的重要节点(Hall and Jacobs, 2010)。相较于全球航空网络及其所展现的全球城市体系的研究不断涌现,我们对全球航运网络的结构、演变本身及动力机制还缺乏很深入的研究(韩增林,2012)。

(二)通信变革形成"流动空间"

20世纪70年代以来通信变革从根本上改变了时间与空间的关系,信息技术的发展使人流、物流、资金流、技术流、信息流可以在城市—区域—国家—全球范围内顺畅流动,这就产生了一种新的社会形态,即网络社会,"流动空间"替代"地方空间"成为社会空间的基本组织形式(Castells, 2000)。"流动空间"的组织逻辑是将城市的联系从所在区域解放出来,从而识别出城市跨区域联系的重要性。这一空间组织逻辑的变迁启发我们,港口关系研究要跳出地域性的局限,寻求跨地域的联系。"流动空间"重塑下的"时空压缩"效应不断强化着不同港口之间的联系,港口间相互依赖程度不断加深,金字塔式港口等级体系正经历着网络化的过程,这意味着原先港口等级体系内港口竞争关系将逐步转变为港口网络中的合作关系。

(三)航运网络研究有助于港口地理学研究范式转型

当前国内外地理学界对航空网络和互联网络的研究方兴未艾,但对集装箱港口航运网络的研究近些年才有所进展,相关研究还有很多值得深入探讨的地方,如航运网络的特征和演变规律,以及在"流动空间"的重塑下全球港口航运网络发生哪些新的变化,地理空间、对外贸易、港口制度、航运企业的港口选择等对航运网络的影响,航空网络和互联网络的研究方法是否适用于港口航运网络，能否挖掘出一套数据来定量地分析航运网络等。对这些问题的探讨将会大大深化港口地理学研究的理论深度，有助于港口地理学研究范式从港口中心论向企业中心论转变、从等级视角向网络视角转变、从地方空间向流动空间转变、从港际竞争向港际合作转变。

（四）中国航运网络研究具有范例意义

随着中国在全球贸易网络和经济体系中的地位提升，中国开始成为世界集装箱航运组织的核心地区，对全球航运业具有主导作用，并由此影响了全球航运网络的空间组织和空间格局。与人文地理学的制度转向一致，港口地理学研究也越来越重视对制度的研究，中国特殊的历史背景和制度设计对航运网络的影响机制也非常值得深入研究。

（五）航运网络研究有一定现实意义

目前，超大型船公司在港口的选择上越发自由，对航行区域的港口条件越加重视，因此，在集装箱船公司规划其航线时间表时，港口的运营者时刻面临着失去其重要客户的危机。航运网络研究对于港口运营者和政策制定者非常有帮助，一方面能够直观地看出港口连通性的变化，有助于揭示航运公司在选择港口时所注重的条件因素，并找出如何对港口的基础设施和运营方面进行改善；另一方面能够直观地测量港口与其他港口之间的关系来帮助港口管理者清楚地判别潜在的竞争者或合作者。

此外，在"一带一路"倡议下，中国的很多港口城市加大投资兴建港口。从航运网络的角度来评估中国港口在航运网络中的角色转变，可以很好地评估枢纽港战略的效果，也能为地方政府和港口管理者提供从航运网络视角出发的对策建议。

第二章
全球航运网络空间格局

由经济格局所决定的国际贸易网络是全球航运发展的根本动因,世界贸易网络决定全球航运网络的空间格局。自20世纪50年代以来,全球经济重心不断发生变化,航运格局也随之变化,航线组织的重心偏移。早期,北美是集装箱组织的重点区域,随后贸易重心转移至欧洲、东亚,随着中国集装箱航运的迅速发展,东亚内部的重心也由日本转移至中国。全球航运网络组织在不同时期不断演化,集装箱港口的空间分布、枢纽港、等级体系、子系统等都随之变化。着眼于当前经济格局,从全球尺度上探讨枢纽港的空间体系、航线组织的空间特点具有重要的现实意义。

已有的研究中,有对全球航运体系的梳理,或基于吞吐量或基于班轮周期表,从枢纽体系、航线组织及航运子系统等多方位的角度进行刻画(王成金,2012)。本书以全球运力排名前18的集装箱班轮公司班轮数据为基础,基于复杂网络的方法,结合因子分析、聚类分析及首位联系度和模块化的划分,从港口—航线—航运子系统三个尺度刻画全球航运网络的组织格局,并与已有的研究进行充分讨论,在纵向和横向的比较中,探究全球航运网络组织格局的演进。

数据来源:本书以全球18家运力排名靠前的集装箱班轮公司为样本,包括马士基航运有限公司、地中海航运公司(其中,地中海航运公司的班轮数据只采集到东西向航线及亚洲-非洲航线)、达飞海运集团、中国远洋海运集团有限公司、赫伯罗特货柜航运有限公司、长荣海运股份有限公司、东方海外货柜航运有限公司、日本邮船株式会社、阳明海运股份有限公司、汉堡南美航运公司、商船三井株式会社、阿拉伯联合国家轮船船公司、韩国现代商船株式会社、太平船务有限公司、川崎汽船株式会社、以星综合航运有限公司、万海航运股份有限公司及高丽海运株式会社。18家集装箱班轮公司拥有全球约84.8%的集装箱运力,其数据可充分反映全球集装箱运输的组织格局。具体选取各公司2017年5月的航线和航班,原始数据均源自各企业网站。

关于港口,本书选取599个样本,分布于160个国家和地区,其中西北欧72个、地中海93个、东亚81个、东南亚43个、中东及南亚45个、澳新地区

51个、北美东西海岸分别有59个和20个、南美东西海岸分别有45个和19个、非洲东西海岸分别有36个和35个。

数据处理：首先对各公司船期数据进行翻译，合并同一港口的不同港区和码头，建立以班轮周期表为基础的拓扑网络结构。其次，通过复杂网络软件Gephi进行网络运算，得出航运网络中各个节点的属性指标及连线的权重。最后，在复杂网络指标的基础上，对港口节点进行因子分析，识别全球航运网络枢纽港，根据航线权重大小，选取重要航段联系进行格局梳理，同时，根据联系权重的分布，从首位联系的角度出发，构建首位联系网络，计算各港口的首位联系度，并结合Gephi模块化方法，识别全球航运网络空间系统，从而分析全球航运网络的整体空间格局。

研究区划分：根据海洋格局和航运惯例，将全球分为西北欧、地中海、非洲西岸（简称非西）和东岸（简称非东）、北美东岸（简称北美东）和西岸（简称北美西）、东亚、南亚（含中东）、东南亚、南美西岸（简称南美西）、南美东岸（简称南美东）、澳新12大航区（王成金，2008a）。在具体港口的划定上，结合港口联系的紧密程度，把太平洋岛国港口划入澳新航区，加勒比海港口划入北美东航区，黑海港口划入地中海航区，俄罗斯太平洋沿岸港口划入东亚航区[①]。

复杂网络指标具体如下。

度（degree）：是描述复杂网络节点的重要指标，节点的度（D_i）定义为该节点连接的其他节点的数目，一个节点的度越大就意味着该节点在网络中与其他节点的联系越密切。在集装箱班轮航运网络中，港口节点的度是与该港口有航线连接的港口数量，表示港口的联系范围（王列辉和洪彦，2016）。

加权度（weighted degree）：在区域集装箱航运网络中，用于连接两个港口的航线往往不止一条，港口与港口之间的连接在航线的数量上存在权重关系。节点度值能够表示无权网络中节点的重要性，反映港口体系中某港口与其余港口关系的紧密程度，而节点加权度考虑到港口间联系的频率更准确地表达加权网络中节点联系的强度。加权度表达为

$$S_i = \sum_{j \in N} W_{ij}$$

式中，W_{ij}为节点i与网络中其他节点j连线的权重；节点联系的强度S_i在Gephi软件中也称为加权度，为节点i与网络中其他所有节点连接的边数之和（王列

---

① 根据本书全球整体航运网络Gephi的模块化分布划定。

辉和洪彦，2016）。

介数中心性（betweenness centrality）：主要反映节点在整个网络的影响力，是网络中心性的重要参数，用于表示节点间间接联系的强度。一般而言，各种交通枢纽都是介数较大的节点。节点 i 的介数是指网络中所有的最短路径之中，经过节点 i 的数量占整个最短路径数量的比重，节点 i 的介数 C_{Bi} 表达如下（王列辉和洪彦，2016）：

$$C_{Bi} = \sum_{k,j} \frac{\sum_{l \in S_{kj}}^{N} \delta_l^i}{|S_{kj}|}$$

式中，S_{kj} 为（k，j）之间最短路径的组合；$\sum_{l \in S_{kj}}^{N} \delta_l^i$ 为经过节点 i 最短路径的总和。在集装箱航运网络中，港口的介数中心性越大，说明其他港口到该港口的通达性越强，该港口的枢纽性越强（王列辉和洪彦，2016）。

邻近中心性（closeness centrality）：表示某节点到网络中其他节点最短距离和的大小，是节点在网络中的相对可达性。邻近中心性 C_{Ci} 的公式为

$$C_{Ci} = \frac{N-1}{\sum_{j=1; j \neq i}^{N} d_{ij}}$$

式中，d_{ij} 为节点 i 和 j 之间的网络最短路径距离；N 为网络中节点的个数。由邻近中心性公式可知，某个节点如果更靠近网络节点密集区域，它将与更多的节点有较短的网络路径距离；因此一个处于网络节点密集、与之相连或者与之相近的网络边均比较短的区域的节点将会有更高的邻近中心性。在复杂网络中，邻近中心性可以看作从给定节点传播信息到网络中其他可达节点速度快慢的度量。在港口体系中港口节点的邻近中心性越大，表示该港口到其他港口越便捷，即转运功能越强（王列辉和洪彦，2016）。

特征向量中心性：在理论上，一个有高特征向量中心性的行动者，与他建立连接的很多行动者往往也被其他很多行动者所连接。一个节点的特征向量中心性与其邻近节点的中心性得分的总和成正比。复杂网络中，一个节点的特征向量中心性程度越高，那么该节点就越接近于网络权重中心，节点的影响力越大（朱丽波，2015）。

综合枢纽指数：基于复杂网络的联系强度和网络中心性指标，采用因子分

析模型，得出综合枢纽指数，评价港口节点在网络中的枢纽地位，综合枢纽指数表达式为

$$H_i = W_{di}D_i + W_{ci}C_i \tag{2-1}$$

式中，H_i 为综合枢纽指数；D_i 为联系强度枢纽性，包括港口的联系度和联系加权度；C_i 为中心性枢纽性，包括港口节点的介数中心性、邻近中心性和特征向量中心性；W_{di} 和 W_{ci} 分别为两个维度枢纽性的权重。

首位联系：根据班轮周期表数据，整合港口-港口的数据联系矩阵 M，矩阵表达式为

$$M = [l_{ij}]599 \times 599 \tag{2-2}$$

根据矩阵 M，将港口 i 到 j 的集装箱联系定义为 R_{ij}，港口 j 到 i 的集装箱联系定义为 R_{ji}，l_{ij} 为度量联系流"联系强度"的变量，即两港口之间的总联系权重，港口 i 和 j 间的联系权重越大，则直接联系港口 i 和 j 的航线越密集。为了考察集装箱网络中各港间联系的密切程度及归属系统，本书采用首位联系度 L_{ik} 进行分析：

$$L_{ik} = \max\left[R_{ij} + R_{ji}\right] \tag{2-3}$$

式中，L_{ik} 为 i 港的首位联系度；k 代表 i 港的首位联系港（王成金，2008）。

社团结构：当前，对复杂网络中的社团结构的算法有多种，Gephi 的社团结构算法主要参考 Blondel 等（2008）的研究。这一算法分为两个阶段：第一阶段，首先给每个节点分配一个社团编号，这样初始阶段网络有 N 个社团。对于任意节点 i、j，根据式（2-4）计算当节点 i 加入相邻节点 j 所在的社团时，对应社团模块度的增量 ΔQ，如果 ΔQ 是正值，就接受节点 i 加入节点 j 所在的社团，如果 ΔQ 是负值，节点 i 就不加入节点 j 的社团。第二阶段，首先构造一个新网络，该新网络的节点是第一阶段探测出的各个社团，节点之间连线的权重是两个社团之间所有连线的权重之和。然后，用第一阶段中的算法再次对该新网络进行社团划分，得到第二层的社团结构。依此类推，直到不能再划分出更高一层的社团结构（汪小帆和刘亚冰，2009）。

$$\Delta Q = \left[\frac{\sum in + k_{i,in}}{2m} - \left(\frac{\sum tot + k_i}{2m}\right)^2\right] - \left[\frac{\sum in}{2m} - \left(\frac{\sum tot}{2m}\right)^2 - \left(\frac{k_i}{2m}\right)^2\right] \tag{2-4}$$

式中，$\sum in$ 为社团 C 内部所有连线的权重和；$\sum tot$ 为所有与社团 C 内部节点相关联的连线的权重和；k_i 为所有与点 i 相关联的连线的权重和；$k_{i,in}$ 为节点 i

与社团 C 相连接的所有连线的权重和。

这一算法有以下优点：计算速度快、辨识度高、可应用于大规模的加权网络。对于一个网络来说，ΔQ 值的上限为 $\Delta Q=1$。而 ΔQ 越接近这个值就说明社团结构越明显。因此，ΔQ 峰值的高度即可作为社团划分效果最为理想的判断标准（韩华等，2010）。

本书中，基于港口首位联系的归属关系，对港口归属系统进行划分，并结合 Gephi 对"港口首位联系网络"进行社团结构识别，从而识别全球航运网络组织的空间系统。

第一节　全球航运网络枢纽节点

一、"金字塔"形全球集装箱港口体系

考察港口在网络中的枢纽地位时，常采用港口货物吞吐量、航运航线、航班频次、通达港口数量、运输联系规模和首位港口数量等指标（王成金和陈云浩，2017）。本书基于港口的度与加权度，以及介数中心性、邻近中心性和特征向量中心性等指标构建港口的度和中心性的双维度枢纽识别指标体系，通过因子分析[此时，KMO（Kaiser-Meyer-Olkin）检验统计量为 0.78，显著水平小于 0.01]计算得到港口最终的综合枢纽指数[式（2-1）]；并对综合枢纽指数最终评分进行聚类分析，评价航运网络的枢纽体系。

据表 2-1，全球航运网络形成层级分明的港口体系：新加坡是最大的一级枢纽港。西北欧航区的鹿特丹，东亚航区的釜山、深圳、上海、香港、高雄、宁波，以及东南亚航区的巴生和丹戎帕拉帕斯，地中海航区的阿尔赫西拉斯具有重要地位，是二级枢纽港。中东及南亚航区的杰贝阿里、科伦坡、吉达共 3 个港口，西北欧航区的勒阿佛尔、不来梅哈芬、安特卫普、汉堡、南安普顿、费利克斯托共 6 个港口，南美东航区的卡塔赫纳、桑托斯共 2 个港口，东亚航区的青岛、新港、厦门、广州、基隆、横滨、神户、东京共 8 个港口，东南亚航区的林查班、胡志明、马尼拉共 3 个港口，地中海航区的丹吉尔、比雷埃夫斯、马尔萨什洛克、瓦伦西亚、马耳他、塞得港共 6 个港口，北美西航区的洛杉矶、奥克兰（美国）共 2 个港口，北美东航区的金斯敦、曼萨尼约（巴拿马）、纽约、萨凡纳、诺福克、查尔斯顿共 6 个港口是三级枢纽港。此外，有 158 个四级枢

纽港及394个网络边缘港。全球港口体系表现出明显的等级层次，高层级的枢纽港仅为少数港口，多数枢纽港的层级较低，边缘港在全球航运体系中占比最大，企业在航线组织中港口选择的优先连接原则形成马太效应，最终体现为港口体系的"金字塔"形结构。

表 2-1 全球航运网络港口体系及其分布

港口等级	综合枢纽指数	港口	港口数/个
一级枢纽港	≥10.18	新加坡	1
二级枢纽港	3.65～10.17	釜山、巴生、深圳、上海、鹿特丹、香港、阿尔赫西拉斯、高雄、丹戎帕拉帕斯、宁波	10
三级枢纽港	1.22～3.64	杰贝阿里、科伦坡、丹吉尔、青岛、比雷埃夫斯、勒阿佛尔、吉达、金斯敦、卡塔赫纳、不来梅哈芬、曼萨尼约（巴拿马）、纽约、东京、萨凡纳、厦门、安特卫普、汉堡、马尔萨什洛克、广州、洛杉矶、诺福克、瓦伦西亚、林查班、南安普顿、胡志明、马耳他、横滨、查尔斯顿、基隆、塞得港、桑托斯、奥克兰（美国）、马尼拉、费利克斯托、神户、新港	36
四级枢纽港	−0.07～1.21		158
网络边缘港	≤−0.07		394

在空间布局上，全球港口的集装箱航班组织具有明显的区域差异，呈现五大组团的格局：东亚、东南亚、西北欧、地中海和美东，这些地区集聚了大部分一级枢纽港、二级枢纽港和三级枢纽港，是世界各集装箱班轮公司航运网络组织的重点区域。在各航区内，枢纽港具有引领性、支配性地位和作用。聚焦点状枢纽、实施集中发力、控制制高点成为各航运大国或各港航企业提高全球航运资源配置能力的重要途径。其他航区如非东、非西、南美西及澳新航区只有一些较低等级的四级枢纽港，从一定程度反映了全球航运市场与航运网络在传统东西向市场及新兴南北向市场上具有较大差异。

二、全球航运网络枢纽港演变

结合近40年来枢纽港体系演化，集装箱功能成为港口枢纽地位的首要影响因素。借鉴 Ducruet（2017）得到的全球航运网络1978年、1988年、1998年、2008年四个时间断面全球枢纽港情况，与本书的枢纽港体系进行演化分析，结果见表2-2。1978年以来，港口功能的转变，航运市场重心的转移，使得航运枢纽体系发生一些明显的变化。全球航运市场的重心从欧洲到亚洲，亚洲局部地区重心从日本到中国，发生了根本性转变。集装箱运输功能逐渐成为港口枢纽地位的决定性影响因素，港口功能的多样性不再是枢纽港的功能特征，越来越多的枢纽港集装箱功能不断强化，集装箱运输成为枢纽港口最主要的功能特征。集装箱运输是鹿特丹保持北欧枢纽中心地位的重要优势。新加坡由专业化运输走向集装箱运输再到集装箱专业化，随着全球航运市场重心转移，东亚崛起，新加坡凭借东亚走廊成为辐射大洋洲、拉丁美洲的全球首位枢纽港。随着亚洲（尤其是东亚）的崛起，釜山港枢纽能力不断升级，辐射范围不断扩大，釜山港成为仅次于新加坡的枢纽港。

表 2-2　1978～2017 年全球（集装箱）枢纽港演变

层次	1978 年	1988 年	1998 年	2008 年	2017 年
第一层次	鹿特丹、拉斯坦努拉	鹿特丹、新加坡	鹿特丹、新加坡	新加坡、鹿特丹	新加坡
第二层次	哈格岛、迪拜、特内里费、拉斯帕尔马斯、新奥尔良、横滨，唯一的集装箱枢纽是东京、香港和新加坡	伦敦、汉堡、安特卫普、勒阿弗尔成为集装箱枢纽，高雄、横滨、洛杉矶和纽约枢纽涌现，日本（包括韩国釜山）枢纽较强	洛杉矶、纽约、热那亚、里斯本和比雷埃夫斯等集装箱枢纽强化	釜山（上海、仁川）超过日本集装箱主导枢纽地位	釜山、巴生、深圳、上海、鹿特丹、香港、阿尔赫西拉斯、高雄、丹戎帕拉帕斯、宁波

注：1978 年、1988 年、1998 年、2008 年资料整理自 Ducruet（2017）

此外，港口的区位条件、水深泊位、码头设施及运作效率都是港口枢纽能力的重要影响因素。特别是随着船舶大型化，各企业为了追求规模经济，轴辐射成为重要航线组织方式，在港口选择上集中于挂靠少数枢纽港，港口中转能力成为港口发展枢纽能力的机遇。处于"东方十字路口"的新加坡成为全球最大的枢纽港，与之相邻的巴生和丹戎帕拉帕斯跟新加坡相比虽没有竞争优势，但仍凭借优越的区位条件发展成二级枢纽港。阿尔赫西拉斯发挥了重要的咽喉要道优势，鹿特丹是欧洲市场的连接要道，深圳、上海、香港、宁波都位于南北向航线和东西向航线的交汇处，釜山、高雄等均具有良好的区位条件。港口区位决定企业选择中转的可能性，从而在港口的枢纽能力上起重要作用。

王成金（2012）在考虑港口集装箱吞吐量、航运航线、航班频次、通达港口数及运输规模和首位港口数量的基础上，识别出全球 43 个枢纽港。具体见表 2-3：香港与新加坡同列于一级枢纽港，釜山港是全球第六位枢纽港，巴生、丹戎帕拉帕斯尚未成为枢纽港。与 2006 年相比，2017 年港口的枢纽格局发生很大变化。一些重要港口的地位下降，如香港由第二位一级枢纽港降为三级枢纽港、安特卫普枢纽港等级从三级降到五级，青岛、查尔斯顿、迪拜、雅加达等四级枢纽港枢纽强度明显下降。这些港口枢纽地位的下降的原因一部分是相邻竞争港的发展，如杰贝阿里港对迪拜港的竞争、科伦坡港对雅加达港口的竞争，由于腹地交叉，市场需求有限，两个港口的相对地位发生转移；另一部分是港口本身功能升级，如香港从以集装箱运输功能为主发展为以航运服务业为主。个别港口的枢纽能力明显增强，如釜山成为第二位的二级枢纽港，巴生、丹戎帕拉帕斯、丹吉尔及宁波在2006年枢纽能力弱，在2017年一跃成为第三位二级枢纽港和排名靠前的四级枢纽港，阿尔赫西拉斯、比雷埃夫斯等港口，枢纽能力明显增强，这些港口大部分位于区位良好的咽喉区域，在空间上偏向东南亚和东亚地区，这些变动的原因是经济贸易格局的重心转移及中转型枢纽港的发展。

表2-3　2006年和2017年全球主要枢纽港的等级结构

等级	2006年枢纽港	2017年枢纽港
一级	新加坡、香港	新加坡
二级	上海、深圳	釜山、巴生
三级	安特卫普、釜山、高雄、鹿特丹	深圳、上海、鹿特丹、香港、阿尔赫西拉斯
四级	纽约、青岛、东京、查尔斯顿、迪拜、雅加达、瓦伦西亚、奥克兰（美国）、墨尔本、芝加哥、巴塞罗那、天津、悉尼、温哥华（加拿大）	高雄、丹戎帕拉帕斯、宁波、杰贝阿里、科伦坡、丹吉尔、青岛、比雷埃夫斯、勒阿弗尔、吉达
五级	桑托斯、吉达、科伦坡、曼萨尼约（巴拿马）、伊斯坦布尔、奥斯陆、卡塔赫纳、阿尔赫西拉斯、卡亚俄、比雷埃夫斯、蒙得维的亚、路易斯、利蒙、德班、圣安东尼奥、科尔特斯、德里、伊兹密尔、拉各斯、阿什德、达喀尔	金斯敦、卡塔赫纳、不来梅哈芬、曼萨尼约（巴拿马）、纽约、东京、萨凡纳、厦门、安特卫普、汉堡、马尔萨什洛克、广州、洛杉矶、诺福克、瓦伦西亚、林查班、南安普顿、胡志明、马耳他、横滨、查尔斯顿、基隆、塞得港、桑托斯、奥克兰（美国）、马尼拉、费利克斯托、神户、新港

注：2006年枢纽港口等级分布来源于王成金（2008a）已有研究结果，本书的枢纽港分级根据综合枢纽指数聚类分析划分

三、枢纽港网络区位与吞吐量的比较分析

将综合枢纽指数排名靠前的重要港口与吞吐量靠前的大型港口进行比较，发现二者之间存在异同。本书研究中全球枢纽港更强调其在集装箱航运网络中的核心地位，与根据吞吐量划分的大型港有所区别，存在分异。综合枢纽指数排名前列、具有重要网络枢纽性的47个港口，有44个港口吞吐量位居2016年全

球吞吐量排名前 100，只有曼萨尼约（巴拿马）、诺福克和马耳他三个港口吞吐量较低，港口吞吐量没有进入 2016 年的前 100。综合枢纽指数排名前 100 的港口中，吞吐量位居 2016 年全球前 100 的港口有 71 个，匹配度达 71%。少数几个网络边缘港具有较大的吞吐量排名，如营口、虎门、烟台、泽布吕赫、蒙特利尔等港口的网络枢纽性低，但有较高的吞吐量，其中，营口、虎门和烟台等中国沿海港口网络枢纽地位低的其他原因是，本书港口的网络枢纽评价中没有囊括国内航线的班轮周期表。部分具有重要网络枢纽性的港口吞吐量低，如曼萨尼约（巴拿马）、诺福克、马耳他、考塞多、达米埃塔、阿什杜德、伊丽莎白、奥克兰（新西兰）、哈利法克斯、陶兰加、海法、海防、盖梅、开普敦、伊斯坦布尔，以及非洲、南美地区的一些港口吞吐量低，其中部分港口位于南半球的澳新、非洲和南美区域，一部分位于地中海和中美洲。整体而言，全球航运网络港口节点的网络重要性与港口实际处理能力也即港口吞吐量具有趋同性，即高层级的枢纽港多为大型港。

如图 2-1 所示，从单个港口枢纽指数和吞吐量的具体排名来看，港口的网络枢纽性与实际处理规模存在差异。新加坡港网络枢纽性远远领先于其他港口，吞吐量排名全球第二，低于上海港。上海港吞吐量排名全球第一，网络枢纽性排名全球第五，低于釜山港、巴生港和深圳港，釜山港吞吐量排名全球第六、巴生港排名全球第十二，深圳港排名全球第三。新加坡港、釜山港、深圳港、上海港和香港港，网络枢纽性和实际吞吐量处理规模均排名全球前十，集装箱运输和航线组织属于相对平衡的高水平发展。此外，曼萨尼约（巴拿马）、勒阿佛尔、丹吉尔、卡塔赫纳、阿尔赫西拉斯、比雷埃夫斯、诺福克、科伦坡、巴生、吉达等港口网络枢纽性地位明显高于实际吞吐量处理规模能力，而天津、胡志明、林查班、洛杉矶、安特卫普、汉堡和厦门等实际吞吐量处理规模能力明显高于港口网络枢纽性地位。一些枢纽港在全球范围内不一定具有高的吞吐量，但是是局部区域的大型港。港口的吞吐量和网络枢纽性的分异延续了王成金的研究结果的态势（王成金，2008a），说明网络枢纽性和吞吐量指标具有反映港口不同能力的特点。

世界集装箱枢纽港受到航运网络地位、腹地经济、港口自身的条件及依托城市等因素的影响，形成了不同的发展模式和类型，主要分为中转型枢纽港、腹地引致型枢纽港和复合型枢纽港（安筱鹏等，2000）。其中，中转型枢纽港的发展主要依赖其独特的区位条件，如香港和新加坡；腹地引致型枢纽港主要是通过其区位优势、开放的港口政策、完善高效的内陆网络而形成的，主要有纽约、洛杉矶、奥克兰（美国）、长滩、鹿特丹、汉堡等港口，中国的上海港、深圳港也属于腹地引致型枢纽港；复合型枢纽港具有中转型枢纽港和腹地引致型

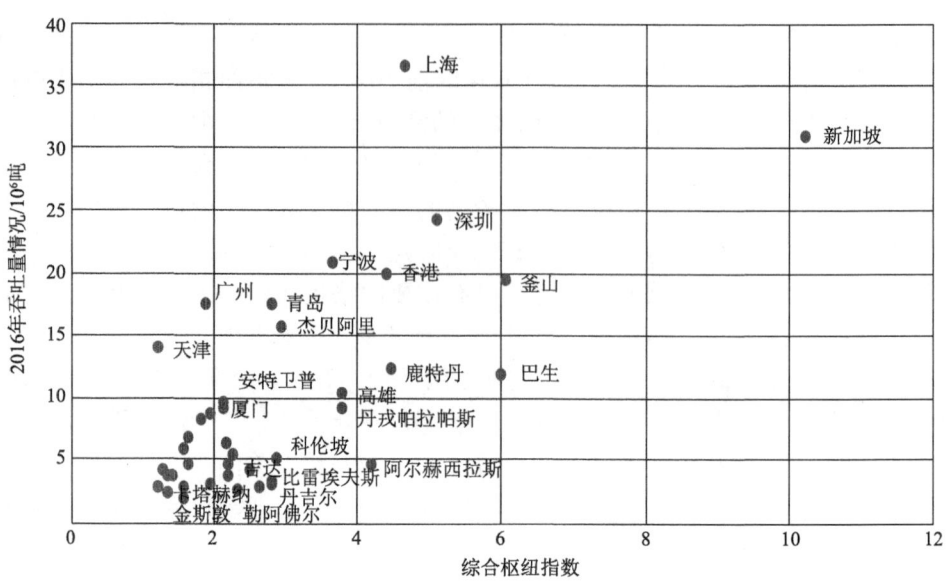

图 2-1 三级枢纽港枢纽指数与吞吐量比较
根据中国水运网吞吐量数据及作者整理计算的枢纽指数数据自绘

枢纽港的一些共同特征，初期主要依靠港口自身直接腹地成为该区域的集装箱港，在此基础上成为其他支线港的中转港，主要位于东亚，如高雄、釜山、东京、神户[①]。网络枢纽性的度量更侧重于反映港口地理位置的关键区位，如洲际联系中的咽喉区域新加坡、巴生、釜山、阿尔赫西拉斯、丹戎帕拉帕斯、丹吉尔等具有重要区位优势，而吞吐量更侧重于腹地和港口服务市场和辐射范围，东亚、东南亚特别是中国沿海的上海、深圳、宁波、青岛、广州等港口是吞吐量集中的重要区域，与中国沿海南北航线与东西航线交汇的区位优势相比，更具有吞吐量优势。

第二节　全球航运网络航线组织

一、全球航运航区间组织格局

航线是船舶自始发港向目的港沿途依次挂靠港口时的航线线路，经过

---

① 搜狗百科，http://baike.sogou.com/v76327954.htm?fromTitle=国际集装箱枢纽港。

Gephi 运算后的港-港的航线权重反映港-港的运输密度，通过对港口航区归属地的划分整理可得航区间联系的紧密程度，对全球 12 个主要航区间的航线进行整理，结果如图 2-2 所示，可发现：航线组织的空间格局存在明显区域分异，区间联系主要集中在少数航区间。东亚-东南亚、东亚-北美西、东南亚-中东及南亚、北美东-南美东、地中海-西北欧、北美东-西北欧、中东及南亚-地中海等航区间的联系较密切，尤其以东亚-东南亚最多，航线权重达 963，其次东亚-北美西联系权重达 428、东南亚-中东及南亚联系权重达 377，北美东-南美东、地中海-西北欧、北美东-西北欧、中东及南亚-地中海联系权重在 100~200。并且，这些权重大的航区间的联系主要集中于东西向航运市场，只有南美东属于南半球，北美东-南美东属于南北向联系。

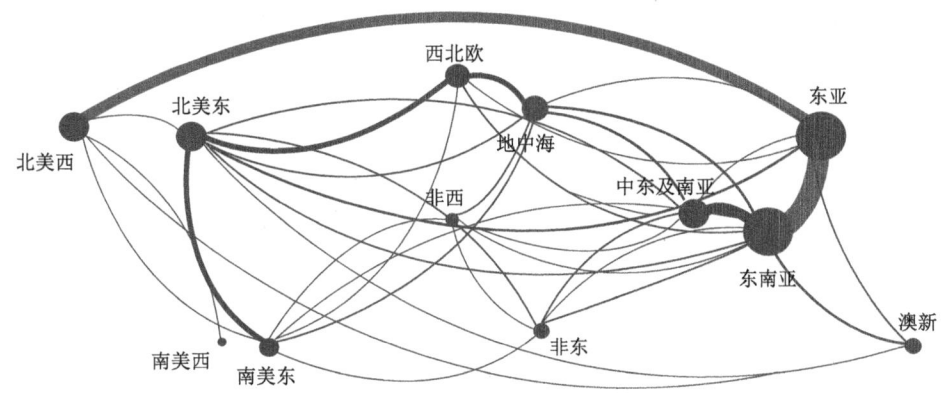

图 2-2　全球主要航区间组织联系

作者根据船期数据整理自绘。图中实心圆的面积表示航区权重，面积越大，航区权重越大；连线的粗度表示航区间联系强度，连线越粗，航区间联系强度越大

结合表 2-4，不同航区的航运组织呈现明显南北分异的核心-边缘结构，东亚、东南亚、地中海、北美东、中东及南亚、西北欧、北美西是全球航运网络组织的"核心区"，除北美西只有 20 个港口外，"核心区"的其他航区参与全球航运网络的港口数在 43~93 个，总联系权重均大于 1000，在 1065~5226，与其他航区之间的联系范围优势明显，特别是东亚、东南亚航区，是全球航运组织的重心。南美东、澳新、非西、非东、南美西等南半球市场是集装箱航运的"边缘区"，其中南美东和澳新参与全球航运网络的港口较多，分别达 45 个和 51 个，南美东对外联系范围广，与南美东联系权重大于 10 的航区达 8 个，南美东-北美西联系属于高强度联系。整体而言，这些航区内部联系弱，与其他航区的联系也弱，特别是南美西、非东、非西航区，参与全球航运网络的港口数量少，分别有 19 个、36 个和 35 个，

而且与其他航区间的联系弱,对外联系权重在 111～223,是全球航运组织的"冷区"。

表 2-4　全球主要航区联系格局

航区	港口数/个	联系权重>10 的航区数	权重 航区内部联系	与其他航区联系	总联系
东亚	81	8	1636	5226	3590
东南亚	43	10	1730	2685	955
地中海	93	8	586	1820	1234
北美东	59	9	643	1538	895
中东及南亚	45	8	718	1431	713
西北欧	72	7	445	1369	924
北美西	20	6	606	1065	459
南美东	45	8	332	954	622
澳新	51	4	208	645	437
非西	35	6	158	364	206
非东	36	5	223	349	126
南美西	19	3	111	334	223

2017 年货量仍集中在北美、欧洲和亚洲等成熟的港口市场,三大区域在全球集装箱吞吐量中占到近 80%的比例;作为新兴市场的拉丁美洲、大洋洲和非洲的占比合计只有 11%[①]。全球航运组织宏观格局的等级分化和南北差异与世界经济贸易格局基本吻合,全球航运组织的重点区域是北半球,以东亚和东南亚港口为重点,形成以北半球为主的东西向全球航运组织的核心区域,以非洲、南美和澳新为主体形成南半球的全球航运组织的边缘区域。2006 年王成金得到的全球航运格局表现出的南北差异与本书结果吻合,但是近十年来,南半球航

---

① 中国交通新闻网. 2018 航运市场总体趋好. http://www.zgjtb.com/2018-01/09/content_136692.htm[2018-01-09].

运市场内部组织发生区域演变，2006年南半球的澳新航区具有相对优势地位，2017年澳新航区在南半球的相对优势地位减弱，南美东成为南半球航运市场的重要组织区域（王成金，2008a）。

二、全球航运重要航线组织格局

全球航线组织具有明显的马太效应，联系集中在少数几个港口之间。样本港口达599个，港口对2776对，其中，权重大于100的只有9对，权重为50~100的仅20对，为25~50的有69对，为10~25的有190对，为5~10的有226对，为1~5的有2262对，权重为1~5的港口对占81.5%，其中权重为1的有1144对。选取排名前100的航线进行具体分析。

权重较大的航线组织主要发生在新加坡、深圳、宁波、高雄、上海、香港、釜山。考虑联系权重的大小，港口联系规模排序略有变化，深圳、上海、宁波、新加坡的联系权重位居前4，达800~934次。权重排名前100的港口对权重也存在明显分异，少数港口对规模大，上海-宁波、香港-深圳、新加坡-巴生、上海-青岛、宁波-深圳、奥克兰（美国）-洛杉矶、新加坡-香港、上海-釜山等联系权重大，特别是上海-宁波达419次，具有强首位优势。上海和宁波、香港和深圳及新加坡和巴生等港口由于腹地交叉，其竞争与合作一直是学者研究的热点问题。从航线联系来看，其高密度的联系频率反映了具有腹地竞争关系的相邻港口联系趋向紧密，客观角度上，双枢纽港或多枢纽港会提升该区域在全球的枢纽地位。

权重排名前100的港口对中，同航区间的联系达89%，同国家之间的联系达50%，明显高于整体的平均水平65%和23%。排名前100的港口对在北美、南美、西北欧、非洲等区域具有明显的区域化特征，在东南亚和东亚具有强的跨区域联系（表2-5）。形成了西北欧、地中海西部、北美东、南美东、北美西、东亚、东南亚等局部区域组团，以及东南亚-中东及南亚、东南亚-东亚、东南亚-澳新、东亚-北美西等跨区域组团。权重排名前300的港口对中，跨区域联系主要是新加坡、巴生、深圳、釜山、香港等港口的全球性辐射，以及吉达、高雄、科伦坡及曼萨尼约（巴拿马）等相邻区域的辐射。权重排名前300与前100的港口对的航段联系格局比较中，可以看出联系强度随距离增大而递减。

表 2-5　排名前 100 的航线中跨航区的联系

起始港			目的港			权重
起始港	航区	国家	目的港	航区	国家	
新加坡	东南亚	新加坡	深圳	东亚	中国	182
新加坡	东南亚	新加坡	香港	东亚	中国	102
深圳	东亚	中国	巴生	东南亚	马来西亚	51
巴生	东南亚	马来西亚	科伦坡	中东及南亚	斯里兰卡	41
卡塔赫纳	南美东	哥伦比亚	曼萨尼约（巴拿马）	北美东	巴拿马	39
新加坡	东南亚	新加坡	科伦坡	中东及南亚	斯里兰卡	36
上海	东亚	中国	新加坡	东南亚	新加坡	34
奥克兰（美国）	北美西	美国	东京	东亚	日本	33
新加坡	东南亚	新加坡	广州	东亚	中国	30
丹戎帕拉帕斯	东南亚	马来西亚	深圳	东亚	中国	29
新加坡	东南亚	新加坡	杰贝阿里	中东及南亚	阿联酋	28
吉达	中东及南亚	沙特阿拉伯	新加坡	东南亚	新加坡	27
孟买新港	中东及南亚	印度	巴生	东南亚	马来西亚	26
新加坡	东南亚	新加坡	布里斯班	澳新	澳大利亚	25

选取权重排名前 200 的港口对的航段联系与 2006 年（王成金，2008a）相比，航线组织具有明显区域性，且空间上更加均衡，航线组织更加符合地理邻近。2006 年主要在东亚、东南亚、西北欧及澳新形成强联系区域组团，跨区域联系中东南亚-东亚和东南亚-西北欧的联系较强；2017 年，在北美东、北美西、澳新、西北欧、地中海、南美东、南美西、非西均形成区域内部的强联系。而且东南亚和南亚的跨航区的联系明显增强，东南亚-南亚、东南亚-澳新、东南亚-东亚及东亚-北美西均存在较强联系，这些跨航区的联系中，航区之间更加邻近，且强联系航线主要集中在少数枢纽性港口上，如新加坡、釜山等。此外，2017 年北美西内部及东南亚-西北欧联系弱化，这是经济贸易中心的转移所导致的，东南亚转而与地理更邻近的中东和南亚联系紧密，从直观的航线距离上来讲，航线组织距离更短，运输成本降低，更符合运输的经济性。

第三节 全球航运网络社团结构

一、社团结构特点比较

社团结构是指整个网络是由若干个群或团所构成，每个群内部的节点之间的连接相对紧密，但是各个群之间的连接则较为稀疏。揭示网络中的社团结构，对于了解网络结构非常重要，在生物学、物理学、计算机图形学和社会学等领域都有广泛的应用。中国航运网络中的社团结构划分见表2-6。

表2-6 中国航运网络中的社团结构划分（2004年、2012年）

2004年社团		2012年社团	
长江-沿海（18个）	张家港、晋江、镇江、泰州、南京、南通、扬州、九江、常州、武汉、芜湖、黄石、安庆、宜昌、沙市、万州、重庆、佛山	长江（31个）	太仓、张家港、江阴、南京、武汉、重庆、九江、南通、扬州、镇江、宜昌、荆州、常熟、岳阳、铜陵、芜湖、泰州、黄石、合肥、城陵矶、南昌、马鞍山、万州、长沙、常州、安庆、淮安、盐城、泸州、宜宾、徐州
		中国沿海内贸（20个）	泉州、福州、晋江、海口、汕头、日照、温州、漳州、虎门、乍浦、钦州、洋浦、马尾、惠州、莆田、金门、北海、嘉兴、潮州、茂名
中国北方沿海-韩国-日本（又称中国北方社团）（34个）	上海、釜山、青岛、天津、宁波、大连、泉州、烟台、光阳、营口、温州、连云港、日照、门司、威海、仁川、博多、锦州、平泽、漳州、蔚山、马山、石岛、丹东、东方港、乍浦、秦皇岛、京唐、射阳、茅村、龙口、福冈、群山、马尾	中国北方沿海-韩国-日本西（又称中国北方社团）（69个）	上海、釜山、宁波、青岛、天津、大连、营口、光阳、连云港、烟台、仁川、锦州、龙口、博多、门司、威海、蔚山、平泽、东方港、京唐、广岛、秦皇岛、新潟、福山、富山、石岛、水岛、伊万里、金泽、中关、浦项、那霸、鲁珀特王子港、曹妃甸、符拉迪沃斯托克、秋田、丹东、唐山、松山、伯方、志布志、高松、直江津、函馆、境港、北九州、群山、马山、福清、苫小牧、八户、台州、大分、岩国、仙台、瑞山、石垣、丽水、舞鹤、和歌山、酒田、盘锦、瓦尼诺、金浦、北岛、纳霍德卡、舟山、大山、小樽

续表

2004年社团		2012年社团	
日本西（23个）	新潟、水岛、广岛、志布志、富山、福山、伊万里、金泽、敦贺、小樽、高松、苫小牧、八户、伊予、境港、函馆、北海道、秋田、舞鹤、细岛、小仓、中关、直江津		
日本东-北美西（25个）	横滨、神户、东京、名古屋、洛杉矶、奥克兰（美国）、大阪、长滩、西雅图、温哥华（加拿大）、塔科马、清水、四日、波特兰、岩国、那霸、川崎、达拉斯、圣佩德罗、千叶、关岛、丰桥、宫古、圣地亚哥、荷兰港	日本东-北美西（27个）	横滨、东京、神户、大阪、名古屋、奥克兰（美国）、洛杉矶、长滩、温哥华（加拿大）、清水、西雅图、四日、塔科马、芝加哥、关岛、丰桥、火奴鲁鲁、太子港、乌纳拉斯卡、苏瓦、波特兰、小名浜、那珂、弗里波特、千叶、孟菲斯、御前崎
中国南方沿海-东南亚（又称中国南方社团）（37个）	香港、新加坡、深圳、巴生、厦门、广州、高雄、基隆、丹戎帕拉帕斯、福州、马尼拉、汕头、雅加达、胡志明、林查班、石垣、台中、海口、巴西古当、钦奈、防城港、曼谷、泗水、维沙卡帕特南、海防、福清、穆阿拉、民都鲁、莆田、太仓、关丹、泰莱、麦寮、湛江、珠海、岘港、北海	中国南方沿海-东南亚（又称中国南方社团）（47个）	新加坡、香港、深圳、巴生、厦门、广州、高雄、丹戎帕拉帕斯、基隆、科伦坡、马尼拉、林查班、胡志明、台北、台中、雅加达、海防、那瓦什瓦、防城港、达沃、泗水、湛江、槟城、珠海、巴西古当、皮帕瓦沃、头顿、曼谷、钦奈、宿务、弗里曼特尔、西哈努克、汤斯维尔、维沙卡帕特南、民都鲁、达尔文、桑托斯将军城、卡加延德奥罗、三宝垄、古晋、关丹、麦寮、岘港、泗务、八打雁、新沙、归仁
印度-海湾（13个）	科伦坡、杰贝阿里、卡拉奇、迪拜、那瓦什瓦、杜蒂戈林、达曼、豪尔费坎、蒙德拉、阿巴斯、尼赫鲁、沙迦、槟城	海湾（10个）	杰贝阿里、阿巴斯、卡拉奇、达曼、蒙德拉、苏哈尔、巴林、阿布扎比、霍梅尼、加勒
非洲东-非洲西-南美东（17个）	德班、布宜诺斯艾利斯、桑托斯、路易港、特马、伊丽莎白港、开普敦、里奥格兰德、拉各斯、洛美、阿比让、巴拉那瓜、蒙得维的亚、伊塔瓜伊、里约热内卢、伊塔雅伊、科托努	非洲东-非洲西-南美东（37个）	德班、桑托斯、开普敦、特马、拉各斯、伊丽莎白港、路易港、洛美、巴拉那瓜、里约热内卢、阿比让、科托努、布宜诺斯艾利斯、挺坎、蒙得维的亚、鲸湾、蒙巴萨、杜阿拉、达累斯萨拉姆、黑角、卢安达、伊塔雅伊、里奥格兰德、恩纳哈科特、留尼汪、洛比托、纳韦甘蒂斯、伊塔瓜伊、纳卡拉、塔马塔夫、南圣弗朗西斯科、纳米贝、彭巴、姆特瓦拉、柯钦、佛得角、塔科拉迪、马普托

续表

	2004 年社团		2012 年社团
大洋洲（3个）	布里斯班、墨尔本、悉尼	大洋洲（13个）	布里斯班、悉尼、墨尔本、陶朗阿、奥克兰（新西兰）、利特尔顿、努美阿、纳皮尔、查默斯、瓦沃特、新普利茅斯、纳尔逊、惠灵顿
西北欧-地中海-红海（58个）	鹿特丹、苏伊士、吉达、塞得港、达米埃塔、安特卫普、马耳他、菲利克斯托、汉堡、勒阿弗尔、焦亚陶罗、塞拉莱、比雷埃夫斯、巴塞罗那、南安普顿、康斯坦察、不来梅、伊斯坦布尔、塔兰托、瓦伦西亚、亚丁、滨海福斯、泽布吕赫、科佩尔、热那亚、拉塔基亚、海法、阿尔赫西拉斯、的里雅斯特、里耶卡、巴伦西亚、伊利乔夫斯克、那不勒斯、吉布提、敖德萨、塞萨洛尼基、拉斯佩齐亚、泰晤士港、苏赫奈泉、威尼斯、里窝那、荷台达、圣彼得堡、贝鲁特、哥德堡、敦刻尔克、利马索尔、苏丹港、奥胡斯、亚喀巴、皮尔戈斯、普里奥洛、马拉加、阿什杜德、伊兹密尔、新罗西斯克、萨莱诺、里斯本	西北欧-地中海-红海（68个）	苏伊士、塞得港、吉达、鹿特丹、菲利克斯托、勒阿弗尔、瓦伦西亚、汉堡、不来梅、达米埃塔、阿尔赫西拉斯、比雷埃夫斯、安特卫普、焦亚陶罗、马耳他、塞拉莱、泽布吕赫、热那亚、拉斯佩齐亚、巴塞罗那、巴伦西亚、南安普顿、丹吉尔、贝鲁特、那不勒斯、伊斯坦布尔、塔兰托、福斯、阿什杜德、豪尔费坎、亚喀巴、敖德萨、吉布提、亚丁、海法、康斯坦察、马拉加、伊兹米特、泰晤士、伊利乔夫斯克、里窝那、哥德堡、博斯普鲁斯、亚历山大、苏丹、敦刻尔克、马尔萨什洛克、恰纳卡莱、苏赫奈泉、梅尔辛、沃洛斯、伊兹密尔、的里雅斯特、格但斯克、奥胡斯、圣彼得堡、拉萨帕尔马、阿姆巴利、胡姆斯、塔拉戈纳、科佩尔、锡尼什、拉塔基亚、塞萨洛尼基、伊拉克利翁、新罗西斯克、里耶卡、盖姆利克
南美西-北美东（38个）	曼萨尼约（巴拿马）、萨凡纳、巴拿马、纽约、迈阿密、金斯敦、曼隆尼约、科隆、查尔斯顿、诺福克、巴尔博亚、卡亚俄、布埃纳文图拉、芝加哥、自由港、伊基克、圣安东尼奥、哈利法克斯、恩塞纳达、拉萨罗卡德纳斯、孟菲斯、瓦尔帕莱索、威尔明顿、波士顿、休斯敦、瓜亚基尔、梅希约内斯、圣维森特、潘塔克、纽瓦克、安托法加斯塔、塔尔卡瓦诺、派塔、利尔奎、科尔特斯、圣何塞、阿卡胡特拉、卡尔德拉	南美西-北美东（42个）	曼萨尼约（巴拿马）、萨凡纳、纽约、巴拿马、拉萨罗卡德纳斯、巴尔博亚、查尔斯顿、诺福克、科隆、金斯敦、卡亚俄、布埃纳文图拉、瓦尔帕莱索、迈阿密、休斯敦、杰克逊维尔、圣何塞、瓜亚基尔、巴尔的摩、圣佩德罗、恩塞纳达、伊基克、安加莫斯、曼隆尼约、波士顿、卡塔赫纳、卡贝略、威尔明顿、考塞多、帕纳博、圣安东尼奥（智利）、纽华克、卡尔德拉、派塔、安托法加斯塔、梅希约内斯、利尔奎、哈利法克斯、西班牙港、莫比尔、自由港（巴哈马）、圣维森特
		所罗门群岛（4个）	莱城、拉包尔、莫尔斯比、霍尼亚拉

（一）社团结构打破传统的航区构成

传统航区往往以大洲为单位，但中国航运网络中的社团则打破了以大洲为单位的人为划分，而是以航线为纽带，以港口与港口之间的紧密程度为标准来划分，因此西北欧、地中海和红海的港口组成一个社团，而不是西北欧和地中海各自独立为一个社团；传统的中东航区被分割为海湾地区独立成为一个社团，红海地区则与西北欧、地中海组成一个社团；非洲东部、非洲西部和南美东部的港口组成一个社团，而不是非洲西岸和东岸组成一个社团，南美西岸和东岸组成一个社团，从上海经南非到南美东岸的巴西是几条从上海到巴西航路中距离最近的一条，中远集团早在1994年就在原南非、西非班轮的基础上加以拓展，组建远东-南美集装箱定期班轮；南美西岸港口通过巴拿马运河与北美东岸港口组成一个社团；日本东西两岸的港口分属不同的社团，2004年日本西岸港口独立为一个社团，到2012年大部分日本西岸港口并入中国北方社团，日本东岸港口一直与北美西部港口组成一个社团；中国港口在2004年分成三部分，长江沿岸港口与沿海内贸港口组成一个社团，宁波以北的中国港口与韩国港口、日本西岸港口组成一个社团，厦门以南的中国港口与东南亚港口组成一个社团，2012年中国港口分成四个社团，长江沿岸港口与中国沿海内贸港口相独立，中国北方沿海港口与韩国、日本西岸港口组成一个社团，中国南方沿海港口与东南亚港口组成一个社团。

（二）整体结构较为稳定

2004年中国航运网络中的266个港口被划分为10个社团，2012年共368个港口被划分为11个社团。虽然社团内部的港口数量有所变化，但中国北方社团、日本东-北美西、中国南方社团、非洲东-非洲西-南美东、南美西-北美东、大洋洲、西北欧-地中海-红海七个社团的划分在2004~2012年较为稳定。社团结构的变动程度呈现与中国的距离越远越稳定、越近变动越大的特点。例如，非洲东-非洲西-南美东、南美西-北美东和欧洲-地中海-红海三个社团与中国港口群距离较远，其结构相对稳定，而与中国港口群相邻的日本西和（印度-）海湾社团，变动较为剧烈，2004年日本西岸港口是独立成一个社团的，2012年整个社团并入中国北方沿海-韩国-日本西；（印度-）海湾社团的港口数在中国南方沿海-东南亚社团的影响下有所减少。

中国港口社团变动较大，随着长江和沿海内贸社团的分离，三个社团变成了四个社团，但南北两大社团的分界线较为稳定。中国沿海的社团大致以福建省为界分为南北两大社团，福建省的福州、厦门，以及台湾的高雄、基隆等港属于南方社团，而福建省以北的港口属于北方社团，这一分界在19世纪60年代以来保持稳定。1902年出版的《中国商务志》认为"自欧美输入之货物，多集于香港上海二埠，集于香港者，转输福州、汕头、厦门、广东各处；集于上海者，转输扬子江、北中国各处"。（织田一，1902）由表2-7可知，广东、福建、台湾等地的港口大部分外国货物都是经由香港输入的，而浙江、山东、天津、辽宁等港口的外国货物从香港输入的比例就非常小。英国驻沪领事也认为，输入上海的外国商品绝大部分转运给了北起牛庄（今营口）南到宁波之间的各个港口，转运到宁波以南港口的商品，除了福州以外，数额都是很少的（李必樟，1993）。

表2-7　1869~1904年各港经香港输入外国货物占各港全部外国货物比重（单位：%）

年份	广州	汕头	琼州	北海	福州	厦门	淡水	打狗	宁波	温州	牛庄	烟台	天津
1869	99	92			92	73		16	3		9	9	3
1874	99	99			84	88		53	31		16	8	6
1885	99	92	99	99	69	86	73	69	1	0	9	10	8
1896	99	95	84	100	79	77	76*	87*	2	5	20	21	8
1904	98	92	97	97	75	62			21	0	14	14	7

*1894年数据，因为1894年之后无数据。

资料来源：根据《中国旧海关史料》（中国第二历史档案馆、中国海关总署办公厅编，京华出版社2001年版）整理

（三）中国各大社团所含港口数量大增

中国北方社团港口数量由2004年的34个增加到2012年的69个，原本独立的日本西社团并入中国北方社团，中国南方社团中的东南亚港口数量也有所增加，由2004年的37个增加到2012年的47个。而与之相反的是，在整体港口数量增加的背景下，与中国南方社团相邻的（印度-）海湾社团所含港口数量有所减少，是所有社团中仅有的港口数量下降的社团。与中国南北两大社团相邻的两个社团——日本西和（印度-）海湾社团，一个并入中国北方社团，一个所含港口数量不增反减，说明中国南北社团通过合并相邻社团而得到扩大（表2-8）。

2004年中国长江-沿海社团的港口数量为18个，2012年长江与沿海的港口分离成两个独立的社团，其中长江沿线港口数量为31个，中国沿海内贸港口的数量为20个。而对这些港口的功能进行分析，可以发现这些港口主要侧重于内贸运输，

表 2-8 各社团港口数量（2004 年、2012 年）

2004 年		2012 年	
社团	港口数/个	社团	港口数/个
中国北方沿海-韩国-日本（又称中国北方社团）	34	中国北方沿海-韩国-日本西（又称中国北方社团）	69
日本东-北美西	25	日本东-北美西	27
中国南方沿海-东南亚（又称中国南方社团）	37	中国南方沿海-东南亚（又称中国南方社团）	47
印度-海湾	13	海湾	10
非洲东-非洲西-南美东	17	非洲东-非洲西-南美东	37
南美西-北美东	38	南美西-北美东	42
大洋洲	3	大洋洲	13
西北欧-地中海-红海	58	西北欧-地中海-红海	68
长江-沿海	18	长江	31
日本西	23		
		中国沿海内贸	20
		所罗门群岛	4
合计	266	合计	368

这说明在 2012 年的中国港口航运网络中，内贸与外贸网络出现分化，长江黄金水道与沿海航线构成的丁字形结构已经成为内贸航运的基础干线。内贸航运网络的形成，主要与两方面的原因相关。一方面与金融危机之后国家刺激内需拉动国内消费、大力发展内贸有关。我国的集装箱港口发展是从外贸集装箱做起，并且一直以外贸集装箱为主体，内贸集装箱只是作为一种附带作业。中国的内贸集装箱发展较晚，但发展迅速。1996 年 12 月，上海龙吴港务公司才开通我国首条内贸集装箱航线，那时，全国内贸集装箱吞吐量很小，远不足引起大家的关注。如今，内贸集装箱数量接近全部集装箱总量的 1/3。内贸集装箱吞吐量从 2004 年的 726 万标准箱增至 2012 年的 5203 万标准箱，占我国港口集装箱吞吐总量的比例从 2004 年的 11.77%提高到 2012 年的 29.33%（图 2-3）。内贸集装箱生成量的增加，需要有相应的船只和航线来支撑，促进了内贸集装箱航运网络的形成。

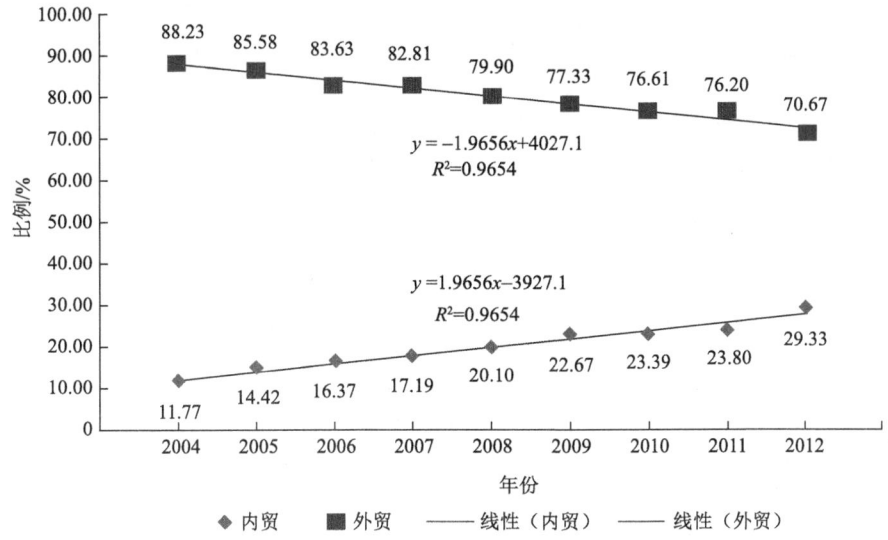

图 2-3 2004~2012 年我国港口内外贸集装箱吞吐量占集装箱吞吐总量的比例
资料来源：根据历年《中国港口年鉴》整理

另一方面内贸网络的形成也跟内贸运输都由中国航运公司承担的制度规定有关。因为担心对国内非中心港口、支线运输的冲击，中国一直禁止外国籍船舶从事中国的沿海运输业务。2013 年 9 月上海自由贸易试验区挂牌后，允许中资公司拥有或控股拥有的非五星旗船，在国内沿海港口和上海港之间从事进出口集装箱的沿海捎带业务，外资航运企业仍被禁止参与这一业务。而由于海关监管要求，长期来内贸集装箱和外贸集装箱不可以同船混装，国家不允许从事外贸运输的船舶在同一航次中装载内贸货物。虽然从 2005 年 4 月 1 日起，海关总署同意中国籍国际航行船舶可以申请内外贸集装箱同船运输试点业务，但是业界普遍认为这个领域涉及的监管手续烦琐，班轮公司不愿开展这一业务，港口参与程度也不高（徐心刚，2008）。例如，2004 年，天津港就已经与天津海关共同研究制定了《内支线船舶同船载运内、外贸集装箱操作方案》，但直到 2014 年，天津港仅与秦皇岛港成功运作，计划之后逐步与烟台、营口等其他环渤海港口推行。因此，我国内贸集装箱运输市场是一个较为独立的国内市场。在内贸集装箱运输并未对国外航运公司开放和内外贸集装箱同船运输程度不高的情况下，中海、中远、南青、长航、江苏外运、青岛正和、烟台海运等内贸集装箱船公司，在内贸集装箱数量快速增长的大背景下，编织形成了独立于外贸运输的内贸集装箱运输网络。

二、社团之间航线的变化

（一）社团之间航线权重分析

2004年社团之间的边（航线）权重超过100的共有四对，中国北方社团与中国南方社团之间航班最密集，两社团之间连线的权重达到505，其次是中国北方社团与日本东-北美西，中国南方社团与西北欧-地中海-红海，日本东-北美西与中国南方社团，可以看出除了中国南北两大社团之间的航线之外，中-欧航线和中-美西航线是最重要的，这一东西向的航线连接了三大最重要的集装箱生成地和消费地。

2012年社团之间的联系密度大大增加，连线的权重超过100的社团由2004年的四对增加到八对，其中中国北方社团与中国南方社团最多，权重达到971，其次是中国北方社团与日本东-北美西，中国南方社团与西北欧-地中海-红海，中国南方社团与中国沿海内贸，中国北方社团与中国沿海内贸，中国南方社团与非洲东-非洲西-南美东，日本东-北美西与中国南方社团，长江与中国北方社团，中国南北两大社团之间的航班依然最为密集，中-欧航线和中-美西航线同样非常重要，另有两个不同之处：一是随着内贸网络的形成和崛起，中国沿海内贸社团与中国南北两大社团，以及长江社团与中国北方社团的航班密集；二是中国南方社团与非洲-南美东社团、中国北方社团与南美西-北美东社团的航班增长迅速（表2-9）。

表2-9 社团之间航线联系（2004年、2012年）

社团	社团	2004年 权重	2004年 比重/%	2012年 权重	2012年 比重/%	社团	社团	2004年 权重	2004年 比重/%	2012年 权重	2012年 比重/%
0	1	34	2.49	110	3.89	2	6	3	0.22	12	0.42
0	2	2	0.15	3	0.11	2	7	36	2.64	35	1.24
0	4	9	0.66	13	0.46	2	10	0	0.00	1	0.04
0	10	0	0.00	34	1.20	3	4	2	0.15	0.00	0.00
1	2	228	16.72	316	11.17	4	5	158	11.58	298	10.54
1	3	24	1.76	0	0.00	4	6	20	1.47	26	0.92
1	4	505	37.02	971	34.34	4	7	22	1.61	31	1.10
1	5	11	0.81	19	0.67	4	8	97	7.11	99	3.50
1	6	7	0.51	10	0.35	4	9	14	1.03	137	4.84
1	7	24	1.76	63	2.23	4	10	0	0.00	252	8.91
1	8	5	0.37	9	0.32	4	11	0	0	1	0.04

续表

社团	社团	2004年 权重	2004年 比重/%	2012年 权重	2012年 比重/%	社团	社团	2004年 权重	2004年 比重/%	2012年 权重	2012年 比重/%
1	9	2	0.15	7	0.25	5	7	5	0.37	17	0.60
1	10	0	0.00	218	7.71	5	8	28	2.05	25	0.88
2	3	3	0.22	0	0.00	7	8	1	0.07	1	0.04
2	4	119	8.72	120	4.24	8	9	2	0.15	0	0.00
2	5	3	0.22	0	0.00						

注：0. 长江；1. 中国北方社团；2. 日本东-北美西；3. 日本西；4. 中国南方社团；5. 西北欧-地中海-红海；6. 大洋洲；7. 南美西-北美东；8. （印度-）海湾；9. 非洲东-非洲西-南美东；10. 中国沿海内贸；11. 所罗门群岛

（二）社团之间航班比重分析

我们进一步从各社团之间的航班占全部航班的比重来分析，虽然中国南北两大社团之间的航班权重遥遥领先，由 2004 年的 505 上升到 2012 年的 971，但由于受内贸港口和航班数量的增加影响，南北两大社团间的航班权重占全部航班权重的比重由 2004 年的 37.02%下降到 2012 年的 34.34%。另外，日本东-北美西、西北欧-地中海-红海、（印度-）海湾这三个社团与其他社团的航班比重都呈下降态势，如日本东-北美西社团与中国北方社团、中国南方社团和南美西-北美东社团之间的航线比重都有所下降；西北欧-地中海-红海社团除与南美西-北美东的联系比重有所增加，与其他社团的联系比重都有不同程度的下降；（印度-）海湾社团与中国南方社团、西北欧-地中海-红海社团的比重下降明显，这说明在中国航运网络中,日本东-北美西社团、西北欧-地中海-红海社团和（印度-）海湾社团的地位在下降，这也与日本港口在全球航运网络中地位相对下降有关（张荣忠，2010），也受金融危机和欧债危机影响下中欧之间集装箱运输受到冲击相一致，也与（印度-）海湾社团组成港口数量下降相一致。

航班比重增加较为明显的有五对社团，可以分为两类，一类是中国港口内部之间的航班比重增长明显，如长江与中国北方社团、中国沿海内贸与中国北方、南方社团之间的航班比重都有增加；另一类是中国南北社团与非洲、南美之间的航班比重也在增加，如中国南方社团与非洲东-非洲西-南美东社团之间的航班比重由 2004 年的 1.03%上升到 2012 年的 4.84%；中国北方社团与南美西-北美东的比重也由 2004 年的 1.76%上升到 2012 年的 2.23%。整体上看，中国港口与非洲、南美港口之间的联系在不断加强。

船舶是货物运输的载体,航线多寡是贸易网络的表征。据表 2-10,在 2004~

2012年，中国同亚洲、欧洲、北美洲的贸易往来都有不同程度的下降，而中国与拉丁美洲、非洲的贸易比重在2004年仅占全部进出口总额的6%，而到2012年则上升到近12%，说明虽然东西向的贸易往来仍占最重要的地位，但南北向的贸易往来增长迅速。

表2-10 中国同各地区海关货物进出口额占比（2004～2012年）

（单位：%）

地区	2004年	2005年	2006年	2007年	2008年	2009年	2010年	2011年	2012年
亚洲	57.59	56.82	55.73	54.64	53.32	53.10	52.69	52.26	52.88
欧洲	18.31	18.43	18.76	19.67	19.95	19.33	19.27	19.24	17.66
北美洲	16.05	16.23	16.25	15.30	14.37	14.86	14.22	13.58	13.87
拉丁美洲	3.46	3.55	3.99	4.72	5.59	5.52	6.17	6.63	6.76
非洲	2.55	2.80	3.15	3.39	4.18	4.13	4.27	4.57	5.13
大洋洲及太平洋群岛	2.04	2.17	2.12	2.28	2.58	3.06	3.33	3.56	3.53
国别（地区）不详	0.00	0.00	0.00	0.00	0.00	0.00	0.05	0.17	0.16

资料来源：历年《中国统计年鉴》。

注：受四舍五入的影响，表中数据稍有偏差。

三、社团内部首位港的变化

（一）两种类型的首位港

网络中节点的度是反映网络局部结构特性的基本参数，它是指与该节点相连接节点的个数，度大的节点影响力也大。介数体现的是节点在网络中起到"桥"的作用的大小。2004～2012年度首位港与介数首位港在各自社团中始终保持稳定的是上海、横滨、德班和曼萨尼约（巴拿马）。这四个首位港又可以分为两类，上海和德班为一类，他们在社团中一直维持首位港的地位，其度和介数都有所增加，上海的介数排名在2004年落后于新加坡而排在第2位，2012年已经跃居第1位；2004年德班的度为13，排在266个港口中的第70位，2012年德班的度为34，上升至368个港口中的第32位。中国是南非最大的贸易伙伴，南非也是中国进入非洲市场的重要"门户"，德班港是南非第一大港，也是南半球最大、最繁忙的港口之一，是通往津巴布韦、赞比亚、博茨瓦纳、马拉维等邻国，以及斯威士兰和莱索托的通道，2012年，其货物吞吐能力近400万标准箱，因此德班港一直是非洲东-非洲西-南美东社团中的首位港（表2-11）。

横滨和曼萨尼约（巴拿马）可以归为另一类，这两个港口虽然在各自社团中维持首位港地位，但 2012 年的度或介数与 2004 年相比有所下降，横滨的度和介数在 2004 年分别排在第 8 位和第 6 位，2012 年度和介数下降至第 18 位和第 25 位，2004 年曼萨尼约（巴拿马）的度和介数分别是第 18 位和第 8 位，2012 年下降至第 29 位和第 13 位。由于在运输成本和时间成本等方面存在劣势，近 10 年来，日本的港口出现国际竞争力下降的态势，集装箱吞吐量放缓，集装箱港口的枢纽功能已逐渐被周边其他亚洲港口所取代。由于美国经济的持续低迷，通过巴拿马运河的集装箱占全球集装箱量的比例已由 2006 年的 6.7%下降至 2012 年的 4.7%（Canal De Panama，2013），依托于巴拿马运河的曼萨尼约（巴拿马）重要性也随之下降。不过即使横滨和曼萨尼约（巴拿马）的度或介数都有所下降，这两个港口在各自社团中仍维持首位港地位，其地位并未被其他港口所取代，说明各自所在社团的整体地位在下降（表 2-11）。

表 2-11　各社团中的首位港（2004 年、2012 年）

社团	2004 年 首位港	度（排名）	首位港	介数（排名）	2012 年 首位港	度（排名）	首位港	介数（排名）
中国北方社团	上海	94（1）	上海	11 881.08（2）	上海	142（1）	上海	30 838.28（1）
日本东-北美西	横滨	53（8）	横滨	5 629.843（6）	横滨	44（18）	横滨	2 943.163（25）
非洲东-非洲西-南美东	德班	13（70）	德班	2 666.67（12）	德班	34（32）	德班	3 236.439（22）
南美西-北美东	曼萨尼约（巴拿马）	33（18）	曼萨尼约（巴拿马）	4 342.279（8）	曼萨尼约（巴拿马）	35（29）	曼萨尼约（巴拿马）	4 851.464（13）
中国南方社团	香港	84（3）	新加坡	12 529.49（1）	新加坡	125（2）	新加坡	25 622.33（2）
（印度-）海湾	科伦坡	28（25）	科伦坡	2 227.994（17）	杰贝阿里	35（29）	杰贝阿里	2 395.826（31）
西北欧-地中海-红海	鹿特丹	36（17）	鹿特丹	2 573.26（13）	苏伊士	67（11）	苏伊士	8 844.636（7）
长江(-沿海)	张家港	18（49）	张家港	1 068.934（38）	太仓	31（36）	武汉	6 259.221（10）
大洋洲	布里斯班	9（93）	布里斯班	332.5673（102）	布里斯班	9（143）	陶朗阿	4 023.495（17）
日本西	新潟	9（93）	新潟	2 510.758（14）				
中国沿海内贸					泉州	49（15）	晋江	2 195.735（35）
所罗门群岛					莱城	2（290）	莱城	1 068（82）

（二）首位港与社团的鲁棒性

据表 2-11，2012 年，新加坡、苏伊士、杰贝阿里分别取代了香港、鹿特丹、科伦坡成为各自社团的首位港，曼萨尼约（巴拿马）一直维持着在南美西-北美东社团中的首位港地位。新加坡、苏伊士、杰贝阿里和曼萨尼约（巴拿马）分别扼守马六甲海峡、苏伊士运河、海湾和巴拿马运河，得益于优越的地理区位，这些港口充分发挥了中转功能，是中转型的枢纽港，由此也可看出中转型港口在中国航运网络中的地位越来越重要。

已有的研究表明，"鲁棒而又脆弱"（robust yet fragile）是复杂网络的最重要和最基本的特征之一（Carlson and Doyle，2002）。所谓网络的鲁棒性是指当网络中的部分节点出现随机故障或被蓄意破坏时，网络仍然能够继续维持其功能的能力。航运网络同样具有鲁棒性和脆弱性，在网络节点出现随机故障时，网络表现出较好的鲁棒性，而对网络中度及介数最大的节点进行蓄意攻击时，网络出现脆弱性（熊文海，2009）。在中国与世界其他国家经贸往来的广度、强度都在不断加深的情况下，中国港口与这些社团中首位港之间的联系就显得更加重要。这些首位港是中国港口连接各社团的最重要的节点，因此明晰这些港口在各自社团中的首位作用，维护与这些首位港之间的联系，也有助于提高中国航运网络的安全性和效率。

利用复杂网络的分析方法，根据节点之间的紧密程度，可以把中国航运网络中所联通的港口分为 10 个社团（2004 年）和 11 个社团（2012 年），这些社团打破了一些研究中人为设定的航区概念，体现了地理因素和市场因素作用下中国航运网络的结构特点。这些社团的组成结构大致呈现出离中国越远变动越小，离中国越近变动越频繁的特征。中国港口所在的社团变动最为剧烈。一方面，中国社团所含的港口数量大大增加，而与中国社团相邻的社团要不直接被并入中国社团中，要不港口数量有所减少；另一方面，中国社团内部出现变化，长江-沿海社团独立成两个社团，因此在中国沿海形成外贸网络和内贸网络两个网络，这与金融危机后大力发展内需及内贸运输不对外国公司开放等政策有关。

中国航运网络中社团结构与航线和节点关系密切。对社团之间的航线进行分析可以发现三个特点：中国北方社团与南方社团之间的联系最为紧密，但随着以长江-沿海为骨干的内贸社团的崛起，南北社团之间联系的比重是在下降的，而内贸社团与南北社团之间的比重在快速上升；东西向航线是中国与外界沟通的最重要的通道，中国北方社团与日本东-北美西、中国南方社团与西北欧-地中海-红海社团的联系占重要地位，但受金融危机等的影响，东西向航线的比重在下降；南北向航线的比重仍然较低，但份额在不断增加，中国南方社团与非洲东-非洲西-南美东社团、中国北方社团与南美西-北美东社团之间的航线数量和比重都有增加。

对各社团的节点特别是首位港的分析可以发现上海、德班、横滨、曼萨尼约（巴拿马）一直是各自社团的首位港，但上海和德班的地位不断上升，而横滨和曼萨尼约（巴拿马）的地位相对下降。新加坡、苏伊士、曼萨尼约（巴拿马）、杰贝阿里这四个港口处于交通要冲，是典型的中转型枢纽港。由于航运网络具有鲁棒性和脆弱性，与这些中转型枢纽港保持并加强良好的联系，对于中国航运网络的安全与高效具有重要意义。

第四节　全球航运网络的空间系统

一、全球航运网络系统构成

为了确定各港间联系的密切程度及归属系统，利用首位联系度公式计算各港口的首位联系度，梳理全球航运网络的首位联系网，利用 Gephi 的模块化划分全球航运网络社团结构组成。本书共有 599 个港口，至少存在 599 个首位联系港口对，因为有些港口存在两个或多个首位港，所以共有 800 个首位联系港口对，通过对港口首位联系度的计算及首位联系网的社团结构识别，划分全球航运网络的空间体系。根据首位联系的归属系统及全球航运首位联系网络的模块化分析（此时ΔQ=0.854），全球航运网络可以划分为 17 个大组团和 4 个边缘组团（由中美太平洋沿岸、非西和非东的几个港口构成），包括 2 个区域一级系统，26 个区域二级系统，以及其他若干个区域三级系统和支线系统。据表 2-12，根据系统辐射港口数聚类得出航运子系统的层级分布，可将全球航运系统分为 2 个一级子系统、26 个二级子系统、11 个三级子系统及 68 个支线系统（表 2-12）。

据表 2-13，全球航线组织具有地理近邻性，17 个主要组团中，14 个组团港口首位占比大于 50%，在 64%~100%，其中港口首位占比大于 90%的组团有 5 个，两个为航区内部组团。混合型组团中，相通相邻的海域是其组成一个体系的重要影响因素。自然海洋基底是港口之间产生联系的基础。800 个首位联系航区内部及相邻航区间港口的联系占主要部分，跨区域的首位联系中大部分联系的频率仅为 1，由边缘港口的均质低水平联系组成。这种地理近邻具有历史延续性，在整体格局上体现为具有一定的稳定性与路径依赖，如北美西-东亚（日本）、北美东-加勒比海之间的联系格局，以及地中海内部的东西分化格局在1978年的格局中已经体现（Ducruet, 2017）。

表 2-12 全球航运子系统层级

等级	首位联系港口对数	系统数
一级子系统	27~31	2
二级子系统	6~17	26
三级子系统	5	11
支线系统	3~4	68

注：航运子系统分级根据系统首位联系港口对数聚类分析计算

表 2-13 主要组团及其子系统格局

组团	港口组成	首位占比/%	子系统
澳新-北美西组团	澳新 21、北美西 3	87.5	纳皮尔 5
西北欧组团	地中海 2、西北欧 55、中东及南亚 4、东南亚 2	87.3	鹿特丹 17、汉堡 16、不来梅哈芬 9、巴生 6
西北欧-中美东组团	北美东 15、地中海 8、非西 3、南美东 5、西北欧 13	34.1	安特卫普 8、丹吉尔 7、勒阿弗尔 7、西班牙港 6
太平洋岛国-东南亚-中国沿海组团	澳新 27、东南亚 15、东亚 13	49.1	深圳 8、高雄 7、丹戎帕拉帕斯 5
南亚-中东-非东	非东 7、中东及南亚 30、南美东 2	81.1	杰贝阿里 13、科伦坡 7
南美西组团	北美西 2、南美西 19	90.5	瓜亚基尔 5
南美东组团	南美东 26	100	桑托斯 9、蒙得维的亚港 5
加勒比海区域组团	北美东 27、南美东 10	73	金斯敦 11、卡塔赫纳 8、曼萨尼约（巴拿马）5
红海-非东组团	地中海 4、非东 16、中东及南亚 5	64	吉达 7
非西-非南部组团	非东 9、非西 19	69.9	德班 7、黑角 5、开普敦 5
东亚-北美西	澳新 1、北美西 11、东亚 11	47.8	东京 6
东南亚组团	澳新 2、东南亚 24、中东及南亚 5	77.4	新加坡 31
东北亚组团	北美西 2、东亚 51	96.2	釜山 27、门司 7、上海 7、天津 5
地中海-亚德里亚组团	地中海 14	100	马耳他和科佩尔 4
地中海西部组团	地中海 33、北美西 2	94.3	伊斯坦布尔 16、比雷埃夫斯 7

续表

组团	港口组成	首位占比/%	子系统
地中海-非西组团	地中海30、非西9、西北欧3	71.4	阿尔赫西拉斯13、瓦伦西亚6、马萨什洛克5、里窝那5
北美东和东亚组团	北美东17、东南亚2、东亚6	68	萨凡纳8、香港7

注：港口组成一栏航区后面的数字为港口数，子系统一栏港口后的数字为该子系统辐射港口数

二、全球航运网络系统格局

航线组织呈现不同空间特征，并形成不同的规模与辐射范围。区域一级系统为新加坡和釜山系统，辐射港口数达31个和27个，区域二级系统包括鹿特丹、伊斯坦布尔、汉堡、阿尔赫西拉斯、杰贝阿里、金斯敦、桑托斯等26个子系统，辐射港口6～17个，其次还有一些辐射港口数仅3～5个的三级子系统和支线系统。两个区域一级系统位于东南亚和东亚；区域二级系统东亚6个、地中海和西北欧均为5个、南美东3个（其中2个在加勒比海沿线）、中东及南亚3个、北美东2个、东南亚1个、非东1个；南美、非洲和澳新区域分别有2个辐射范围小的区域三级子系统。东亚、东南亚、西北欧、地中海是全球航线组织的核心区域，美洲航线组织主要集中在加勒比海区域，南半球的南美、非洲、澳新未能形成辐射能力强的航运子系统。

具体而言，东北亚组团主要包括日本大部分港口，韩国、中国华北地区港口，以及少数几个中国华东地区和俄罗斯太平洋沿线港口，形成釜山一级子系统，门司、上海二级子系统及天津三级子系统；东亚-北美西组团主要包括北美西沿线及日本东沿线的港口，形成东京二级子系统；北美东和东亚组团主要包括美国东海岸及中国南部港口，形成萨凡纳和香港2个二级子系统；东南亚组团主要包括东南亚港口及少数几个南亚和澳大利亚的港口，形成具有组团绝对中心地位的新加坡一级子系统；澳新-北美西组团包括澳新航区大部分港口及少数几个北美西港口，形成纳皮尔三级子系统；太平洋岛国-东南亚-中国沿海组团主要包括太平洋岛国港口及东南亚和中国台湾海峡两岸沿线的港口，形成深圳和高雄2个二级子系统，以及丹戎帕拉帕斯三级子系统。

南亚-中东-非东组团主要包括波斯湾、南亚和非东的港口，形成杰贝阿里和科伦坡2个二级子系统；红海-非东组团，主要包括红海沿岸及马达加斯加群岛附近的港口，形成吉达港二级子系统；非西-非东南部组团主要包括非洲西及非洲东南部的港口，形成德班二级子系统，以及黑角和开普敦2个三级子系统；地中海-非西组团主要包括地中海西部的港口和非西北部的港口，形成阿尔赫西

拉斯及瓦伦西亚2个二级子系统,以及马尔萨什洛克和里窝那2个三级子系统;地中海西部组团主要包括地西沿线及黑海沿线的港口,形成伊斯坦布尔和比雷埃夫斯2个二级子系统;地中海-亚德里亚组团主要包括地中海中部意大利和克罗地亚沿亚德里亚湾的港口,只有马耳他和科佩尔辐射4个港口的两个支线系统;西北欧组团主要包括西北欧港口,以及印度和马来西亚的数个港口,形成鹿特丹、汉堡、不来梅哈芬和巴生4个区域二级子系统;西北欧-中美东组团主要包括欧洲大西洋沿岸及中美洲大西洋沿岸的港口和少数几个非西港口,形成安特卫普港、丹吉尔和勒阿弗尔及西班牙港4个二级子系统。

加勒比海区域组团主要包括加勒比海岛国和北美东的几个港口,形成金斯敦和卡塔赫纳2个二级子系统和曼萨尼约(巴拿马)三级子系统;南美西组团主要包括南美西沿线的港口,只有1个瓜亚基尔三级子系统;南美东组团主要包括南美东岸沿线港口,形成桑托斯二级子系统和蒙得维的亚港三级子系统;4个边缘组团分别由中美太平洋沿岸、非西和非东的几个港口构成。

航运子系统的辐射格局具有明显的区域性,大部分港口形成区域子系统,局部咽喉地区形成跨国家、跨地区的航运子系统。天津辐射中国环渤海,纳皮尔主要辐射新西兰,杰贝阿里辐射波斯湾,吉达辐射红海,比雷埃夫斯、伊斯坦布尔、科佩尔、马耳他均形成地中海的局部子系统。咽喉区位的港口如新加坡、巴生、阿尔赫西拉斯辐射周边更广的区域。中国航运系统也存在明显空间分异,天津、上海形成北部组团与釜山等联系紧密,而香港、深圳形成南部组团与高雄联系紧密,且辐射东南亚和太平洋岛国,港口区域分工明显。

三、相邻系统中心组织格局

全球范围内,航运系统的区域性明显,并由于海陆格局及利益主体等形成多元化的航运系统。有些区域呈单中心辐射格局,有些区域呈双中心和多中心辐射格局。科伦坡、杰贝阿里、吉达、桑托斯在区域内没有其他具有强辐射能力的港口与之竞争,他们在航线组织中具有其所在区域的绝对联系优势,是航运子系统的中心港。而地中海、东亚及咽喉要道等区域呈多中心和双中心辐射格局。相邻港口的辐射格局反映区域航运系统覆盖范围的交叉性,存在空间竞争与博弈。选取典型的咽喉区域马六甲海峡区域、直布罗陀海峡区域、西北欧区域及加勒比海区域对各系统中心联系格局进行分析,相邻区域中心港之间,表现出不同的竞争与合作。

新加坡在东南亚航区具有绝对的中心优势,与之相邻的巴生和丹戎帕拉帕斯作为次一级的系统中心分别归属为不同的组团，三个港口辐射能力存在差异，且三个枢纽港在航线组织上呈现一定的错位与联系。如图 2-4 所示，72 个港口只与其中一个港口直接联系，45 个港口与两个枢纽港存在联系，33 个港口与三个枢纽港均存在直接联系。且同时连接新加坡和巴生的港口最多，新加坡和丹戎帕拉帕斯共同联系的港口数量次之，少数几个港口同时联系巴生和丹戎帕拉帕斯，区域竞争格局中新加坡港占据绝对的主导地位，并与其他两个系统中心保持较高联系频率。整体而言，马六甲海峡主要港口间的航线组织错位竞争大于合作联系，属于区域竞争格局。

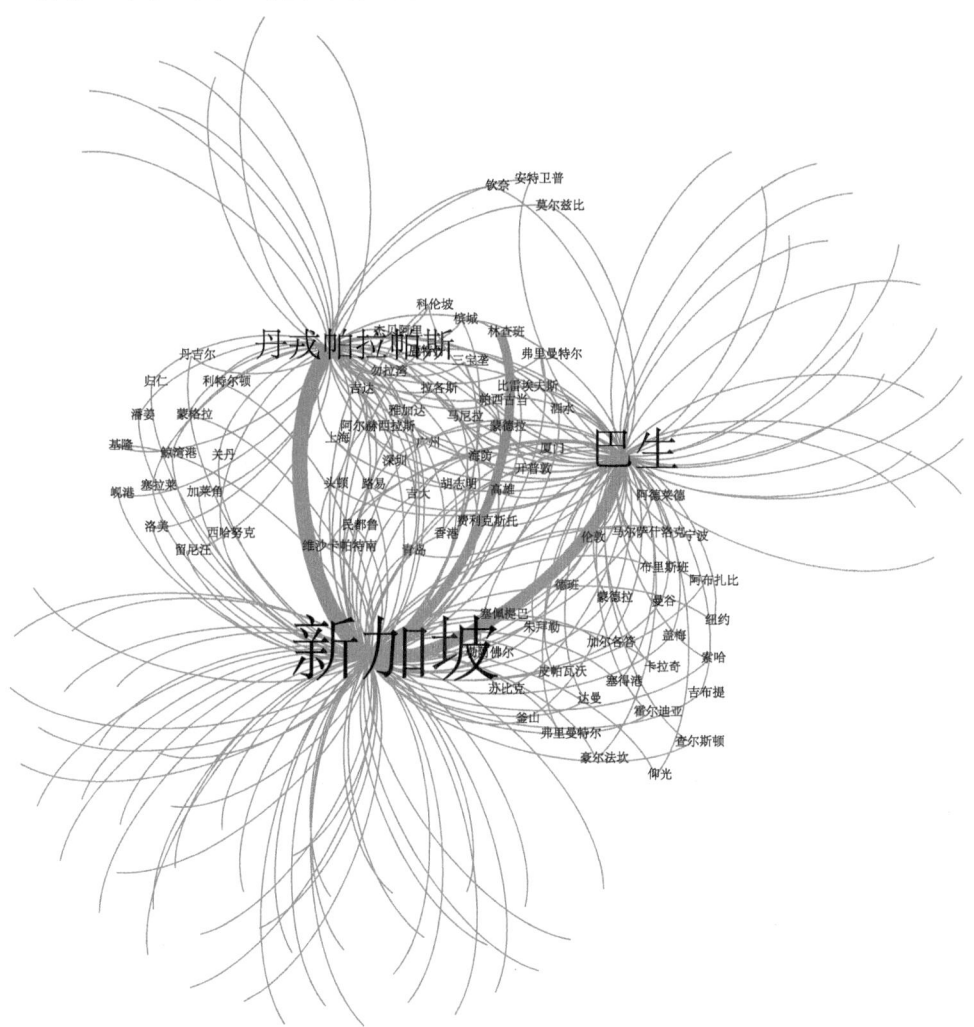

图 2-4　马六甲海峡的航线组织格局
作者根据船期表数据自绘；根据本书研究的精度需要，只列出度≥10 的港口

直布罗陀海峡的阿尔赫西拉斯和丹吉尔港分别是两个不同组团的子系统中心港，实现一定错位竞争。如图2-5所示，58个港口只与其中一个港口连接，27个港口与两个港口均存在直接联系，且两个中心港之间保持一定频率联系，区域航线组织格局中阿尔赫西拉斯与丹吉尔具有相对均衡的竞争格局。

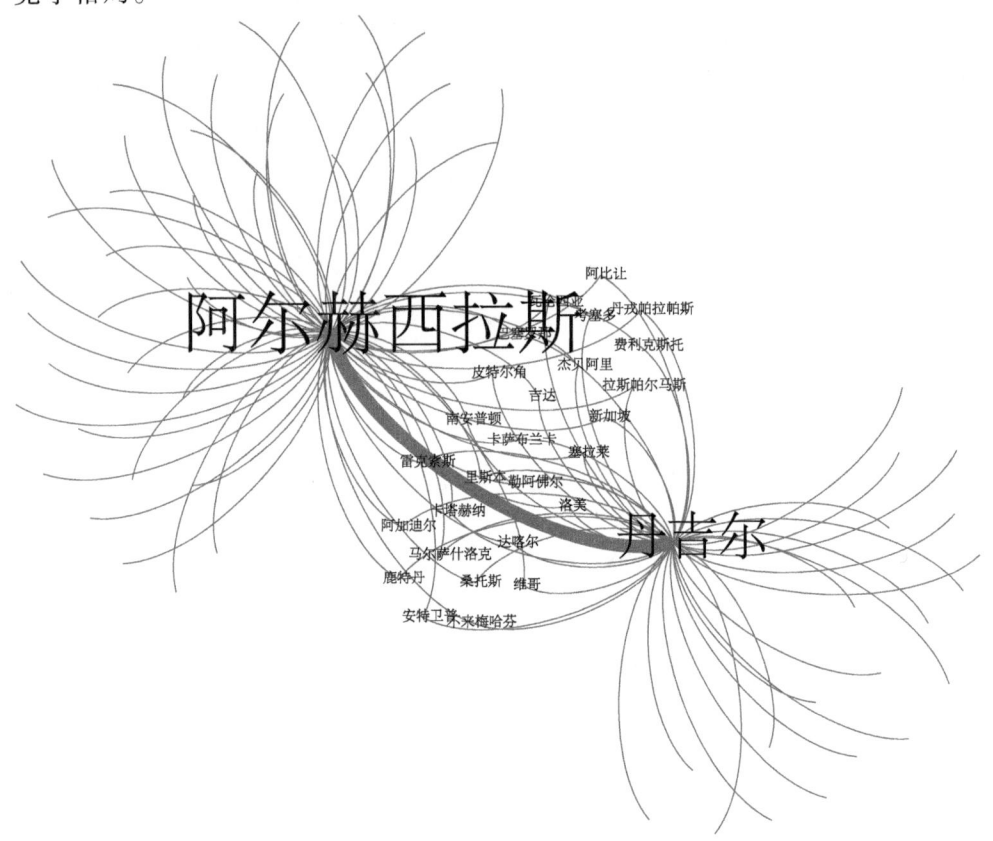

图2-5　直布罗陀海峡的航线组织格局
作者根据船期表数据自绘；根据本书研究的精度需要，只列出度≥10的港口

西北欧地区的鹿特丹、汉堡、不来梅哈芬属于同一组团，安特卫普属于另一个组团，存在一定错位互补且内部联系紧密：如图2-6所示，45个港口只与其中一个港口联系，26个港口与其中两个港口联系，14个港口与其中三个港口联系，7个港口与其中四个港口均有联系，整体联系强度为鹿特丹>汉堡>安特卫普>不来梅哈芬，中心港相互之间联系频率高，属于区域内部分工明显，整体协同发展的合作关系。

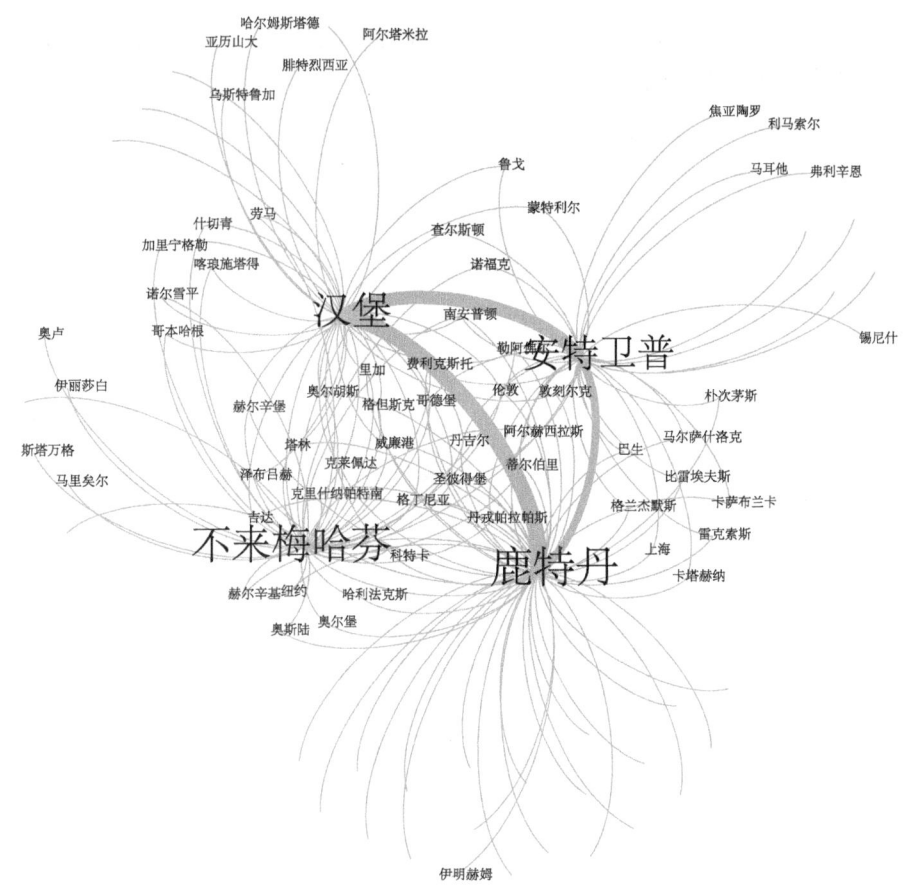

图 2-6 西北欧的航线组织格局

作者根据船期表数据自绘；根据本书研究的精度需要，只列出度≥10 的港口

加勒比海金斯敦、卡塔赫纳、曼萨尼约（巴拿马）属于同一个组团，如图 2-7 所示，46 个港口只与其中一个港口联系，22 个港口与其中两个港口联系，13 个（15.5%）港口与其中三个港口均有联系，整体联系强度卡塔赫纳＞曼萨尼约（巴拿马）＞金斯敦，中心港相互之间联系频率高，属于区域内部分工明显、整体协同发展的合作关系。

就港口发展而言，港口自身的发展条件及相邻港口的相对区位是影响企业选择的重要因素，企业的港口选择是港口发展的原动力。对于整个区域而言，区域市场份额的大小、港口之间的相对距离、单个港口的辐射能力促使港口之间展开不同的竞争与合作，航线组织格局在一定程度上反映区域内部港口的竞合平衡关系。马六甲海峡和直布罗陀海峡属于通道型区域，内部港口距离更近，腹地范围更贴近，从而形成竞争大于合作、航线差异化的竞合格局。西北欧和加勒比海域属于面型海域，港口之间距离较远，内部港口腹地存在一定的相对差异，从而形成合作强于竞争、航线互补的竞合格局。

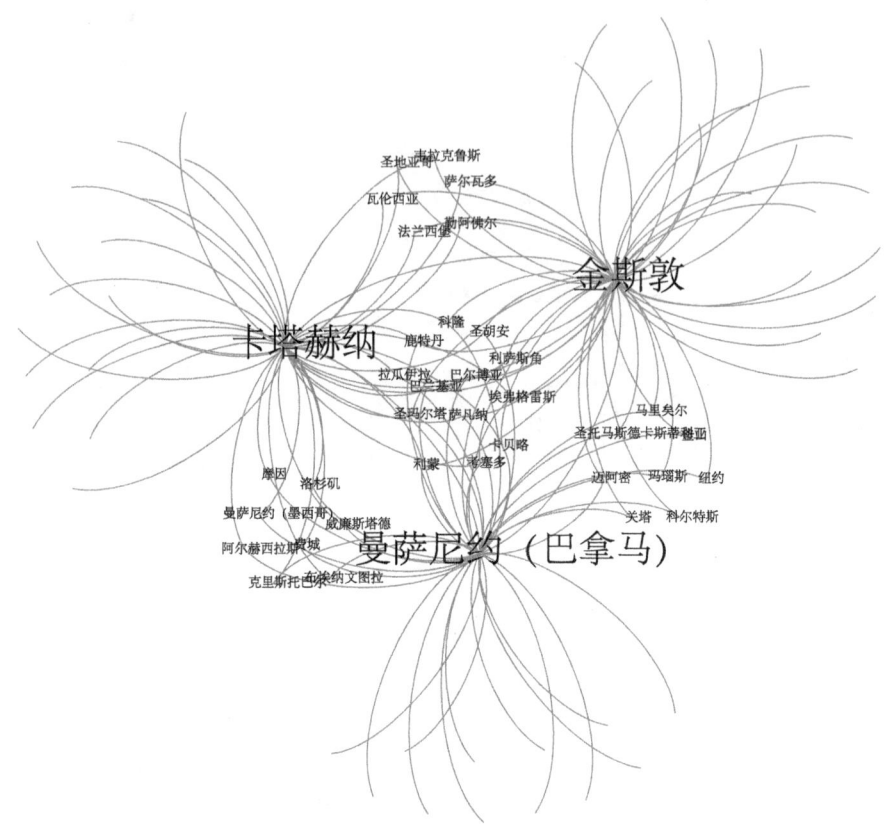

图 2-7　加勒比海的航线组织格局
作者根据船期表数据自绘；根据本书研究的精度需要，只列出度≥10 的港口

四、全球航运网络系统演变

王成金根据 2006 年班轮周期数据对航运系统的识别测算中发现，全球共形成了 43 个集装箱航运系统（王成金，2008a）。如表 2-14 所示，2006 年航运系统分布如下：西北欧航区 3 个，地中海航区 7 个，中东及南亚航区 4 个，东亚航区 8 个，澳新航区 3 个，非东和非西航区分别有 2 个，北美是全球集装箱的重点组织区域形成了 8 个航运系统，其中，美国内陆 1 个，北美东岸 4 个和北美西岸 3 个，南美东和南美西分别 3 个和 2 个，东南亚 2 个（王成金，2012）。

近十年来，全球航运网络子系统具有一定的稳定性，局部地区航线组织发生较大变化，且系统辐射格局发生转变。2017年航运系统分布如下：西北欧的安特卫普和鹿特丹，地中海的瓦伦西亚、伊斯坦布尔、比雷埃夫斯和阿尔赫西拉斯，中东的杰贝阿里、吉达和科伦坡，东南亚的新加坡，东亚的香港、深圳、上海、釜山、东京、天津和高雄，非东的德班，美洲的卡塔赫纳、桑托斯、蒙得维的亚保持航运子系统的中心地位。东亚的青岛，东南亚的雅加达，南亚的德里，非洲的路易斯、拉各斯和达喀尔，西北欧的奥斯陆，地中海的巴塞罗那，伊兹密尔和阿什杜德，南美的卡亚俄、圣安东尼奥辐射能力减弱，不再是区域航运系统的中心。东亚的门司，东南亚的巴生、丹戎帕拉帕斯成为区域新的系统中心。就航区系统组织能力而言，北美和澳新航运组织的中心-辐射格局淡化，澳新航区的墨尔本、悉尼和莱城港口网络地位下降，只形成一个小型的纳皮尔航运系统，北美只保留萨凡纳、金斯敦、曼萨尼约（巴拿马）系统，原查尔斯顿、纽约、奥克兰（美国）、温哥华（加拿大）等航运系统的辐射能力减弱。

表 2-14 2006年和2017年全球航运网络子系统分布格局

航区	2006年航运系统	2017年航运系统
东亚	香港、深圳、上海、釜山、东京、天津、青岛和高雄	釜山、深圳、香港、高雄、上海、门司、东京和天津
东南亚	新加坡和雅加达	新加坡、巴生和丹戎帕拉帕斯
地中海	瓦伦西亚、巴塞罗那、伊斯坦布尔、比雷埃夫斯、伊兹密尔、阿尔赫西拉斯和阿什杜德	伊斯坦布尔、阿尔赫西拉斯、丹吉尔、比雷埃夫斯、瓦伦西亚、马尔萨什洛克和里窝那
北美东	查尔斯顿、纽约、科尔特斯和利蒙	金斯敦、萨凡纳和曼萨尼约（巴拿马）
中东及南亚	杰贝阿里、吉达、科伦坡和德里	杰贝阿里、吉达和科伦坡
西北欧	安特卫普、鹿特丹和奥斯陆	鹿特丹、汉堡、不来梅哈芬、安特卫普和勒阿佛尔
北美西	曼萨尼约（墨西哥）、芝加哥、奥克兰（美国）和温哥华（加拿大）	无明显子系统
南美东	卡塔赫纳、桑托斯和蒙得维的亚	桑托斯、卡塔赫纳、西班牙港和蒙得维的亚
澳新	墨尔本、悉尼和莱城	纳皮尔和苏瓦
非西	达喀尔和拉各斯	黑角
非东	德班和路易斯	德班和开普敦
南美西	卡亚俄和圣安东尼奥	瓜亚基尔

注：2006年东亚系统辐射格局整理自王成金（2008a）

航运系统组织格局的变革反映了世界经济贸易的发展和新的市场动向。此外，随着港口货源争夺、腹地竞争，航运子系统的辐射格局也发生变化。以东亚地区的航运子系统辐射格局演化为例：由表 2-15 可以看出，香港航运系统辐射范围缩减，对韩国和日本的辐射能力减弱，对福建的辐射能力增强；深圳邻近香港，辐射能力增强；上海航运系统在本书中没有考虑国内航线，辐射范围基本不变，并且辐射的是宁波和釜山这样的大港；釜山辐射范围增强，特别是日本北部原东京航运系统的辐射范围纳入釜山系统，釜山港的崛起，主要是对日本港口中转货运的争夺，成为东北亚航运中心；东京航运系统主要集中于日本中部；天津辐射能力增强，集中在环渤海地区；高雄航运系统对福建的辐射能力减弱，在太平洋岛国的港口辐射能力增强。

表 2-15 2006 年和 2017 年东亚航运子系统辐射格局

子系统	2006 年辐射范围	2017 年辐射范围
香港	辐射中国沿海（包括台湾）、韩国和日本，覆盖范围最大、范围最广	中国华南、海西及台湾
深圳	辐射中国华南和日本南部港口，邻近香港，规模较小	中国华南及台湾，规模较小
上海	辐射中国长江流域、华东沿海和北部沿海	中国华东沿海和北部沿海（本书没有包括国内航线）
釜山	辐射韩国南部和俄罗斯远东及日本港口	韩国南部和俄罗斯远东及日本北部和南部港口
东京	日本北部和中部港口	日本中部港口
天津	中国环渤海地区的少数港口	中国环渤海地区的少数港口
青岛	中国山东沿海及苏北地区的港口	中国连云港和天津新港
高雄	中国台湾和福建港口	中国台湾和太平洋岛国港口

第五节　本章小结

基于前人的研究及本书关于全球航运网络空间格局的研究，进一步比较分析得出当前全球航运网络的空间特征及其变化特点，结果如下。

全球航运网络港口体系具有明显的等级特征，呈"金字塔"形分布，港口选择具有明显的马太效应，枢纽港的空间分布具有明显的区域集聚。从长时段枢纽港演化来看，航运市场中心的转移、集装箱运输专业化及港口的区位等是影响枢纽港形成的重要影响因素。在网络中具有枢纽地位的港口大多数是大型港，具有较高的吞吐量，少部分港口因为优越的区位条件，成为局部区域中吞吐量大的港口。

全球航运网络航区间联系的东西向传统市场在航运组织中具有明显组织优势，南北向局部市场的相对地位发生变化。澳新航区组织弱化，南美东成为南半球的重点区域，北美东-南美东成为最主要的南北向联系。航运网络组织形成了南北分异的核心-边缘格局。重要航段的联系格局呈现明显的区域性特征，权重大的航线联系具有明显地理邻近，相邻港口即使存在竞争关系，也存在强联系，个别港口全球化发展，新加坡、釜山等港全球化发展，国际枢纽能力增强。

全球航运网络社团结构的识别，更加关注港口间航线联系，打破传统航区刻画方式。全球航运网络的社团结构整体稳定，中国港口的社团结构变动较大，其他区域的社团变动强度与中国呈明显的距离递减。内贸集装箱运输的发展是中国港口社团结构变化的重要原因。2004~2012年，社团间的联系增强，尤其是中国市场，中国内部社团间及与其他社团间的航班增长迅速。社团内部首位港的地位发生变动，上海和德班是一直保持首位且枢纽能力不断强化的首位港，横滨和曼萨尼约虽然保持首位港地位但枢纽能力下降，而新加坡、苏伊士、杰贝阿里分别取代了香港、鹿特丹、科伦坡成为各自社团新的首位港，中转型枢纽港在航运网络中的地位明显提高。

全球航运网络组织存在明显社团结构和组织系统。社团结构的空间布局具有明显的地理邻近性与路径依赖。不同区域相邻港口的竞争格局不同，存在单中心、多中心合作大于竞争和多中心竞争大于合作等多种关系。近十年来，航运系统的分布具有一定的稳定性，但北美、澳新等航运系统变化明显，且由于港口竞争，航运子系统的辐射格局发生变化，如釜山对日本各港口中转货运量的抢夺使得日本北部各港口纳入釜山子系统。

第三章
中国沿海航运网络研究

第一节 中国沿海港口城市航运可达性

可达性是指利用一种特定的交通系统从某一给定区位到达活动地点的便利程度。可达性反映了区域与其他有关地区相接触进行社会经济和技术交流的机会与潜力（李平华和陆玉麒，2005）。Hansen（1959）首次提出了可达性的概念，将其定义为交通网络中各节点相互作用的机会的大小，并利用重力方法研究了可达性与城市土地利用之间的关系。自从那时起，交通地理学、城市地理学、城市规划学等学科的研究者对可达性展开研究。

国内学者对区域和城市可达性的研究成果颇丰，但大部分研究都从陆路交通网的角度进行研究，如张莉和陆玉麒（2006）基于长三角的陆路交通网，从时间距离的角度对长三角的地级市当时和未来的区内可达性和区外可达性进行了评价。郭丽娟和王如渊（2009）利用铁路交通和公路交通计算了四川盆地城市群主要城市可达性及空间联系强度。金凤君和王姣娥（2004）、吴威等（2009）考察了铁路交通网络可达性空间格局。蒋海兵等（2010）分析了京沪高铁对区域中心城市陆路可达性的影响。曹小曙等（2005）考察了中国干线公路网络联结的城市可达性，吴威等（2006）考察了长三角公路网络的可达性格局及其演化，徐涛等（2008）考察了中国民用航空机场的可达性问题。随着中国互联网的飞速发展，中国互联网城市的可达性问题也引起学者的关注，汪明峰和宁越敏（2006）分析了中国互联网骨干网络结构与节点可达性。但是很少有学者从航运网络的角度考察区域或城市的可达性。

当前，港口功能已经演进到第四代，综合物流和高端航运服务业成为港口的重要功能，但是货物中转仍然是港口最基本的功能（Klink，1998）。对于港口城市来说，港口的可达性是城市竞争力的重要体现，特别是在经济全球化不断推进的今天，港口的可达性反映了一个港口城市与世界市场的连接程度。因此，对港口城市航运可达性的考察既具有一定的理论价值，也具有一定的现实意义。

一、研究方法和数据

Joyce 等（2009）在评估亚洲港口地位时提出了连通指数与合作指数。本书引入连通指数，考察中国沿海港口城市的航运可达性。该模型考虑包含两个独立的港口 i 和 j 的枢纽港-支线港（HUB & SPOKE）的网络（图 3-1）。定义两个出发地（origin）-目的地（destination）的数据，A_i 代表途径 i 港口（无论是与 j 港口竞争还是合作的）的出发地-目的地的数量，同理 A_j 代表途径 j 港口（无论是与 i 港口竞争还是合作的）的出发地-目的地的数量。用 n_i 和 n_j 表示只能由 i 港口和只能由 j 港口到达的港口数目，令 n_{ij} 代表既能由 i 港口到达也能由 j 港口到达的港口（称为公共港）数目。当 i，j 两个港口完全独立运转时，所有的 O-D 组合可以表示为 $n(A_i+A_j)=2n_{ij}(n_i+n_j+n_{ij})$。那些需要 i 港口和 j 港口合作的 O-D 组合是起始于只能由 i 港口到达的港口而结束于 j 港口的航线（反之亦然），我们可以得到 $n(A_i \cdot A_j)=2n_i \cdot n_j$。由于这两部分是互不相关的，我们可以把它们相加就得到了两个港口合作时的总的 O-D 组合为 $n[(A_i+A_j) \cup (A_i \cdot A_j)] = 2(n_i+n_{ij})(n_j+n_{ij})$。

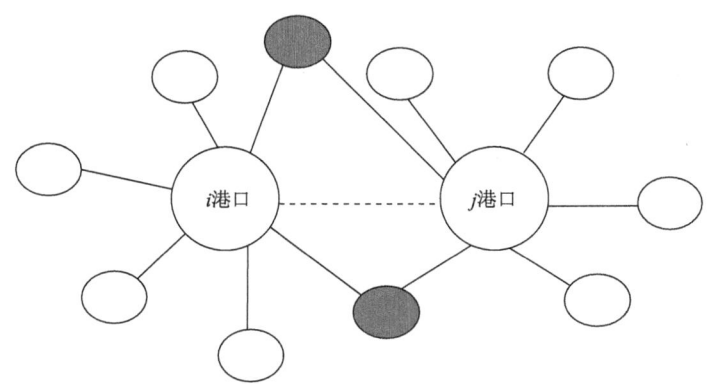

图 3-1 枢纽港-支线港网络示意图
线条表示港口间航线；空心圆表示港口；实心圆表示 i 港口和 j 港口都有航线挂靠的港口

i 港口的可达性可以用 $\sum_j 2(n_i+n_{ij})(n_j+n_{ij})$ 来表示。因此 i 港口可达性的指数为

$$S_i = n\left[\left(A_i+A_j\right) \cup \left(A_i \times A_j\right)\right] = 2(n_i+n_{ij})(n_j+n_{ij})$$

式中，S_i 为可达性指数，是一种判断港口城市可达性的综合性指标，这种可达性决定了该港口是否有潜力成为重要的枢纽城市。在计算港口城市航运可达性时，没有将航线使用的频率考虑在内，这是为了更好地简化模型。

本书选取 2005 年 11 月和 2010 年 11 月《中国航务周刊》中马士基航运有限公司（简称马士基）和地中海航运有限公司（简称地中海）公布的船期资料，整理了其中所有涉及中国港口的航线（不含台湾地区），并采用可达性指数来对中国沿海港口城市的可达性指数进行运算。

《中国航务周刊》是由国家发展和改革委员会主管，中国交通运输协会主办的权威性航运信息周刊，创刊于 1993 年。该杂志全面详尽地记录了所有船运公司的每一条船只在中国各个港口的到港日期、离港日期及到达每一目的地日期，能为中国的运输服务消费者提供所需要的全部航运信息。目前还很少有人系统地利用里面提供的数据进行学术分析。

马士基航运有限公司和地中海航运有限公司是目前全球最大的两家集装箱班轮公司。据法国海运咨询公司 AXS-Alphaliner 2010 年 12 月 19 日公布的数据，马士基的总运力已经达到了 2 142 582 标准箱，占全球运力的 14.5%，而地中海航的总运力则为 1 861 036 标准箱，占全球运力的 12.5%，两个公司的总运力之和达到 27%。马士基和地中海对中国集装箱港口的发展有较大的影响。由于具有运力上的优势、超大型船舶的装备及超长航线的成熟运营，这两个公司在选择港口时拥有高度自由性，本书通过对这两个公司选择的航线进行分析，能够更客观地反映出港口的地位。

由于需要对每条航线的始发港、目的港及其时间等进行统计，若对整年的数据进行分析工作量太大。按航运业惯例，航运市场上半年淡下半年旺，其中 8～10 月最旺。主因是 11 月下旬的复活节与 12 月 25 日的圣诞节，货物从亚洲海运至欧美约需 4 周，陆运、仓储、批发还需 4 周，共需 1.5～2 个月；次因是 8～9 月乃旅游最佳月份又是购物消费月份。因此本书选取既非航运的旺季也非航运淡季的 11 月，在此期间船期的波动较小，更具有代表性。

根据对 2005 年 11 月和 2010 年 11 月《中国航务周刊》中马士基和地中海公布的船期资料的统计，两公司 2005 年 11 月和 2010 年 11 月的 O-D 组合数分别是 7680 条和 12 902 条，其中马士基分别占 47.34% 和 49.12%，地中海占 52.66% 和 50.88%（表 3-1）。

表 3-1 O-D 组合数

年份	组合数	马士基	地中海	合计
2005 年	O-D 组合数/条	3 636	4 044	7 680
	占当年比/%	47.34	52.66	100
2010 年	O-D 组合数/条	6 338	6 564	12 902
	占当年比/%	49.12	50.88	100

资料来源：《中国航务周刊》2005 年 11 月刊，2010 年 11 月刊

二、基于马士基航运有限公司的中国沿海港口城市航运可达性

本书计算了马士基 2005 年 11 月和 2010 年 11 月这两个时间段各个港口之间的 O-D 组合数，以及最终的可达性指数 S_i，见表 3-2。

表 3-2 2005 年与 2010 年各港口城市间 O-D 组合数及可达性指数（马士基）

起点	终点	赤湾	大连	连云港	宁波	青岛	上海	厦门	香港	天津	盐田
赤湾		—									
大连	2005 年	—	—								
	2010 年	16	—								
连云港	2005 年	—	—	—							
	2010 年	8	4	—							
宁波	2005 年	—	40	—	—						
	2010 年	36	28	14	—						
青岛	2005 年	—	50	—	50	—					
	2010 年	48	10	0	84	—					
上海	2005 年	—	56	—	70	84	—				
	2010 年	96	48	24	132	110	—				
厦门	2005 年	—	48	—	60	60	96	—			
	2010 年	32	16	8	36	48	96	—			
香港	2005 年	—	100	—	90	90	126	108	—		
	2010 年	66	52	13	144	156	264	72	—		
天津	2005 年	—	32	—	40	60	56	24	100	—	
	2010 年	16	2	4	28	24	32	16	52	—	
盐田	2005 年	—	40	—	48	48	64	84	54	40	—
	2010 年	90	60	30	168	180	308	84	364	60	—
总计（2005 年）		—	366	—	398	442	552	480	668	352	378
总计（2010 年）		408	236	105	670	660	1100	408	1183	224	1344
S_i（2005 年）		0	0.101	0	0.109	0.122	0.152	0.132	0.184	0.097	0.104
S_i（2010 年）		0.064	0.037	0.017	0.106	0.104	0.174	0.064	0.187	0.035	0.212

注：原始资料来源于《中国航务周刊》2005 年 11 月刊和 2010 年 11 月刊马士基公布的各大港口船期时刻表；"—"表示值为 0

从表 3-2 可以看出，马士基在 2005 年 11 月的航线挂靠的港口有大连、宁波、青岛、上海等 8 个港口。在港口可达性上，香港、上海排在前两位，分别达到 0.184 和 0.152；香港和上海的 O-D 组合数为 668 条和 552 条，也远高于其他港口。厦门和青岛的可达性指数排在第三、第四位则反映了马士基在海西港口群和环渤海港口群中分别选择了这两港作为其挂靠的重要港口。位于深圳的盐田排名不高，仅列 8 个港口中的第 6 位，马士基甚至并没有航线经过深圳的另一港区——赤湾，显示在珠三角港口群中，马士基还是以香港为最重要的挂靠港。

2010 年 11 月，马士基选择的航线新增了赤湾港和连云港两个港口，说明这两个港口在马士基航运网络中的可达性有所提高。尤其值得注意的是，与 2005 年相比，2010 年的盐田港除与厦门的 O-D 组合数保持稳定外，与其他港口的 O-D 组合数都有较大的增加，与香港和上海的 O-D 组合数分别由 54 条和 64 条增加到 364 条和 308 条，与青岛和宁波的 O-D 组合数由 48 条分别增加到 180 条和 168 条，盐田港的可达性指数达到了 0.212，超过香港成为可达性指数最高的港口，显示在珠三角港口群中，以盐田、赤湾两港为核心的深圳航运可达性已经超过香港。而在长三角，同为竞争关系的上海与宁波两港之间的差距有扩大的趋势，2005 年上海的 O-D 组合数是宁波的 1.39 倍，2010 年则上升至 1.64 倍；上海的可达性指数由 2005 年的 0.152 上升至 2010 年的 0.174，宁波的可达性指数则由 0.109 下降至 0.106，显示上海的航运可达性比宁波更强。与 2005 年相比，除了新增加的赤湾、连云港外，在 8 个港口中，除了盐田、香港、上海的可达性有所增加，厦门、大连、天津、青岛、宁波的可达性都有不同程度的下降，说明马士基的航运网络有向大的港口盐田、香港和上海集中的趋势。

据表 3-3，在港口城市群方面，2005 年与 2010 年最显著的变化是，在马士基航运网络中珠三角港口城市群的航运可达性在不断增强，可达性指数由 2005 年的 0.288 上升至 2010 年的 0.463，珠三角港口城市群的可达性指数已排在四个港口城市群的第一位；由青岛、大连、天津所组成的环渤海港口城市群可达性指数在 2005 年排名第一，2010 年则下降明显，落后于珠三角和长三角港口城市群而仅排在第三位；以上海和宁波为主体的长三角港口城市群的航运可达性稳步增长，可达性指数由 2005 年的 0.261 提高至 2010 年的 0.297，排名上升至第二位；海峡西岸港口城市群的航运可达性则呈下降趋势。

表 3-3　2005 年与 2010 年各港口城市群可达性指数比较（马士基）

港口城市群	2005 年	2010 年
珠三角港口城市群	0.288	0.463
长三角港口城市群	0.261	0.297

续表

港口城市群	2005 年	2010 年
环渤海港口城市群	0.320	0.176
海峡西岸港口城市群	0.132	0.064

资料来源：根据表 3-2 整理。

三、基于地中海航运公司的中国沿海港口城市航运可达性

本书计算了地中海 2005 年 11 月和 2010 年 11 月各个港口之间的 O-D 组合数，以及最终的可达性指数，见表 3-4。

表 3-4　2005 年与 2010 年各港口城市间 O-D 组合数及可达性指数（地中海）

起点	终点	赤湾	大连	宁波	青岛	上海	厦门	香港	天津	盐田	福州
赤湾		—									
大连	2005 年	—	—								
	2010 年	30									
宁波	2005 年	210	—	—							
	2010 年	240	36								
青岛	2005 年	150	—	64	—						
	2010 年	96	12	54							
上海	2005 年	120	—	56	24	—					
	2010 年	210	32	112	28						
厦门	2005 年	150	—	70	30	24	—				
	2010 年	120	20	90	30	56					
香港	2005 年	90	—	64	32	40	48	—			
	2010 年	180	28	96	42	112	48				
天津	2005 年	160	—	98	24	32	32	24	—		
	2010 年	96	4	32	18	28	30	42			
盐田	2005 年	96	—	64	32	30	30	32	40	—	
	2010 年	300	48	198	72	140	110	120	66		

续表

起点\终点		赤湾	大连	宁波	青岛	上海	厦门	香港	天津	盐田	福州
福州	2005年	30	—	14	16	20	24	16	20	16	—
	2010年	96	12	32	8	28	30	42	18	40	
总计（2005年）		1006	0	640	372	346	408	346	430	340	156
总计（2010年）		1368	222	890	360	746	534	710	334	1094	306
S_i（2005年）		0.249	0	0.158	0.092	0.086	0.101	0.086	0.106	0.084	0.039
S_i（2010年）		0.208	0.034	0.136	0.055	0.114	0.081	0.108	0.051	0.167	0.047

注：原始资料来源于《中国航务周刊》2005年11月刊，2010年11月刊地中海公布的各大港口船期时刻表；"—"表示值为0

2005年赤湾、宁波、天津和厦门位列地中海航运网络的前四位，显示地中海在珠三角、长三角、环渤海和海峡西岸分别选择了一个港口（赤湾、宁波、天津和厦门）作为其主要的挂靠港，而且在港口群层面，显然与马士基实行错位竞争的态势。马士基在珠三角主要挂靠港口是香港，地中海是赤湾，赤湾在地中海航运网络中的航运可达性指数高达0.249，香港在其中的可达性指数仅为0.086。马士基在长三角主要挂靠上海，而地中海主要挂靠宁波，在地中海航运网络中，宁波的可达性指数为0.158，远高于上海的0.086。马士基在环渤海首选青岛，地中海首选天津。在地中海航运网络中，香港和上海港这两个传统意义上的重要枢纽港在航运可达性上仅并列排名第六位。

2010年，赤湾、盐田、宁波、上海、香港是地中海航运可达性的前五位，与2005年类似，地中海与马士基依然是错位竞争。在珠三角港口城市群中，地中海的首位港口是赤湾，可达性指数为0.208，赤湾也是11个港口中唯一一个可达性指数超过0.2的港口，马士基的首位港是盐田，盐田已经超过香港，成为马士基在中国沿海最重要的挂靠港。在长三角港口城市群中，宁波是地中海的首位港口，可达性指数为0.136，高于上海的0.114；马士基的首位港口则是上海，可达性指数为0.174，排在11个港口中的第三位，高于宁波的0.106。另外，位于环渤海港口群和海峡西岸港口的厦门、青岛、天津、福州、大连位于后五位，说明地中海把重心更多地倾向于珠三角和长三角港口城市群。

据表3-5，2005年，从港口城市群的角度上来看，由赤湾、香港、盐田所组成的珠三角港口城市群在地中海航运网络中的航运可达性优势较为明显，可达性指数为0.419，远超排名第二位的长三角港口城市群（可达性指数仅为0.244）。2010年，珠三角港口城市群的优势持续扩大，可达性指数占到总数的近一半，长三角港口城市群的可达性指数也有一定的上升，而环渤海和海峡西岸的指数与2005年相比，下降较为明显。这也说明地中海航运网络更多地挂靠珠三角和长三角，这种趋势与马士基相类似。

表 3-5　2005 年与 2010 年各港口城市群可达性指数比较（地中海）

港口城市群	2005 年	2010 年
珠三角港口城市群	0.419	0.483
长三角港口城市群	0.244	0.250
环渤海港口城市群	0.198	0.140
海峡西岸港口城市群	0.140	0.128

资料来源：根据表 3-4 整理

四、马士基与地中海的综合可达性比较

通过对马士基、地中海两个航运公司航运可达性指数的计算，在 10 个中国沿海港口城市中，由盐田港区和赤湾港区所组成的深圳航运可达性在 2005 年和 2010 年都位居第一，2010 年与其他港口城市之间的差距进一步扩大，显示在马士基和地中海两大航运公司的网络中，深圳占据着最重要的地位。香港的可达性排名由 2005 年的第三位上升至 2010 年的第二位，可达性指数也有所提高，但与相邻港口城市——深圳相比，差距越来越大，显示深圳已成为马士基和地中海在珠三角港口城市群中的首选港口。在长三角，上海港与宁波港也存在激烈的竞争。据表 3-6，2005 年，宁波的航运可达性超过上海而排在 10 个港口的第二位，但在 2010 年，上海的航运可达性已经超过宁波，显示上海在两航运公司的航运网络中的地位有所提高。青岛、天津、大连等环渤海及厦门、福州等海峡西岸港口城市的可达性都位于中下游，除了福州和连云港的航运可达性指数在 2005~2010 年有微弱的增加外，厦门、青岛、天津、大连四港的航运可达性指数都有所下降。

表 3-6　2005 年与 2010 年中国沿海港口城市航运可达性

排序	2005 年		2010 年	
	港口城市	数值	港口城市	数值
1	深圳	0.224	深圳	0.326
2	宁波	0.135	香港	0.147
3	香港	0.132	上海	0.143
4	上海	0.117	宁波	0.121

续表

排序	2005 年		2010 年	
	港口城市	数值	港口城市	数值
5	厦门	0.116	青岛	0.079
6	青岛	0.106	厦门	0.073
7	天津	0.102	天津	0.043
8	大连	0.048	大连	0.035
9	福州	0.021	福州	0.024
10	连云港	0	连云港	0.008

注：①港口城市综合连通指数=马士基航运网络中的连通指数×马士基的 O-D 组合数占当年百分比+地中海航运网络中的连通指数×地中海的 O-D 组合数占当年百分比。②深圳为盐田和赤湾的总和

据表 3-7，对中国港口城市群可达性的计算可知，由香港、盐田、赤湾所组成的珠三角港口城市群的航运可达性最高，可达性指数从 2005 年的 0.357 上升至 2010 年的 0.473，优势最为明显。由上海、宁波、连云港所组成的长三角港口城市群的航运可达性在 2005 年和 2010 年间变化不大，2010 年与 2005 年相比，可达性指数仅微弱增加了 0.021。由青岛、大连、天津所组成的环渤海港口城市群的航运可达性下降较为明显，可达性指数由 2005 年的 0.256 下降至 2010 年的 0.158，环渤海在 2005 年的航运可达性曾超过长三角，但到了 2010 年，与长三角的差距明显拉大。由厦门和福州所组成的海峡西岸港口城市群的航运可达性也下降明显。

表 3-7　2005 年与 2010 年中国港口城市群可达性指数

港口城市群	港口	2005 年	2010 年
珠三角港口城市群	香港 盐田 赤湾	0.357	0.473
长三角港口城市群	上海 宁波 连云港	0.252	0.273
环渤海港口城市群	青岛 大连 天津	0.256	0.158
海峡西岸港口城市群	厦门 福州	0.136	0.097

资料来源：根据表 3-2 和表 3-4 整理

马士基和地中海两大航运公司在确定挂靠的港口时往往采取错位竞争的办法，导致在两大航运公司的网络中，港口城市呈现不同的航运可达性。在珠三角马士基主要挂靠港口是香港，地中海是赤湾；在长三角马士基主要挂靠上海，而地中海主要挂靠宁波；在环渤海马士基首选青岛，地中海首选天津。从马士基和地中海两大航运公司的综合可达性看，珠三角的深圳、香港与长三角的上海、宁波的综合可达性一直处于前四位，其中深圳的可达性在 2005 年和 2010 年都超过了香港，而在 2005 年宁波的可达性超过上海，但在 2010 年上海的可达性超过宁波。位于环渤海和海峡西岸的港口除了福州的可达性有微弱上升之外，其他港口的排位都停滞不前，2010 年的可达性数据与 2005 年相比都有不同程度的下降。在港口城市群方面，珠三角航运可达性的优势较为明显，且有进一步扩大优势的趋势；长三角的可达性有所增长，环渤海与海峡西岸的可达性都呈下降的趋势。

航运企业是航运活动的组织者，其挂靠行为直接影响了港口发展和航运网络构筑（王成金，2008b），特别是大型船公司在航运业中的自主性更强。在船舶大型化的趋势下，出于成本的考虑，航运企业往往构建枢纽港-支线港的航运网络模式，仅选择部分港口挂靠。2017 年 12 月，全球规模最大、最先进的全自动化码头——洋山港四期工程开港试运营。2017 年上海港的集装箱吞吐量达到 4023 万标准箱，这个数量是全美国 2017 年所有港口加起来的吞吐总量，也是 2017 年全球港口年吞吐量的 1/10。这一雄心勃勃的港口建设规划建立在区域经济发展和对外贸易增长的基础上。暂且不论在当前全球经济不振、中国经济发展进入新常态的背景下，集装箱生成量是否能继续保持高位增长；即使到时确实有大量集装箱生成，在长三角地区港口密布、相互竞争激烈的情况下，上海港并不是唯一的选择。本节的研究显示，每个航运企业都有自己的经营策略，在长三角地区，马士基主要挂靠上海港，地中海主要挂靠宁波港，这些经营策略很大程度上影响了港口城市的可达性，进而影响港口的可持续发展。因此，港口城市在积极改善港口硬件条件的同时，还要加快软环境的建设，以吸引更多航运企业和更多航线的挂靠，提升港口在全球航运网络中的可达性。

第二节　中国沿海港口动态关联关系研究

港口在国民经济中占有非常重要的位置，是一个区域与其他区域进行经济活动最前沿的窗口，是水路交通的集结点和枢纽，工农业产品和外贸进出口物资的集散地，是沟通区域与区域之间经济往来的重要枢纽。中华人民共和国自成立之初，便开始恢复港口建设。1978 年改革开放之后，特别是伴随 14 个沿海港口城市的进一步对外开放，港口建设更是进入了高速发展时期。进入 21 世纪后，全国掀起了新一轮港口建设和发展热潮，港口的建设数量、规模、吞吐能力以惊人的速度增长，中国港口新的格局初步形成，并跻身世界港口大国行列。在国际层面，2013 年，集装箱吞吐量居世界前 20 的港口中，中国占据了 10 个（包括香港和高雄），中国已经成为世界港口大国。在国内层面，2013 年，全国港口完成集装箱吞吐量 1.90 亿标准箱，比 2012 年增长 7.2%。其中沿海港口完成 1.70 亿标准箱，内河港口完成 2053 万标准箱，比 2012 年分别增长 7.4%和 5.3%。上海港集装箱吞吐量完成 3362 万标准箱，继续排名世界第一。中国集装箱吞吐量前十大港口均是沿海港口，这十个港口的集装箱吞吐量占全国集装箱吞吐量的 77.5%，中国沿海港口在整个中国港口体系中起到了"垄断"的地位（据《2013 年交通运输行业发展统计公报》）。

在中国沿海港口中，各个港口的自然条件、经济腹地、资本投入及各地政府的政策都不同，港口的发展状况也不同。体现在吞吐量上，既有上海、深圳、宁波-舟山、青岛、广州和天津这种年吞吐量千万标准箱以上的港口，也有诸如镇江、南通、湛江和防城港等年吞吐量不足百万标准箱的港口，港口之间的发展呈现出巨大的差异。2006 年 9 月，由国家发展和改革委员会、交通部联合出台的《全国沿海港口布局规划》发布，标志着我国从战略层面开始对沿海港口建设与发展进行布局。规划确定了中国沿海将形成环渤海、长三角、东南沿海、珠三角、西南沿海 5 个规模化、集约化、现代化的港口群体。按照港口吞吐量统计，在全国沿海形成的五大区域港口群中，规模最大的还是长三角和环渤海，其次是珠三角、东南沿海和西南沿海。所以从区域层面，中国沿海港口群之间也存在着发展不均衡的现象，集中化在整个港口空间体系空间演化中已经显现（曹有挥等，2003）。但是随着中国区域经济发展联系的日益紧密，港口数量和规模的不断扩大，航线的不断增多，沿海各个港口之间，港群之间的联系也日益紧密、日益复杂。

地理位置相近的港口之间发展相互影响，那么不相邻的港口之间发展是否也相互影响呢？已经有研究表明不相邻的省份之间的经济发展是相互影响的（李敬等，2014；Groenewold et al.，2007；Carlino and Defina，1995）。对于港口来说，不相邻的港口之间有航线连接，他们之间的发展也应该是相互影响的。那么超越地理位置来看，港口之间的相互地位是什么样的？港口除了与相邻港口有关联关系之外，与不相邻的港口之间的关联关系是什么样的？理清这些问题对于竞争与合作并存的港口来说意义重大。

一、港口空间关系研究进展

目前，国内外学者对港口空间关系的研究有不少。对于全球港口的研究，Hu 和 Zhu（2008）利用复杂网络的一系列指标对全球 25 个港口在全球海运交通网络中的地位进行了排序，新加坡、安特卫普和釜山排在前三。Ducruet 和 Notteboom（2012）分析了全球航运网络的特征，利用中心性指标评价了全球港口的相对地位，结果显示 1996~2006 年全球航运网络具有一定的稳定性。Low 等（2009）基于网络的枢纽港评估（network-based hub port assessment，NHPA）模型，从网络的角度对亚洲港口在网络中的地位进行了研究，并给出了选取枢纽港的评价标准。另外有些学者注意到，在全球经济一体化的大背景下，各大集装箱班轮公司纷纷建立航运联盟，以扩大航线覆盖范围，航运联盟的出现对航运网络和港口空间关系产生了一定的影响。Frémont（2007）以世界上最大的各大集装箱班轮公司马士基为例，考察全球航运网络。Notteboom（2004）研究集装箱航运发展、战略联盟、船队组成和行程安排等问题。王成金（2008a）选取全球主要的 24 家集装箱班轮公司和 530 个港口，以集装箱船月度运营表为研究对象，探讨全球港口的运输联系格局和主要空间系统。

对于中国沿海港口的研究，以国内学者为主。曹有挥（2004）利用偏移-分享及赫希曼-赫芬达尔指数对中国沿海集装箱港口体系的空间结构演化与竞争格局变动进行了研究。潘坤友等（2013）运用港口首位度和修正的赫希曼-赫芬达尔指数，从箱流的角度对 1998~2010 年中国集装箱港口体系的空间结构转型进行了定量测度。王成金（2006）分析了集装箱的空间组织模式——辐轴式网络，从航线、航班、空间联系、地域系统四个角度对中国港口的集装箱港口组织进行了详细论述。王列辉（2007a）从一个比较长的历史时期对港口分布格局的演化规律进行了研究。韩增林和郭建科（2014）运用海港空间效应测度模型对东部沿海港口从运输效应分布格局和非运输效应分布格局两个方面对不同区域特点和差异进行比较分析。程佳佳和王成金（2015）选取珠三角的 31 个港口为样本，以 1970~2013 年为研究时段，采用集装箱港口数量、吞吐量等长时间序列数据刻画了珠三角集装箱运输的总体发展与集散趋势，分析了集装箱港口体系的演化过程，重点凝练演绎其演化模型，并揭示其动力机制。对于中国沿海港口的网络特性，宗刚等（2012）基于复杂网络理论，系统分析了中国沿海港口网络的度分布、网络集聚系数、可达性等，结果表明中国沿海港口网络空间结构特征差异明显，表现出较强的集聚性，整体结构呈现"小世界网络"特点。

但是对港口的现有研究至少存在三方面的局限：①对港口之间相互作用的分析以地理位置上比较邻近的港口为主，视野比较局限；②对国内港口之间的影响研究以定性或者指标分析为主，很少运用模型实证，方法创新性不足；③现有研究很少从整个中国沿海港口的视角研究港口之间的动态关联关系。

针对现有研究存在的不足，本书采用网络分析法对中国沿海港口发展的空间关联关系网络进行研究。网络分析法的特点是行动者之间的关系居于首要地位，而行动者的属性居于次要地位（Wasserman and Faust，1994）。网络分析法认为，行动者之间相互依赖，而不相互独立。因而应该把"关系"（ties）看成分析单位，把结构看成行动者之间的关系模式，分析行动者之间的关系（而不是根据内在属性对各个单位进行分类），这样就可以深入地分析现象的关系本质。因此，网络分析研究的一个重要问题是，各个行动者之间的关系模式怎样影响，以及在多大程度上影响网络成员的行为。网络分析法在许多学科领域均具有广泛的应用（Oliveira and Gama，2012）。在经济学、管理学和社会学领域，它已经成为国际经济系统、组织行为研究、消费行为研究的新范式（Scott，2007）。Snyder 和 Kick（1979）、Breiger（1981）、Smith 和 White（1992）采用网络分析法对世界经济系统进行了研究，证明世界经济系统是一个复杂的网络系统，各国的经济发展水平与其在网络中的位置有关。

本书基于港口集装箱吞吐量的季度数据，首先对两两港口之间进行格兰杰（Granger）因果关系的检验，然后根据格兰杰因果关系检验的结果建立港口关系网络图，最后通过复杂网络分析法对网络图进行实证分析。依据2006年国家发布的《全国沿海港口布局规划》中所确定的港口，本书涉及的港口共有24个，其中环渤海港口包括大连港、营口港、秦皇岛港、天津港、烟台港、青岛港和日照港，长三角港口由连云港港、南通港、南京港、镇江港、苏州港、上海港、宁波港、温州港组成，福州港和厦门港构成东南沿海港口，珠三角港口包括珠海港、广州港、深圳港、中山港，西南港口包括湛江港、海口港和防城港港。

二、港口空间关联网络的构建

（一）港口空间关联网络的构建方法

在研究港口之间的动态关系上，利用计量方法研究港口竞争关系的不多。

向量自回归（vector auto regression，VAR）模型主要应用在区域经济的动态关系研究上，如 Carlino 和 DeFina（1995）用美国 8 个区域 60 年的人均 GDP 增长率的数据建立了一个 VAR 模型。从海洋运输的角度来看，港口群也是一个区域经济单元。港口群之间尤其是中国港口群如何互相影响，有什么样的动态关系，众多学者用的方法以定性分析为主，定量分析不多，相关的经济理论也不完善，而且从变量的属性来看，其内生性问题也不好解决。当我们缺乏严格的经济理论支撑，对变量难以判断是否真是外生变量的时候，一个比较方便的想法就是均等地对待每一个变量。本书选用非限制性 VAR 模型进行港口之间动态关系的研究。

港口空间关联网络是港口之间发展关系的集合。港口作为网络的基本要素之一——"节点"，各港口之间的关系构成了网络的基本要素之二——"边"。构建港口发展的空间网络的关键是刻画各港口之间的空间关系和空间溢出效应。本书采用 VAR 模型中的格兰杰因果关系检验来实现这一目的。关联网络的研究主要关心港口间动态关联网络是否存在，所以非限制性的 VAR 模型是一个理想的选择（高铁梅，2009；恩德斯，2012；Sims，1980）。本书首先建立港口两两之间的 VAR 模型，然后通过格兰杰因果关系检验来判断港口之间是否存在动态关联。如果得出港口 A 是引致港口 B 的格兰杰原因，则画出一条由港口 A 指向港口 B 的有向线段。因为格兰杰因果关系是非对称的，所以用此方法便可得到港口两两之间非对称的有向图。

（二）复杂网络的特征刻画

复杂网络指标具体如下（斯科特，2007；刘军，2007；Krackhardt，1994；Freeman，1979；Oliveira and Gama，2012；Snyder and Kick，1979；Breiger，1981；Smith and White，1992；莫辉辉等，2010）。

1. 网络密度

网络密度是反映网络中各区域之间关系疏密程度的指标。网络密度越大，反映网络中的关联关系越多；反之，则反映网络中的关联关系越少。有向网络密度的公式如下：

$$D_N = \frac{L}{N \times (N-1)} \quad (3\text{-}1)$$

式中，D_N 为节点数为 N 的网络的密度；N 为网络的节点数量；L 为网络的实际边数。

2. 关联性

关联性反映网络自身的稳健性和脆弱性。关联性可以通过以下三个指标来测量。

（1）可达性。公式定义如下：

$$C_N = 1 - \frac{2V}{N \times (N-1)} \quad (3-2)$$

式中，C_N 为节点数为 N 的网络的可达性；N 为网络的节点数量；V 为网络中的不可达的点对数。

（2）网络等级度。这个概念表达的是网络中节点之间在多大程度上是非对称的可达，反映各区域之间在网络中的支配地位，取值范围是[0,1]。网络等级度 H 的计算公式如下：

$$H = 1 - \frac{K}{\max(K)} \quad (3-3)$$

式中，H 为网络的等级度；K 为对称可达的点对数；$\max(K)$ 为最大可能的对称可达的点对数。

（3）网络效率。网络效率是指在已知网络中所包含的成分数确定的情况下，网络在多大程度上存在多余的线。网络效率越低，表示港口之间发展的联系越多，存在着枢纽效应等多重叠加现象，网络更加稳定。公式定义如下：

$$E = 1 - \frac{M}{\max(M)} \quad (3-4)$$

式中，E 为网络效率；M 为网络中多余线的条数；$\max(M)$ 为网络中最大可能的多余线的条数。

3. 中心性

中心性是研究网络中各区域在网络中的地位和作用的指标。常见的刻画指标有两个，即相对中心度和中间中心度。相对中心度定义如下：

$$D_e^i = \frac{n_i}{N_i - 1} \quad (3-5)$$

式中，D_e^i 为区域 i 相对度数中心度；n_i 为与区域 i 直接相关联的区域数目；N_i 为理论上与区域 i 最大可能相连的区域的数目。

中间中心度测度的是一个区域在多大程度上处于其他区域的中间。令 g_{jk} 表

示区域 j 和区域 k 之间存在的捷径数目，$g_{jk}(i)$ 表示区域 j 和区域 k 之间的捷径数目经过区域 i 的数目。$b_{jk}(i)$ 表示区域 i 控制 j 和 k 关联的能力（即 i 处于 j 和 k 之间捷径上的概率），则有 $b_{jk}(i)=g_{jk}(i)/g_{jk}$。将 i 相应与网络中所有点对的中间度相加，便得到区域 i 的绝对中间中心度。绝对中间中心度标准化便得到相对中间中心度 C_{bi}，公式如下：

$$C_{bi}=\frac{2\sum_{j}^{N}\sum_{k}^{N}b_{jk}(i)}{N^{2}-3N+2}, \text{其中} j\neq k\neq i, \text{且} j<k \qquad (3-6)$$

（三）复杂网络的块模型理论

块模型（blockmodels）分析最早由 White 和 Breiger（1976）提出，它是一种研究网络位置模型的方法，是对社会角色的描述性代数分析。一个块模型就是对一元关系或者多元关系（包括二值关系及多值关系）网络的一种简化表示，它代表的是该网络的总体结构。每个位置中的各个行动者都具有结构对等性。块模型是在位置层次上的研究，而不是在个体层次上的研究（Wasserman and Faust，1994；Burt，1976）。

在中国沿海港口发展的空间关联关系网络中，共有四种角色：一是主受益板块，此板块内部联系的比例比较多，与外部联系的比例比较少，对其他板块的溢出效应比较少，当对外部关系为零时，又称为净受益板块；二是净溢出板块，此板块的特征是与外部联系比较多，内部联系比较少，表现出对其他板块产生净溢出效应；三是双向溢出板块，此板块既向外部发出较多的联系，同时也向内部成员发出较多的联系，但接收外来的联系很少，表现出对板块内部和其他板块产生双向溢出效应；四是经纪人板块，其成员既发送又接收外部关系，其内部成员之间的联系比较少，在港口发展的空间溢出中发挥桥梁作用（White and Breiger，1976）。

在考察关系的时候，我们也要分析各个位置的规模（Wasserman and Faust，1994）。例如，假设我们分析来自位置 B_k 的各个成员的关系。假设其中有 g_k 个行动者，那么 B_k 内部可能具有的关系总数为 $g_k(g_k-1)$ 个。在总体中含有 g 个行动者，因此 B_k 位置各个成员的所有可能的关系有 $g_k(g-1)$ 个。这样，我们可以期待一个位置的总关系的期望比例为 $[g_k(g_k-1)]/[g_k(g-1)]=(g_k-1)/(g-1)$。我们可以利用这个比例作为评价位置内部关系趋势的指标。

表 3-8 给出 4 种位置分类，它基于位置内部及位置之间的关系。

表 3-8　块模型中的 4 种位置

位置内部的关系比例	位置接收到的关系比例	
	≈0	>0
≥$(g_k-1)/(g-1)$	双向溢出板块	主受益板块/净受益板块
<$(g_k-1)/(g-1)$	净溢出板块	经纪人板块

（四）数据来源及处理

因为沿海主要港口的集装箱吞吐量统计数据起始年份不一，时间跨度比较短，且早年的数据统计口径也不一致，港口变化也比较大，所以本书采用港口集装箱吞吐量的季度数据进行实证分析。数据来源于 2005～2014 年的《中国港口年鉴》，以码头为单位进行月度数据的统计，按照每个港口对应的码头和每季度对应的月份进行加和，得出港口的季度时间序列数据。

首先对数据进行季节调整，为了平滑数据，对季节调整后的数据取对数，以对数方式进行时间序列的建模，整个流程如图 3-2 所示。

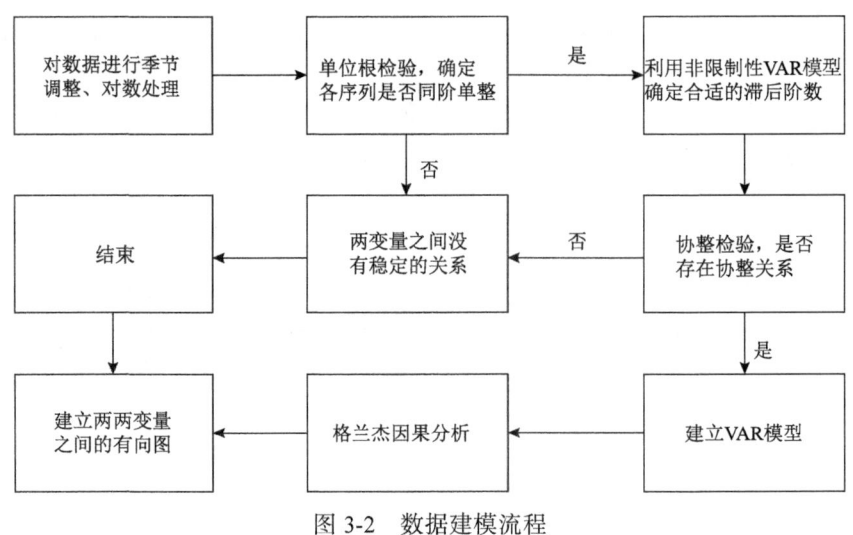

图 3-2　数据建模流程

三、中国沿海港口的空间关联关系

（一）中国沿海港口空间关联网络的特征

经检验，处理后的港口数据序列均是非平稳的，且都是一阶单整。以 10%

作为显著性检验标准。24个沿海主要港口通过148个关系相互影响，说明中国沿海港口之间是普遍联系的，是一个复杂的关系网络。最终确定的格兰杰因果关系有148个。

按照式（3-1）对网络的密度进行计算。24个港口之间最大的可能关系有552个，实证得出的关系有148个，网络密度为0.268。网络密度比较低，表明各个港口之间联系的紧密程度并不是很高,各港口之间的合作有待进一步加强。

基于式（3-2）~式（3-4）对网络的关联性进行分析。结果表明：此网络的关联度为1，具有很好的通达性，各港口之间存在着普遍的空间溢出效应。网络的等级度为0.559，说明港口之间的溢出效应具有一定的等级程度，不同规模港口之间的溢出效应是不同的。网络的效率为0.506，港口之间存在多重的关联关系，网络比较稳定。

出度可以解释为港口对于其他港口的溢出关系。沿海24个港口中，出度靠前的港口是青岛港、上海港、宁波港、福州港和广州港，这几个港口的发展对其他港口的发展具有显著的溢出作用。入度可以解释为港口从其他港口所获得的受益关系，入度靠前三个港口分别是深圳港、上海港和天津港，这三大港口的发展从其他港口的发展中获益的现象很明显。从度这个指标来看，排名靠前的几个港口分别是上海港、深圳港、天津港和宁波港，这四个港口与其他港口联系最多，在整个网络中处于重要的位置。

基于式（3-5）和式（3-6）对网络的中心性进行分析。从度数中心度和中间中心度两个指标来看，居于前四位的均是上海港、深圳港、天津港和宁波港，表明在网络中，与这四个港口直接相关联的港口数量最多。进一步从这四大港口的地理位置来看，分别位于我国主要的三大港口城市群：长三角港口城市群、环渤海港口城市群和珠三角港口城市群中，且均是所在港口城市群里面主要的大型港口，这表明港口的发展会呈现极化效应。港口规模越大，影响力越大。上海港处于网络的最核心位置（度数中心度和中间中心度均是最高），显示出上海港在整个中国沿海港口发展空间关联网络中居于枢纽地位（表3-9）。

表3-9 中国沿海港口关联关系网络指标

序号	港口名称	溢出关系（出度）	受益关系（入度）	关系总数（度）	相对度数中心度	相对中间中心度
1	上海港	10	16	26	1.130	19.240
2	深圳港	5	19	24	1.043	11.001
3	天津港	6	15	21	0.913	11.732
4	宁波港	10	9	19	0.826	5.946

续表

序号	港口名称	溢出关系（出度）	受益关系（入度）	关系总数（度）	相对度数中心度	相对中间中心度
5	防城港港	5	14	19	0.826	3.110
6	青岛港	14	4	18	0.783	4.471
7	福州港	10	6	16	0.696	3.327
8	广州港	10	4	14	0.609	3.804
9	南京港	8	6	14	0.609	2.295
10	连云港港	5	8	13	0.565	1.829
11	南通港	6	7	13	0.565	6.642
12	厦门港	4	8	12	0.522	2.810
13	温州港	7	5	12	0.522	0.804
14	烟台港	6	6	12	0.522	0.745
15	日照港	3	6	9	0.391	0.132
16	镇江港	8	1	9	0.391	0.702
17	秦皇岛港	3	5	8	0.348	0.300
18	大连港	7	0	7	0.304	0.000
19	营口港	5	2	7	0.304	0.310
20	湛江港	4	3	7	0.304	0.148
21	海口港	3	1	4	0.174	3.804
22	苏州港	4	0	4	0.174	0.000
23	中山港	4	0	4	0.174	0.000
24	珠海港	1	3	4	0.174	4.397

（二）中国沿海港口空间关联网络的空间性分析

本书选取度数排名靠前的四大港口来分析：上海港、深圳港、天津港和宁波港。与上海港存在格兰杰因果关系的港口有26个，属于长三角港口城市群的有6个，距离上海港空间距离最远的是防城港港；与天津港存在格兰杰因果关系的港口有21个，属于环渤海港群的有4个，距离天津港空间距离最远的是海口港；与深圳港存在格兰杰因果关系的港口有24个，属于珠三角港口城市群的有 3 个，距离深圳港空间距离最远的是秦皇岛港；与宁波港存在格兰杰因果关系的港口有 19 个，属于长三角港口城市群的有 3 个，距离宁波港空间距离最远的是营口港。

从以上分析可以发现。港口之间的空间关联关系并不仅仅局限于地理位置相近的两个港口之间，地理位置不相邻，甚至距离很远的两个港口之间也存在关联关系。这是因为港口与港口之间有诸多的航线相连。通过航线运输，体现在集装箱吞吐量上的两个港口的发展则会存在格兰杰因果关系意义上的空间关联性。

（三）中国沿海港口空间关联网络的块模型分析

基于港口关联网络，选用块模型理论进行分析。采用 Concor 方法进行分区（马垣等，2012）。为确保每个块里港口数量大于 3 个，选择最大切分深度为 2，集中标准为 0.2，最大重复次数为 25，对原网络进行分割，于是得到四个港口群体板块（表 3-10）。

表 3-10 港口板块的溢出效应

板块名称	第一板块接收关系	第二板块接收关系	第三板块接收关系	第四板块接收关系	内部港口数量	板块内部港口名称
第一板块	38	5	4	8	9	温州港、日照港、防城港港、深圳港、上海港、宁波港、烟台港、天津港、秦皇岛港
第二板块	29	1	13	3	6	大连港、海口港、广州港、青岛港、镇江港、苏州港
第三板块	20	2	13	1	6	福州港、湛江港、南通港、中山港、南京港、厦门港
第四板块	8	2	0	1	3	连云港港、营口港、珠海港

依据表 3-10 可以看出：第一板块包含的港口数量最多，有 9 个。中国沿海的大港口，如上海港、深圳港、宁波港、天津港均在这一个板块；第二板块港口数量是 6 个，既有大连港、青岛港、广州港等大港口，也有海口港、镇江港等小港口；第三板块有 6 个港口，除了厦门港之外，都是一些规模比较小的港口；第四板块数量最少，只有 3 个，但是却包含了连云港港、营口港两个排在中国集装箱吞吐量前十名的港口。

根据块模型理论对港口板块的特征分析如下（表 3-11）。

表 3-11 港口群体板块的特征

板块名称	期望的内部关系比例/%	实际关系数	实际的内部关系比例/%	接收板块外关系数	接收关系比例	板块特征
第一板块	35	112	34	57	>0	经纪人板块
第二板块	22	55	2	9	≈0	净溢出板块
第三板块	22	53	25	17	≈0	双向溢出板块
第四板块	9	23	4	12	>0	经纪人板块

第一板块在网络中呈现出"经纪人"的特征，此区域里面的港口主要是我国经济发达地区的大型枢纽港（上海港、宁波港、天津港和深圳港）。在经济全球化的大背景下，这四大港口依托外向型经济腹地，集装箱吞吐量不断增加，全球前 20 位的集装箱班轮公司纷纷开通经停这四大港口的航线，由此架构起沟通国内外的集装箱航线网络，也吸引了沿海其他港口的航线挂靠这四大港口。

第二板块在网络中呈现出"净溢出"的特征，板块内部联系和接收外部关系比较少，更多地对其他板块发出关系。此板块所含的大连港和青岛港位于环渤海港口城市群；镇江港和苏州港位于长三角港口城市群；广州港位于珠三角港口城市群。这些港口周围都存在大型枢纽港，去往大港的航线比较多，整体表现出对外部的溢出作用。

第三板块在网络中呈现出"双向溢出"的特征，其内部港口既向外部港口发出关系，也同时对板块内部港口发生关系。

第四板块在网络中呈现出"经纪人"的特征，其内部港口既向外部港口发送关系，又接收外部港口发来的关系。

在进行板块划分的同时，我们也能得出板块之间关系的密度矩阵（表 3-12）。

表 3-12 板块之间关系的密度矩阵

板块名称	第一板块	第二板块	第三板块	第四板块
第一板块	0.528	0.093	0.074	0.296
第二板块	0.537	0.033	0.361	0.167
第三板块	0.370	0.056	0.433	0.056
第四板块	0.296	0.111	0.000	0.167

由于整个网络的密度为 0.268，按照如下标准：表 3-12 中的密度值大于

网络整体密度的，将其值记为 1，否则，记为 0。于是我们可以得到像矩阵（表 3-13）。

表 3-13 板块之间关系的像矩阵

板块名称	第一板块	第二板块	第三板块	第四板块
第一板块	1	0	0	1
第二板块	1	0	1	0
第三板块	1	0	1	0
第四板块	1	0	0	0

继而我们可以得到如下关系图（图 3-3）。

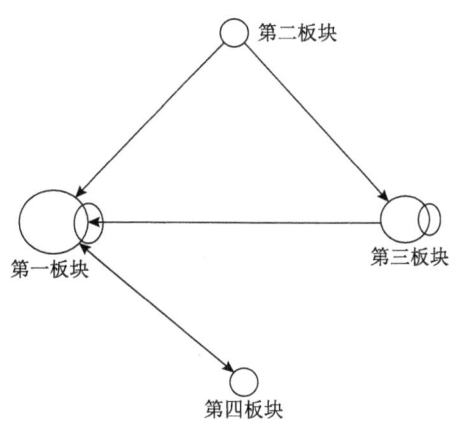

图 3-3 四大板块之间的溢出效应示意图
第一板块和第三板块外的圆弧表示板块具有自身的内部联系

从图 3-3 我们可以看出，第一板块溢出效应主要体现在第四板块；第二板块溢出效应主要体现在第一板块和第三板块；第三板块的溢出效应主要体现在第一板块；第四板块的溢出效应主要体现在第一板块。我们可以看出，第一板块从其他三大板块受益的特征十分明显,其他板块相对于第一板块更多扮演"箱源提供者"的角色。第一板块不仅受益于其他三大板块，其自身内部港口之间溢出效应也很明显，在第二板块和第四板块之间起到传递作用，在第三板块和第四板块之间也起到传递作用，在四大板块中处于中心地位。第一板块内部包含了上海港、深圳港、宁波港和天津港这四个在我国港口排名前五的大港，分别在长三角港口城市群、珠三角港口城市群和环渤海港口城市群中的枢纽中心位置。而且港口所在的经济腹地对应我国最发达的三个经济带。其对原材料、商品的需求比较大，对外贸易比较发达，到达上述港口的航线也很多。与经济的溢出效应正好相反，规模较大的港口对其他港口呈现出"虹吸效应"。第二板块只体现净溢出效应。第二板块内的港口包括：大连港、海口港、广州港、青岛港、镇江港和苏州港。其中镇江港和苏州港靠近上海港，受上海港"虹吸效应"影响，表现出对外部的溢出效应。大连港、广州港、青岛港和海口港也同样受到其邻近的大港的"虹吸效应"影响，对外表现出溢出效应。第三板块港群内部之间也具有溢出效应，也对第一板块产生溢出作用，也接收第二板块的溢出影响，表现出"双向溢出"的效应。

　　本书运用了网络分析法，对中国沿海港口发展空间关联关系网络进行了详细的研究。首先运用 VAR 模型的格兰杰因果关系检验方法构建了中国沿海港口发展的空间关联关系网络；然后从网络的整体特征、各港口在网络中的位置、各港口板块在网络中的位置及板块之间的相互影响等方面，刻画了中国沿海港口发展的空间关联特征；最后运用脉冲响应函数对中国沿海三大港群的动态影响关系进行了探究；得到结论如下：

　　（1）中国沿海 24 个主要港口发展的空间关联网络中共有 148 个空间关联关系。网络密度为 0.268，网络密度比较低，表明各个港口之间的联系的紧密程度并不是很高，各港口之间的经济合作的提升有待进一步加强；但网络是稳健的，网络的关联度为 1，关联程度很高，说明中国沿海港口发展空间关联关系网络具有很好的通达性，各港口之间存在着普遍的空间溢出效应。网络的效率是 0.506，存在较多的冗余线，说明港口之间存在多重的关联关系。另外网络的等级度为 0.559，说明港口之间的溢出效应具有一定的等级程度，单向溢出的关系多于双向溢出的关系。

　　（2）通过中心性分析，从"度数中心度"和"中间中心度"两个指标来看，发现上海港、天津港、深圳港三个港口排名位列前三。说明在中国沿海港口发展的空间关联网络中，这三个港口与其他港口的关联关系最多。从这三大港口的地理位置来看，其分别位于我国主要的三大港口城市群（长三角港口城市群、环渤海港口城市群、珠三角港口城市群）之中，而且均是所在港口城市群里面最大的港口，显示港口的影响力出现极化效应，与其规模成正比。上海港"处于网络的最中间位置"，在中国沿海港口发展的空间网络中起着重要的"枢纽"作用。

　　（3）通过块模型分析，我们将中国沿海港口划分为四大板块。第一个板块数量有 9 个，包含了中国沿海排名靠前的大型枢纽港和比较大的内河港口，分别是：上海港、深圳港、宁波港、天津港、烟台港、日照港、温州港、秦皇岛港和防城港港。此板块不仅自己港口城市群内部有溢出关系，而且接收另外三大板块的溢出效应，起到重要的"桥梁作用"。在中国沿海港口发展空间关联网络中处于"核心"地位。第二板块数量有6个，有3个排名中国前十的大港，即广州港、青岛港、大连港，两个比较大的内河港，即苏州港和海口港，还有一个镇江港。这些板块周围都有比较大的枢纽港，板块在中国沿海港口发展的空间关联关系网络中呈现出"净溢出"的特征。主要向外部发出关系，同时也对板块内部发出较多的关系，但几乎没有接收外部板块发来的关系。第三板块数量也有6个，主要都是内河港：福州港、湛江港、南通港、中山港、南京港和厦门港。此板块在中国沿海港口发展的空间关联关系网络中呈现出"双向溢出"的特征。第四板块数量比较少，只有3个，分别为：连云港港、营口港和珠海港。此板块虽然根据指标判断在中国沿海港口发展的空间关联关系网络中呈现出"经纪人"的特征，但由于港口数量比较少，其"中介"和"桥梁"作用并不是很明显。

（4）中国沿海港口发展的溢出效应呈现出"极化效应"的特征。第一板块内包含了中国最大的几个港口。此板块受益于其他三大板块，呈现出"吸收"的特点。其他三大板块充当"箱源"供给者的角色。第二板块充当港口发展的发动机的角色，将港口发展的动能传递给第一板块和第三板块，第一板块再传给第四板块，第三板块传递给第一板块。充当发动机的第二板块对第四板块的影响不是直接实现的，是通过第一板块实现的。

第三节　中国沿海港口体系的分散化与集中化

20世纪60年代之后港口地理学形成两条研究主线，一条主线是受Bird的Anyport模型的启发而展开对港城关系的研究，另一条主线是受Taaffe模型的影响，重点研究港口体系的空间关系（Rimmer，2009）。港口体系的集中化（concentration）和分散化（disconcentration）是港口体系研究的重要方向之一（王列辉，2007b；Frémont and Soppé，2007）。

一般认为由于存在规模经济性，港口活动会集中到某个区域的一个或两个具有良好的区位条件、拥有水深港阔等自然条件、接近大市场的港口（Mayer，1978）。随着内陆交通网络的拓展和定期航线的密集化，港口活动会集中到同一港口体系中具有良好的区位条件、拥有水深港阔等自然条件、接近大市场的港口。港口体系的集中化最早可见于Taaffe等（1963）对加纳、尼日利亚，以及Rimmer（1967a）对新西兰的个案研究。Hilling（1975）、Ogundana（1971）

分别以非洲的港口为例进行的研究也证明了港口集中化是一种趋势。

但是港口体系也存在分散化倾向，1967年对澳大利亚港口的考察中，Rimmer（1967b，1967c）开始注意到了港口体系的分散化倾向，他把澳大利亚港口体系分为五个阶段，在新西兰港口四个发展阶段的基础上，增加了"边缘港口发展与港口体系扩散发展"这一阶段。Hoyle和Charlier（1995）根据Taaffe模型建立了1500～1990年东非港口竞争的模型，该模型第五阶段为20世纪90年代，腹地拓展并出现分散化。Hayuth模型也注意到了集装箱港口体系的分散化现象（Hayuth，1981），他把港口体系的演变分为五个阶段，在最后一阶段，Hayuth提出了集装箱港口体系的分散化倾向，称为"外围港口挑战"阶段。1986年Barke提出了和Taaffe模型相似的模型，但是在模型的最后阶段，他提出了港口的分化过程，当港口快速发展遇到交通堵塞时，一些港口的活动就会从城市中心迁到交通不拥挤的郊区或者周围的港口。

Notteboom和Rodrigue（2005）的研究认为，港口和港口体系演化已经进入新的阶段，即港口区域化阶段（port regionalization），依托于交通走廊和物流节点，进入内地的集疏运网络成为港口竞争的最重要的手段。但是Rimmer和Comtois（2009）对于港口区域化阶段持有不同的观点，认为区域化阶段完全没有必要，这一阶段的特征与Rimmer模型中的第五阶段即分散化与去中心化阶段是一样的（图3-4）。

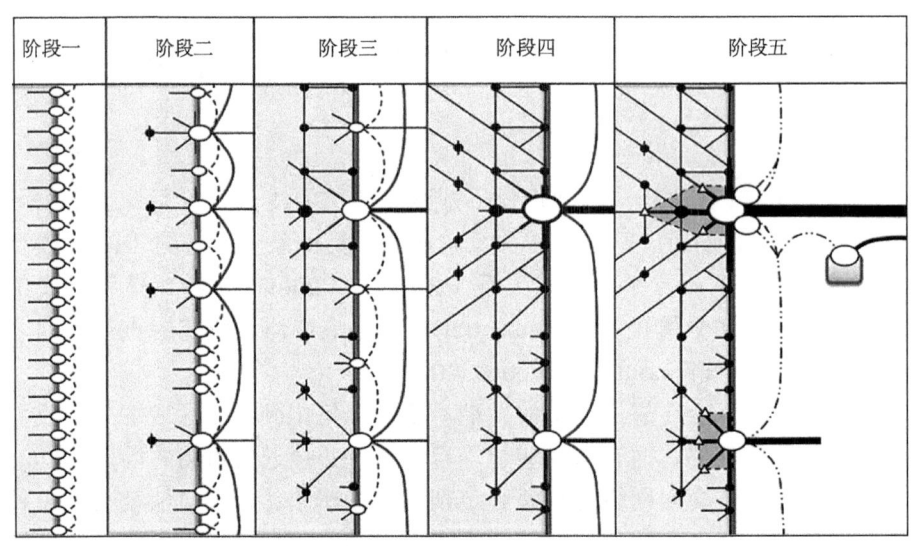

图3-4　港口演变模型

资料来源：Rimmer（2007）

Ducruet 等（2009b）在大量梳理前人对港口体系空间结构的研究后发现，港口体系有一个从集中化转变为分散化的过程。以往的研究都认为港口体系从集中化到分散化是线性发展的，而中国在 1993 年以来的发展表明，港口体系的集中化和分散化是同时进行的，这种发展态势与中国独特的体制有很大的关系。上述成果所关注的集中化与分散化都是以港口业务为研究对象的，即主要考察货物及港口活动的集中与分散，而中国港口除了港口业务的集中与分散外，还包括了港口资源的集中和分散，这种港口资源的集中和分散包括港口管理权、岸线资源等，主要是在地方政府的主导下进行，显示出与国外港口的不同特点，值得研究。

本书研究的区域为中国沿海港口，包括《中国交通年鉴（2005）》所确定的 28 个沿海主要港口与香港共计 29 个港口。再按照地理范围把中国沿海港口分为北部港口群、中部港口群和南部港口群，其中北部港口群包括丹东、大连、营口、秦皇岛、天津、龙口、烟台、威海、青岛、日照 10 个港口，中部港口群包括连云港、上海、宁波、舟山、台州、温州、福州、泉州、厦门 9 个港口，南部港口群包括香港、汕头、深圳、广州、湛江、海口、八所、三亚、北海、防城港 10 个港口。本书还对中国三大集装箱港口群进行研究，其中渤海湾集装箱港口群包括大连、营口、天津、烟台、青岛 5 个港口，长三角集装箱港口群包括南京、镇江、南通、张家港、上海、宁波、温州 7 个港口，珠三角集装箱港口群包括汕头、深圳、广州、香港、湛江、中山、珠海 7 个港口。这 19 个集装箱港口除了香港之外，其余 18 个港口与曹文（2004）的研究一致，以便于比较。

本书中国沿海港口数据主要来自《中国交通年鉴（1992～2008）》和《中国统计年鉴（1992～2008）》，中国沿海集装箱港口数据主要来自《中国港口年鉴（2004～2008）》，中国香港的港口数据来自《海事处统计年报（1999～2000）》和《香港港口统计年报（2001～2008）》。在《中国交通年鉴（1992～2008）》中，从 1999 年起，深圳港包括原蛇口港和赤湾港，以往年度数据分别为蛇口港和赤湾港数据；从 2006 年起，宁波-舟山港包括原宁波港和舟山港，以往年度数据为宁波港数据；从 2007 年起，烟台港包括原烟台港和龙口港，以往年度数据为原烟台港数据。

一、中国沿海港口体系的分散化

近年来，中国港口研究特别是区域港口体系研究吸引了越来越多国外学者的注意，对于中国沿海港口体系空间结构的研究不同学者有不同的观点。Comtois 和 Rimmer（2004）运用基尼系数对中国沿海集装箱港口的考察则表明，在 1990~2000 年，中国前十位的港口及北部、中部和南部的港口都呈现了分散化的趋势，基尼系数不断减小。在中国北部港口中，天津港的集装箱吞吐量所占比重从 1990 年的 50.3%下降到 2005 年的 31.9%，青岛港的集装箱吞吐量则从 1990 年的 23.8%上升到 2005 年的 41.9%，出现了边缘港口的挑战。在中部港口中，港口模式由 1990 年的集中化向去中心化和分散化转变。在南部港口，港口模式同样经历着由集中化向去中心化和分散化的转变（Rimmer and Comtois, 2009）。中国学者曹有挥等（2003, 2004）的研究结果表明，在 1992~2001 年，集中化在整个港口体系空间结构演化中已经显现，中国沿海集装箱港口体系正处于由非均衡相对集中向非均衡高度集中阶段演化的过渡时期。

本书采用赫希曼-赫芬达尔指数反映 1993~2007 年中国沿海港口体系空间结构的集散演化状况：

$$D_j = \sum_{i=1}^{n} T_{ij}^2 \bigg/ \left(\sum_{i=1}^{n} T_{ij} \right)^2$$

式中，n 为港口体系内港口数；T_{ij} 为 j 港口体系或港群内 i 港口的货物吞吐量；D_j 为 j 港口体系或港群的集中指数，$0<D_j<1$。当 $D_j \to 1$ 时，港口体系内的货源趋于集中，$D_j \to 0$ 时，港口体系内的货源趋于分散。分别计算全国、北部、中部和南部港口体系的赫希曼-赫芬达尔指数，计算结果见表 3-14。

表 3-14 1993~2007 年中国沿海港口体系的赫希曼-赫芬达尔指数

地区	1993 年	1994 年	1995 年	1996 年	1997 年	1998 年	1999 年	2000 年
全国	0.112 14	0.103 471	0.100 082	0.096 769	0.094 413	0.090 179	0.087 197	0.081 902
北部	0.202 645	0.193 347	0.184 309	0.178 688	0.175 662	0.176 385	0.174 511	0.174 185
中部	0.448 968	0.395 955	0.362 65	0.338 274	0.320 442	0.311 014	0.305 894	0.277 955
南部	0.327 881	0.340 481	0.365 111	0.374 953	0.377 945	0.337 305	0.307 22	0.292 518

地区	2001 年	2002 年	2003 年	2004 年	2005 年	2006 年	2007 年
全国	0.079 495	0.079 613	0.077 933	0.076 638	0.074 429	0.07 013	0.067 943
北部	0.174 941	0.174 345	0.172 031	0.169 34	0.161 668	0.153 948	0.148 851
中部	0.269 04	0.269 183	0.261 992	0.257 64	0.251 192	0.230 415	0.228 575
南部	0.284 442	0.274 869	0.266 042	0.260 634	0.254 268	0.254 777	0.254 223

据表 3-14，1993~2007 年分散化是中国沿海港口体系总体趋势，赫希曼-

赫芬达尔指数由 1993 年的 0.112 14 逐年下降到 2007 年的 0.067 943。中国北部、中部和南部港口体系都呈现分散化趋势。其中北部港口体系的赫希曼-赫芬达尔指数由 1993 年的 0.202 645 下降到 2007 年的 0.148 851；中部港口体系的赫希曼-赫芬达尔指数由 1993 年的 0.448 968 下降到 2007 年的 0.228 575；南部港口体系集散演化与北部、中部港口体系不同，呈现先集中后分散的趋势，赫希曼-赫芬达尔指数由 1993 年的 0.327 881 上升到 1997 年的 0.377 945，再下降到 2007 年的 0.254 223。

据表 3-15，1990～2007 年中国沿海集装箱港口体系和环渤海、珠三角集装箱港口群的赫希曼-赫芬达尔指数都是下降的，显示集装箱港口体系的总体趋势都是分散化的。长三角集装箱港口群则有所不同，赫希曼-赫芬达尔指数在 20 世纪 90 年代前期趋于下降，90 年代后期趋于上升，在 1998 年后又趋于下降，说明长三角集装箱港口群有一个分散—集中—分散的发展过程。

表 3-15　1990～2007 年中国沿海三大集装箱港口群的赫希曼-赫芬达尔指数

区域	1990 年	1991 年	1992 年	1993 年	1994 年	1995 年	1996 年	1997 年	1998 年
全国	0.630 824	0.592 231	0.592 542	0.574 789	0.529 287	0.497 105	0.472 996	0.427 173	0.372 349
环渤海	0.367 465	0.353 547	0.345 973	0.339 924	0.339 078	0.325 375	0.326 729	0.328 928	0.330 948
长三角	0.627 958	0.606 183	0.590 411	0.558 18	0.551 246	0.561 999	0.611 855	0.639 538	0.654 519
珠三角	0.919 301	0.871 095	0.858 145	0.865 9	0.810 402	0.783 278	0.787 081	0.733 135	0.662 873

区域	1999 年	2000 年	2001 年	2002 年	2003 年	2004 年	2005 年	2006 年	2007 年
全国	0.321 036	0.285 428	0.248 28	0.218 243	0.232 345	0.181 318	0.167 036	0.155 148	0.147 197
环渤海	0.322 328	0.322 559	0.326 98	0.332 599	0.326 576	0.319 297	0.308 671	0.299 287	0.301 845
长三角	0.643 137	0.633 239	0.610 033	0.608 125	0.590 752	0.573 92	0.574 006	0.555 379	0.534 972
珠三角	0.604 698	0.574 783	0.523 805	0.471 362	0.431 522	0.412 957	0.386 178	0.361 511	0.343 102

上述结果与 Rimmer 和 Comtois（2009）对 1990～2000 年中国沿海集装箱港口体系的研究结果一致，而与曹有挥等（2004）对 1992～2001 年中国集装箱港口体系的研究结果不一致，后者的研究显示中国沿海集装箱港口体系空间结构演化虽有波动，但总趋势是集中化，在三个集装箱港口群中，长三角和环渤海集装箱港口群近 10 年间的赫希曼-赫芬达尔指数波动较大，明显的集中化过程并未发生，而珠三角集装箱港口群的集中化过程十分显著。曹有挥等（2004）的研究结果与上述研究结果不同的原因是，其在考察珠三角集装箱港口群时，没有把香港港纳入考察范围，其所谓的珠三角集装箱港口群的集中化主要体现

在集装箱向深圳港集中，而事实上，香港港是珠三角集装箱港口群的重要组成部分，深圳港的货物大部分是从香港港分流过去的，如果把香港港纳入珠三角集装箱港口群做整体考察的话，则可发现珠三角港口群是呈现分散化的。

综上所述，运用赫希曼-赫芬达尔指数对中国沿海港口体系空间结构进行计量分析，可知从20世纪90年代以来，中国沿海由28个港口所组成的港口体系和由18个集装箱港口所形成的三大集装箱港口群都呈现了分散化的趋向。

二、中国沿海港口体系的集中化过程和类型

在中国沿海港口出现分散化的同时，港口之间也出现集中化的趋向。最早出现集中化的是2002年6月原国家一类开放港口太仓港、常熟港和张家港港组建成为苏州港，三个港口统一更名为苏州港太仓港区、苏州港常熟港区、苏州港张家港港区。同年7月，上海港集装箱股份有限公司参股45%，与宁波大榭港务有限公司合资成立宁波大榭开发区集信物流有限公司，并开通上海至宁波的集装箱支线。此后，中国沿海港口的集中化在不同层面、不同深度展开（表3-16）。

表3-16 中国沿海港口集中化过程

类型	时间	港口	方案
港口业务集中化	2002年7月	上海港与宁波港	上海港集装箱股份有限公司参股45%合作经营码头
	2003年8月	上海港与武汉港	上海港参股40%于武汉港集装箱有限公司
	2003年8月	上海港与南通港	建设南通狼山集装箱码头
	2004年5月	上海港与芜湖港	建立"芜湖申芜港联国际物流有限公司"，打造出了安徽最大的现代化集装箱物流基地
	2005年8月	上海港与南京港	经营南京港龙潭港区集装箱码头一期工程
	2006年1月	青岛港与威海港	合作集装箱码头
	2006年2月	上海港与重庆港	共同经营重庆寸滩港一期工程和建设寸滩港二期工程
	2007年5月	青岛港与日照港	合作经营集装箱码头
	2007年7月	宁波港与温州港	合资经营温州港龙湾二期一个万吨级泊位
	2008年2月	上海港与九江港	建设城西港区集装箱码头暨物流园区
	2008年3月	宁波港与嘉兴港	合资运营乍浦港区码头三期一个泊位集装箱业务
	2008年9月	宁波港与台州港	合资经营台州港海门港区集装箱作业区
	2008年12月	上海港与宜宾港	共同出资建设宜宾港集装箱码头

续表

类型	时间	港口	方案
港口资源集中化	2002年6月	太仓港、常熟港、张家港港	三个港口合一组建成为苏州港
	2006年1月	宁波港与舟山港	宁波港和舟山港正式合并，启用新的港名"宁波—舟山港"
	2006年1月	厦门港与漳州港	厦门湾内原漳州港三港区与原厦门港五港区合并组成新厦门港，成立厦门港口管理局
	2007年1月	防城港港、钦州港、北海港	由"三港合一"整合而成的广西北部湾港
	2008年4月	烟台港与龙口港	龙口港由市管国有独资公司变为烟台港管理的法人独资子公司
	2008年5月	大连港与锦州港	通过股权交易，大连港集团有限公司成为锦州港的第二大股东
	2009年3月	天津港	天津港发展控股有限公司与天津港集团有限公司订立股权转让协议，整合岸线资源
	2009年7月	秦皇岛港、曹妃甸港、黄骅港	河北港口集团有限公司成立，由秦皇岛港、曹妃甸港和黄骅港三大港区合并而成
	2009年8月	莆田港与泉州港	中部莆田和泉州两市港口整合，以湄洲湾港为主体，覆盖湄洲湾、兴化湾南岸、泉州湾
	2010年1月	福州港与宁德港	福州与宁德两市港口整合，以福州港为主体，覆盖三都澳、罗源湾、福清湾、兴化湾北岸

资料来源：作者根据网络资料整理

  中国沿海港口的集中化可以分为两类，一类是港口业务的集中化，一类是港口资源的集中化（茅伯科和张锋，2009）。港口业务的集中化是指一些港口企业正在向港口码头投资经营商转化，通过资本、管理、技术等的输出，建立集疏运网络，进而拓展港口腹地，较为典型的如上海港分别与重庆、武汉、长沙、南昌、芜湖、扬州、大丰、南通、南京等长江沿线的重要港口合作，宁波港与嘉兴、台州、温州，青岛港与日照、威海等港口合资经营集装箱码头。上海港、宁波港、青岛港采取这些举措是希望形成一个完善便捷的物流网，即借助与各港口在资本、业务等方面的合作，将港口的腹地拓展，全面提升港口集装箱吞吐量，形成自身的"喂给港"体系。这一类型还是较为松散的集中化，不同港口的管理仍然独立，只是在部分码头上进行合作。港口资源的集中化是为了突破行政区域限制，按自然资源的最优化利用进行配置，把几个港口的管理机构整合为一个管理机构，或者是通过上市公司的资本运作，以股权融资、债务融资来实现港口与港口间的兼并重组（图3-5）。当前，中国沿海港口体系集中化的主要特点是以地方政府主导的资源整合，通过上市公司的资本整合较少。

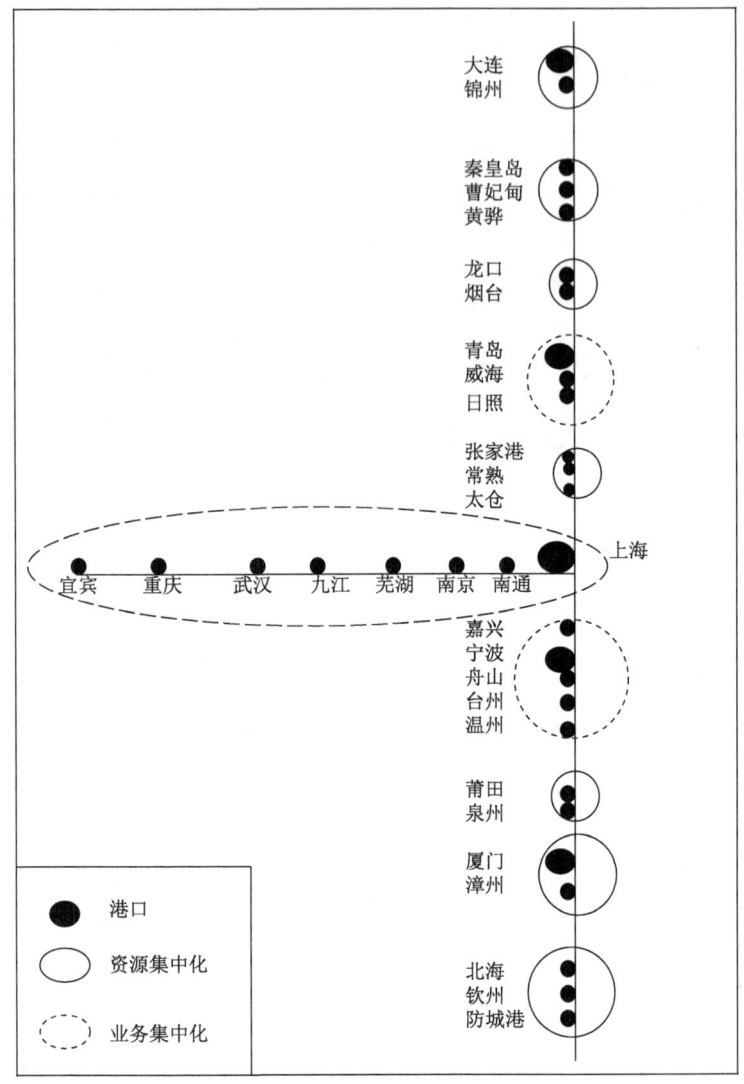

图 3-5 中国沿海港口的集中化

三、中国沿海港口体系分散化与集中化的形成机制

（一）分散化的形成机制

国外学者常用枢纽港的规模不经济来解释港口体系出现的分散化趋势，包

括港口缺少拓展的空间、进出海向腹地和陆向腹地的交通堵塞等，此外，外围港口的挑战、先进多式联运网络的新需求、政府政策、不同的航线选择不同的港口作为枢纽港等也是港口体系呈现分散化的原因（Hayuth，1981，1988；Ducruét et al.，2009b）。在中国沿海港口体系的分散化过程中，上述因素都起到一定的作用，如由于船舶大型化对水深条件提出更高的要求，一些水深条件较好的港口开始崛起（Comtois and Dong，2007），铁路、高速公路等集疏运网络的改善，一些港口得到了腹地的支撑而发展迅速（Rimmer and Comtois，2009）。Hayuth 模型在解释市场动力方面比较有用，但是忽视了对体制环境的考察（Olivier and Slack，2006）。市场的力量不能很好地解释集装箱港口的发展，政治或其他力量也起着非常重要的作用（Loo and Hook，2002）。蓬勃发展的外向型经济导致对海运业务的需求增大，以及港口管理体制下放导致地方政府和港口管理者扩大港口能力的冲动是港口体系呈现分散化的两大主要原因。

经济发展：随着经济全球化的进一步加深，中国逐渐成为"世界工厂"。中国货物进出口总额从 1991 年的 1356.3 亿美元增长到 2007 年的 21 737.3 亿美元（图 3-6）。水路运输承担了中国 90%以上的外贸货物运输量，货物进出口总额的大量增加导致中国港口货物吞吐量和集装箱吞吐量的增加。

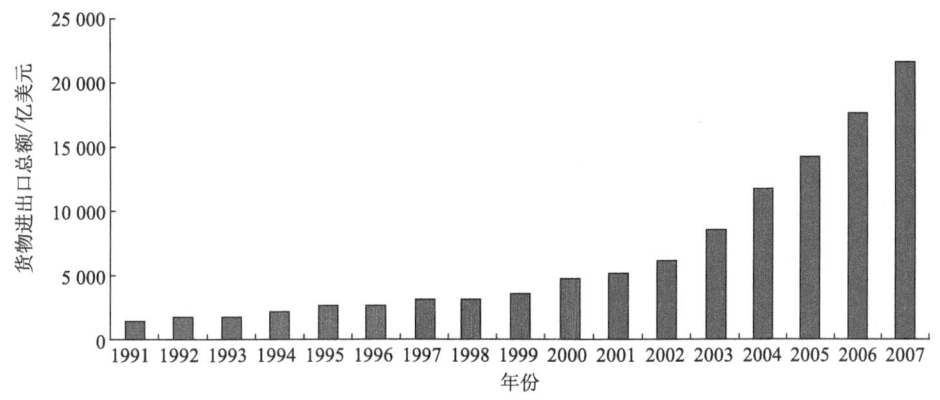

图 3-6　1991~2007 年中国货物进出口总额
资料来源：《中国统计年鉴（1992~2008）》

中国沿海主要港口货物吞吐量从 1991 年的 5.32 亿吨增加到 2007 年的 38.82 亿吨；国际集装箱从 1991 年的 191.9 万标准箱增加到 2007 年的 2953 万标准箱（图 3-7）。中国沿海港口体系的分散化现象是在进出口货物大量增加的推动下出现的。

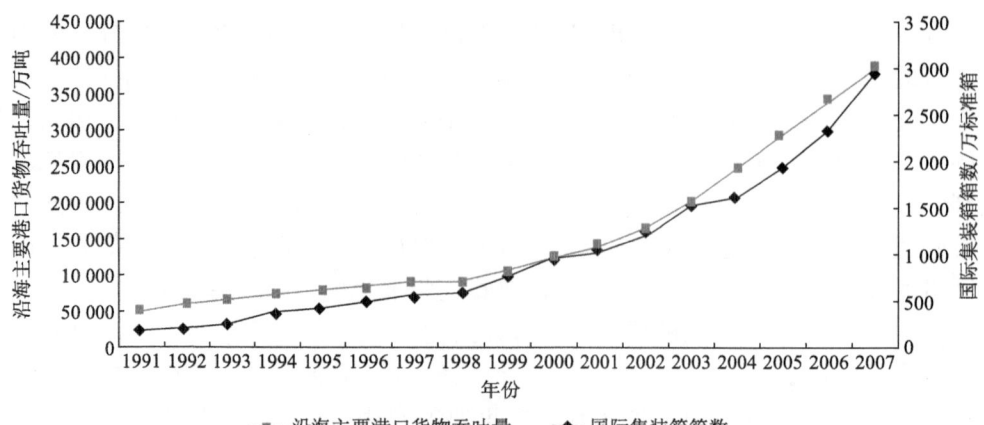

图 3-7　1991～2007 年中国沿海主要港口货物和国际集装箱吞吐量
资料来源：《中国交通年鉴（1992～2008）》

在资源需求全球化的大背景下，拥有一定深水岸线资源的港口城市积极吸引大型石化、电力、造船、钢铁、造纸等企业到港口附近投资设厂（王缉宪，2009）。但是，中国的交通运输仍然存在诸多不便，导致工业向沿海港口附近集聚（Lee and Rodrigue，2006）。枢纽港所在城市及地区的土地价格和商务成本快速上升，新的国内外投资者也都会选择港口条件好但商务成本低的港口城市（Slack and Wang，2002），导致能产生大量货源和集装箱源的制造业转移到周边港口城市，同步带走了货源和集装箱源，如大型钢铁企业和石油化工企业的布局：首钢迁移至曹妃甸，鞍钢在营口、宝钢在湛江、武钢在防城港分别建新厂，以及泉州和惠州的石化项目上马对港口分散化的影响很大。

港口体制改革：中国港口管理体制改革经历了由中央直接管理，到中央和地方政府双重领导，再到港口管理权完全下放地方的过程（Wang et al.，2004）。1984 年以后，国家对沿海和长江干线主要港口的管理体制进行了重大改革，形成了秦皇岛港由中央管理，沿海和长江干线 37 个港口由中央与地方政府双重领导、以地方政府为主的管理体制。2002 年港口管理权下放到地方政府，由中央计划管理改为地方管理，由"以港养港、以收抵支"改为"收支两条线"，取消港口企业定额上缴、以收抵支的办法，同时按照国家税收管理有关规定征缴港口企业所得税。2004 年正式实施的《港口法》首次明确提出，国有、私有和外商投资者在投资建设和经营中国港口时享有相同的待遇，港口多元化投资的闸门进一步打开。国有企业、外资港口经营商和部分民营企业已经成为中国港口投资的主角（Comtois and Dong，2007）。

据表 3-17，1997～2007 年对港口及航道的投资由近 110 亿元增长到约 886 亿元，特别是 2002 年后，投资额急剧增加，1997～2002 年每年平均投资为约 125 亿元，2003～2007 年每年平均投资上升到 629 亿元左右。在大量投资的推动下，中国沿海主要港口的生产用码头泊位数和新增年吞吐量都有大幅增加。1997～2002 年每年平均新增码头泊位仅 127 个，2003～2007 年每年平均新增码头泊位达 286 个，与前期相比，增长了一倍多；其中 1997～2002 年万吨级码头每年仅增加 27 个，2003～2007 年每年新增万吨级码头达 82 个；1997～2002 年每年平均新增年吞吐量为 7177 万吨，港口下放后的 2003～2007 年每年新增吞吐量达 25 180 万吨，是前期的 3 倍多。

表 3-17　1997～2007 年中国水运投资额与新增沿海主要港口码头泊位及年吞吐量

项目	1997 年	1998 年	1999 年	2000 年	2001 年	2002 年	每年平均
港口及航道投资/万元	1 096 585	1 027 361	1 096 585	1 057 736	1 430 647	1 783 736	1 248 775
新增港口码头泊位/个	152	157	152	82	88	128	127
其中万吨级以上/个	46	23	46	12	19	14	27
新增年吞吐量/万吨	12 020	2 882	12 020	4 637	6 545	4 959	7 177
项目	2003 年	2004 年	2005 年	2006 年	2007 年		每年平均
港口及航道投资/万元	2 943 512	4 078 100	6 887 700	8 691 844	8 864 759		6 293 183
新增港口码头泊位/个	160	239	314	347	371		286
其中万吨级以上/个	40	38	83	124	123		82
新增年吞吐量/万吨	7 682	10 935	23 283	44 018	39 983		25 180

资料来源：《中国交通年鉴（1998～2008）》

中国进一步融入世界市场后，大量货物的进出需要港口吞吐能力的增加。而港口管理权下放到地方及《港口法》实施后，日益多元化的投资体制是推动中国沿海港口高速成长最重要的体制动力。有港口的或有建港条件的地方政府纷纷提出"以港兴市"策略，大举建港（Cullinane et al., 2005）。中国沿海各省区掀起了港口建设的热潮。在这两方面的推动下，边缘港口也获得了快速发展，中国沿海港口体系出现分散化的趋势。

（二）中国沿海港口体系集中化的形成机制

在中国，现行政绩考核制度导致地方政府行为短期化和公司化倾向明显，存在以行政区划为核心，追求利益最大化倾向（张丽娟，2008）。港口管理权下放地方及多元化投资渠道形成后，中国沿海各省区纷纷建港，港口体系出现分散化，也带来了诸多负面问题：一些港口的资源配置不科学，没有做到"深水深用，浅水浅用"；码头、泊位建设的同质化现象突出，港口间无序竞争加剧等。为了克服这些问题，中国沿海港口体系又出现集中化趋势。

集中化的不同模式与动力：如前所述，港口集中化可以分为两种类型，一种是港口业务的集中化，另一种是港口资源的集中化。港口业务的集中化是以不同港口合资经营码头为模式的，主要是为了建立集疏运网络，进而拓展港口腹地。由于这是一种较为松散的集中化，合作的港口仍然保持自己的独立性，因此这种模式既有在省内实行的，如宁波港与嘉兴港、温州港、台州港，青岛港与威海港、日照港合资经营集装箱码头，也有跨省一级的集中化，如上海港与长江流域的武汉、重庆、南通、南京等港口合资经营集装箱码头。

港口资源的集中化可以细分为两种模式，一种模式是"一湾多港"合并成一港。处于同一港湾的几个港口，由于行政区划等被人为隔离，岸线资源得不到优化配置，容易导致两岸港口重复建设、恶性竞争，于是港口之间进行合并，较为典型的如宁波-舟山港，福建的厦门湾、湄洲湾等。宁波、舟山两港虽地处同一海域，使用同一航道和锚地，分属同一港域的两侧，相距仅 9 海里[①]，拥有同一经济腹地，但由于行政体制的束缚，却人为地一分为二，造成规划、建设、营运、管理上相互分割，宝贵的岸线资源难以优化配置（李植斌，2004）。近年来，舟山港的发展遭遇了资金和管理的"瓶颈"，而宁波港却拥有充足的资金和规范的管理，但是岸线资源却已剩不多。因此，两港都有集中化的动力。厦门湾北部港口隶属厦门市行政辖区，即传统意义上的厦门港，其下辖东渡、海沧、嵩屿、刘五店、客运五个港口；南部港口是隶属于漳州市行政辖区的漳州港的招银、后石、石码三个港区。"一湾多港"使岸线资源得不到优化配置，因此，对厦门港进行资源整合并实行新的管理体制，成为厦门湾港口发展的必然（武丽红等，2007）。

港口资源集中化的另一种模式是一个省内的大部分港口都合并成同一个港口集团，其目的主要是港口带动区域经济的发展，如河北港口集团、广西北部湾港等。河北希望整合港口体系，推进曹妃甸工业区、沧州临海工业区和秦皇岛临港经济区建设，发展沿海经济，进而带动全省经济发展，而这一经济格局形成的先决条件在于发挥港口整合的作用。港口集中化的原动力主要在于推动城市乃至地区经济的发展，提高城市的声誉和知名度，形成规模经济并获取超

---

① 1 海里(nmi)，1 nmi=1.852km。

额利润（俞树彪，2006）。省级政府希望整合了全省大部分优质资源的港口集团能在与邻省港口竞争中抢占航运制高点，使港口成为整个区域内的发展引擎，使港口所在城市圈在经济发展和贸易竞争中处于区域的核心地位。

地方主义下的政府主导：港口原本只是交通体系中的一个节点，但是在经济全球化的今天，港口工业向柔性和个性化方向发展，港口成为全球生产、销售等整个供应链中重要的节点，港口功能进一步完善，成为全球资源配置的重要枢纽。港口成为城市竞争的重要载体，区域经济发展的重要推动力量。港口体系集中化的推进主要原因是地方政府想要扩大港口知名度，进而提升城市和区域的竞争力。

国外港口体系的集中化都是在市场力量的推动下进行的，而中国港口体系的集中化是由政府自上而下推动的，港口集中化的紧密程度往往与港口所在行政单位的层级与范围有关，港口业务的集中化既有在同一省内进行的，也有跨省一级行政区进行的，而港口资源的集中化一般都在省级行政单位内进行（表3-18）。因涉及人事、财政等利益问题，在同一个行政单位的港口，协调组织较为容易，集中化程度较高，跨行政单位的港口，由于要突破行政区划限制，协调合作的成本较高，集中化程度较低。

表 3-18　中国沿海港口集中化的模式

类型	模式	动力	区域	港口
港口业务的集中化	不同港口合资经营码头	完善集疏运网络	跨省/省内	上海港与武汉港、重庆港、南通港、南京港等港口，宁波港与温州港、嘉兴港、台州港，青岛港与威海港、日照港
港口资源的集中化	"一湾多港"合并成一港	整合岸线资源	省内	宁波港与舟山港、厦门港与漳州港、莆田港与泉州港、福州港与宁德港
	港口合并成一个港口集团	带动区域发展	省内	大连港与锦州港，防城港港、钦州港与北海港，秦皇岛港、曹妃甸港与黄骅港

太仓港、常熟港与张家港港组建成为苏州港，并实行统一领导、统一规划、统一管理和统一政策，这与三港同属苏州市有很大的关系。烟台港与龙口港的整合也与龙口隶属于烟台市相关。厦门港整合漳州港较为成功，也与厦门市较好地处理了人事、财政等问题有关。一方面，厦门市委、市政府提升了厦门港口管理局的行政级别，由原来的市交通运输委员会管理的部门管理机构调整为市人民政府直接管理；另一方面，漳州港原有184名干部职工及其家属都落户到厦门市，他们的工资也成倍增加，原漳州港所属港区的办公楼、车辆等条件也得到较大的改善。宁波港和舟山港虽然从2006年1月1日开始合并，并正式

启用"宁波-舟山港",但现在宁波、舟山两市的港口行政管理仍按属地原则进行,尚未达到统一规划、优势互补、合理分工、共同发展的目标要求。浙江省、宁波市和舟山市都有推动宁波-舟山港集中化的动力,但地方政府的政绩是由经济增量的统计数据来体现的,两港合并之后所产生的经济增量的统计归口问题成为港口集中化的阻力(表3-19)。此外,宁波-舟山港整合中的三方谁起主导作用及能分享多大的利益也是问题的关键。由于行政分割,跨省级行政单位的港口集中化难度更大,由上海、江苏、浙江两省一市所组成的上海组合港管理委员会早在1997年就成立了,但长三角各港口之间实质性的合作则很难推进(Comtois and Dong,2007)。

表3-19 宁波-舟山港集中化的动力与阻力

省市	港口集中化的动力	港口集中化的阻力
浙江省	推动全省经济发展	宁波市是计划单列市,省政府要考虑合港后经济统计数据的归口的问题
宁波市	宁波港资源开发几近极限,而相邻的舟山港优质资源大量闲置	合港后经济统计数据的归口的问题
舟山市	经济发展的需要急于开发利用自有的优质港口资源以促进舟山经济的快速发展	担心合港之后资源被宁波港开发而丧失发展的本钱

资料来源:根据汪长江和杨美丽(2008)的研究整理

第四节 本章小结

国外对港口体系空间结构的研究一般都认为港口体系有一个集中化向分散化线性演变的过程,而对由28个港口所组成的中国沿海港口体系和由19个集装箱港口所组成的三大集装箱港口群的计量分析表明,1990~2007年中国沿海港口体系呈现分散化的趋势。在港口体系分散化的同时,中国沿海又出现集中化的趋势。与国外港口大多为业务集中化不同,中国沿海港口既有业务的集中化,也有资源的集中化。

国外对港口体系分散化的机制研究主要从市场动力的角度进行考察,而缺少从制度和体制等层面的研究。中国沿海港口体系的分散化除了市场动力的作用外,主要由两种因素在推动。其一是中国在2001年加入世界贸易组织(WTO)后,通过海运的进出口货物大量增加,导致对港口的需求增加。其二是在2002

年后港口管理权由中央地方双重管理下放到地方管理，地方政府为了推动本地区的经济发展，增强区域竞争力，掀起港口建设的热潮，而2004年《港口法》的实施，使得多元化投资成为可能，为港口建设提供了资金保障。

中国沿海港口体系的分散化在满足各地货物进出的同时，也产生了很大的问题，港口资源利用不够合理科学，港口之间恶性竞争削弱了整体竞争力。在中国，港口已经成为推动城市和区域经济发展的重要力量，地方政府为了扩大港口知名度，提升城市和区域的竞争力，积极推进港口集中化。由于在同一行政单位内进行港口整合的协调成本较低，由地方政府主导的在省域范围内进行港口整合成为中国沿海港口体系集中化的主要特征。这种由政府主导的港口集中化所带来的诸如没有按市场规律进行资源优化配置、形成港口业务垄断而降低港口服务质量等弊端值得警惕。

第四章
长江沿岸航运网络研究

第一节 近代上海宁波两港的航运网络

交通地理学者研究港口地理大多集中在港口的陆向腹地，包括腹地的可达性、港口区域化、港口体系的演变等陆向联系（Robinson，2002；Notteboom and Rodrique，2005）。事实上，广阔的海向腹地、高效率的港口运营和强大的陆向腹地联系是港口是否具有竞争力的三大决定性因素（Merk，2013）。

上海港和宁波港是长三角地区最重要的两个集装箱港口，2016年上海港以3713万标准箱的吞吐量，连续7年坐稳全球第一的宝座；宁波-舟山港（简称宁波港[①]）2016年的集装箱吞吐量达到2156万标准箱，箱量排名保持在我国港口（不含港澳台地区）第三位，全球港口第五位。由于上海、宁波两港都位于长三角，数十年来，两港之间的关系成为学界和实务界关注的焦点。对于两港的研究大致可以分为两个方面，一种研究主要从竞争与合作的角度出发，提出两港发展的策略；另一种研究从陆向腹地的角度考察两港的集疏运网络、腹地划分等。对于上海、宁波两港的研究大多没有从海向腹地的角度考察两港的航运网络。航运系统可以抽象为由港口和航线构成的网络，本书利用复杂网络的分析工具考察上海宁波两港的航运网络。

港口的航线多寡反映某一港口在港口体系中的地位。如果某一港口的远洋航线密集，这一港口就具备成为枢纽港的条件；如果某一港口只有近洋或沿海支线，则这一港口只是其他港口的支线港。

自19世纪六七十年代宁波港的轮船业兴起之后，宁波港的航线主要有五条：沪甬线，定期每日来往上海、宁波；从广州、香港半月来往上海而经由宁波的航线；一些小快艇如夹板船、海关登记船只，来往宁波、汉口或上海；约

[①] 2006年1月1日原宁波港和舟山港正式合并，但舟山港的集装箱吞吐量较少，本书仍简称为宁波港。

有十来艘快艇,主要来自南洋(东南亚)载运当地货物,或是从华南运来食糖;沪-甬-瓯定期航线(中华人民共和国杭州海关,2002)。总体上,宁波港的航运网络中最重要的航线是往来于上海的航线,上海是宁波出售产品和采购供应的市场,每天有轮船往来,上海向来是我国进行商业的中间媒介。宁波和外国航运往来很少,偶尔有一艘轮船从日本装了煤来,这就是直接交通(中华人民共和国杭州海关,2002)。1905年的宁波英国领事贸易报告认为"上海充当了宁波所有其他货物的分配中心。这是由于某些商品,如煤油,从这条道上运输比较方便,而有些商品,如丝织品,当地商人更愿意到上海这一较大的市场上去收购,因为在那里他们有更大的选择余地"(陈梅龙和景消波,2001)。另外,随着多家轮船公司投入沪甬线,各轮船公司竞相降低运费以拉拢货源,宁波港的"外洋径运贸易今有减色之兆,香港及日本之货,大半现由上海转口运来"(中华人民共和国杭州海关,2002)。

定期航线往往可以成为衡量港口在世界航运链中是否重要的一个最直观的指标(Weigend,1958)。据表4-1,20世纪30年代宁波港的定期航线仅集中在往上海、温州、黄岩、衢山、宁海、普陀等地,这就表明宁波港的辐射半径非常小,对外贸易更多的是通过上海港展开的。

表4-1 20世纪30年代宁波港外海轮船表

目的港	船名	经过各地
上海	新江天、宁绍、泓兴、宁兴、北京	镇海、吴淞
温州	宝华、永安、新海门	镇海、定海、石浦、海门、坎门
黄岩	黄岩、南海、鳌江	镇海、定海、石浦、海门
衢山	东海	镇海、定海、沈家门
宁海	宁象、普兴、朝阳	镇海、定海、象山
普陀	普兴、定海	镇海、定海、沈家门
三北	三北	镇海、定海、沈家门
穿山	姚北	镇海
龙山	镇北	镇海
嵊山	岱山	镇海、岱山
沥港	捷兴	镇海

资料来源:《鄞县通志》,舆地志,寅编,交通

与宁波港相比,上海港的近洋、远洋航线更为密集、航班更为频繁。19世纪60年代以后上海港的远洋运输日益发展,轮船公司开辟的航线不断增多,《上

海对外贸易(1840~1949)》对此曾有详述(上海社会科学院经济研究所,1989)。20世纪初,上海港已经架构起往欧洲、美国、加拿大、澳大利亚、印度等的远洋航线,往日本的港口城市和符拉迪沃斯托克等的近洋航线,往中国北方、南方等的沿海航线,以及长江各口的内河航线(Dingle,1917)。上海港的航线架构由原来局限于东亚地区转变为洲际性的,上海港也由区域性的港口成为国际性的枢纽港。

到1936年,全国500总吨以上的中国资本轮船企业共99家、船404艘,其中总部设在上海的有58家、船252艘;以上海港为始发港或中继港的航线总计在100条以上(倪红,2005)。中外轮船公司大多以上海港为中心,把总公司设在上海,然后向中国沿海南北两翼和长江流域架设支线。例如,太古洋行在上海开业于1867年,此后在香港、广州、汕头、厦门、福州、宁波、镇江、南京、芜湖、九江、汉口、宜昌、芝罘、天津、牛庄,以及日本的神户、横滨设置分行,总公司设在上海(Wright,1990)。1872年12月清政府在上海设立的轮船招商局,其航线布置主要以上海港为中心,"大概以上海为起点,略分长江下游及南北洋各埠为终点"(聂宝璋和朱荫贵,2002)。1873年其经营的航线有:上海-天津、上海-烟台-天津-牛庄、上海-汉口、上海-汕头-香港-广州、上海-宁波、上海-吕宋、上海-长崎-神户(张后铨,1988)。在经营上海至欧洲各港口城市航线的十几家轮船公司中,太古洋行经营的蓝烟囱轮船公司规模最大,1920年对蓝烟囱轮船公司的调查表明,该轮船公司经驶上海港的航线约有10条,包括中欧线(即利物浦至上海);中日南洋欧洲线(自横滨、神户、上海经新加坡而至英、德、荷等国家的港口城市,有时兼赴比利时的安特卫普);中日线(自上海至横滨、神户并长崎、门司);上海至打狗(现名为高雄)、大连线;南洋中日线;扬子线(从英国的港口城市至汉口、天津等);南洋至上海线(自槟榔屿、新加坡直至上海);利物浦至日内瓦及哈佛(法国Le Havre——作者注)线(也须经行上海);中英法线;瑞士的港口城市至上海线(据1921年1月3日《申报》)。由这10条经过上海港的航线可以看出,上海港在整个航运体系中占有重要地位。

上海港在日本和中国的航运联系中起着非常重要的作用。在上海港和日本的港口城市之间有数条定期航线:上海-横滨线,停泊地为神户、门司、长崎;上海-神户线,停泊地为长崎;上海-长崎线。1924年日本对华北各口"命令航线"的补助中,共补助三条航线,即长崎-上海线、神户-上海线和横滨-上海线(聂宝璋和朱荫贵,2002)。这反映了上海港在中日航运网络中的重要地位。

以上主要论述了开埠之后上海和宁波两港的航运网络。上海港主要有五条航线,从上海港出发,通过这五条航线,即可到达美国、加拿大、欧洲、日本、澳大利亚等国，也可驶抵大连、天津、烟台、青岛、宁波、福州、厦门、台湾、汕头、广州、香港等中国沿海城市，同时可以沟通长三角的众多市镇，并把长江流域纳入自己的腹地范围。长江航运、沿海航运和欧亚远洋航运汇聚于上海港，大大强化了上海港在国际贸易网络中所扮演的角色。如果说长江航运的联通，使上海港在长江流域的地位从地区性港口跃升为流域性港口（戴鞍钢，1998），那么远洋航运的联通，则使上海港从流域性港口跃升为世界性港口。宁波港开埠之后也曾有五条航线，但是随着上海港的迅速发展，宁波港的远洋航线不断萎缩，较为发达的只是沪甬航线。

伴随着上海港的兴起，宁波港的地位日渐下降。戴行绍曾在《宁波历史之受地理的支配》中对此也有论及，"在上海未开港以前，若山陕之皮毛，川广之药材，闽之楂、赣之磁，或以水连，或以陆连，云集宁波，而后分连至各地……及鸦片战后，上海以渔火之孤府，一跃而为全国经济之首都。而贸易自昔称盛之宁波，今反不能兴八大渔港之列（上海、大连、天津、汉口、广州、青岛、汕头、安东）。且在海关册上，贸易额日减删，亦有地理之原因在焉"（黄伟明，1999）。《中国经济全书》[①]也注意到两地在开埠前后的不同命运，上海港"其位置扼扬子江之咽喉，当南北交通之要冲，逐日趋于发达，而宁波则反之。盖上海开港以前，中国中部之外国贸易，以宁波为枢要，宁波商人以其民船再输入内地，以握内外商业之权。至上海发达，交通较宁波为便，外国商人渐集中于此，遂致招宁波商业之衰颓，宁波之商业，渐尽为上海所夺"。《全国商埠考察记》同样认为宁波商业，"在未开埠以前，繁盛甲于全国。自从五口通商实行之后，上海港辟，商业就为上海所夺，日渐衰败。到了杭州开埠，沪杭之间，交通便利，宁波的通商范围，日小一日了"（王钟麟，1921）。

第二节　近年来上海宁波两港航运网络

一、两港在中国航运网络中的地位比较

据图 4-1～图 4-4，2004～2012 年，上海港和宁波港航运网络中所含港口、

[①] 日本东亚同文会. 1908. 中国经济全书（第二辑）。

航线和网络密度都有显著的增加。其中，2004 年上海航运网络中包含 137 个节点（港口）和 411 条边（航线），2012 年增加至 257 个节点和 889 条边，港口数增长至 1.88 倍，航线增加至 2.16 倍；2004 年宁波航运网络中包含 116 个节点和 259 条边，2012 年增加至 187 个节点和 588 条边，港口数量增加至 1.61 倍，航线增加至 2.27 倍（表 4-2）。2004~2012 年，上海航运网络中包含港口数量的增长快于宁波航运网络，航线数量增长则慢于宁波航运网络，由此可知，从航运网络的广度看，上海港的增长快于宁波港，航运网络中的航线密度则慢于宁波港。

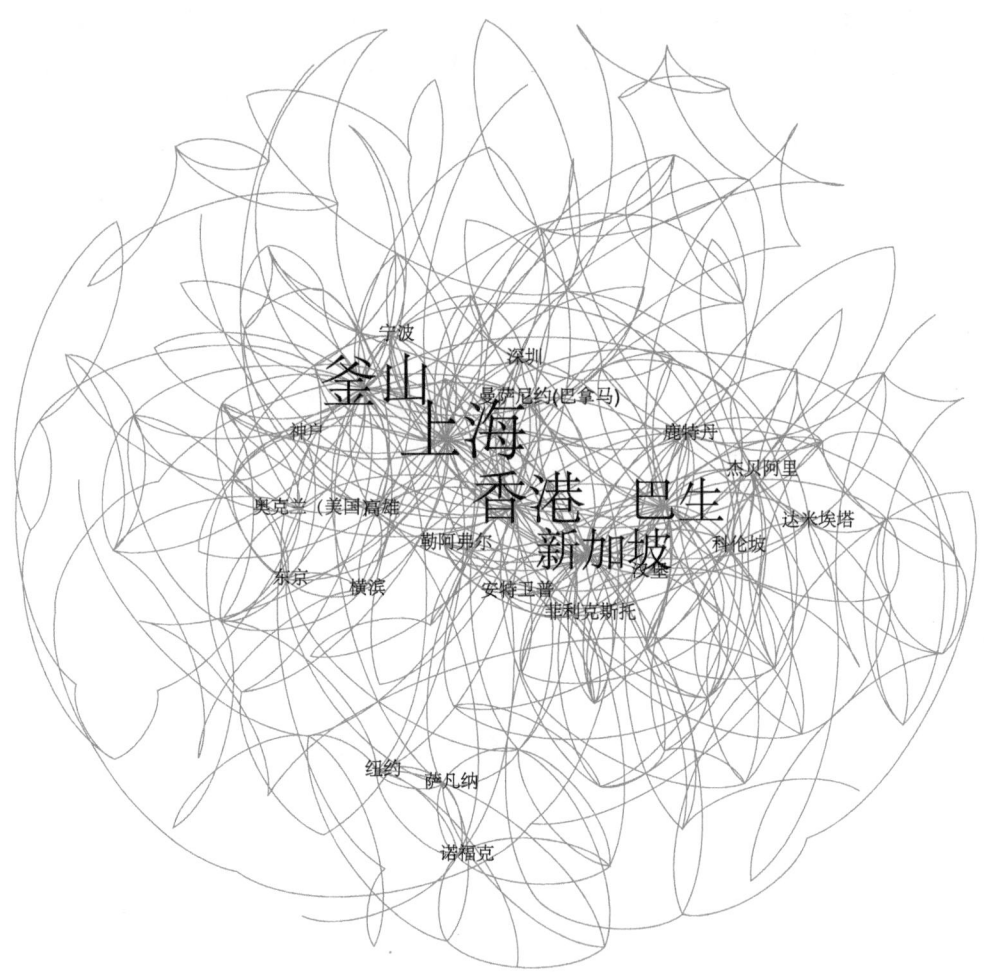

图 4-1　2004 年上海航运网络
根据本书研究的精度需要，只列出度 ≥10 的港口

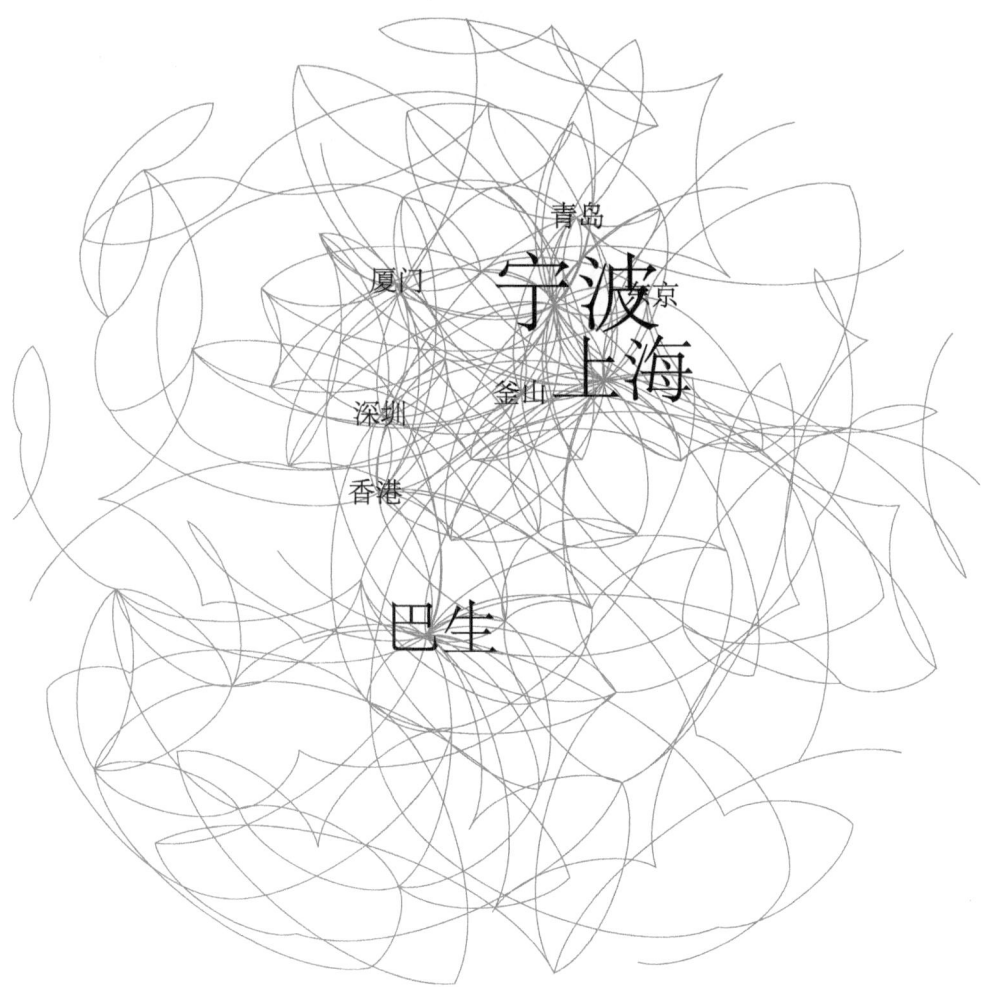

图 4-2　2004 年宁波航运网络
根据本书研究的精度需要，只列出度≥10 的港口

互联互通：中国航运网络的结构与演化

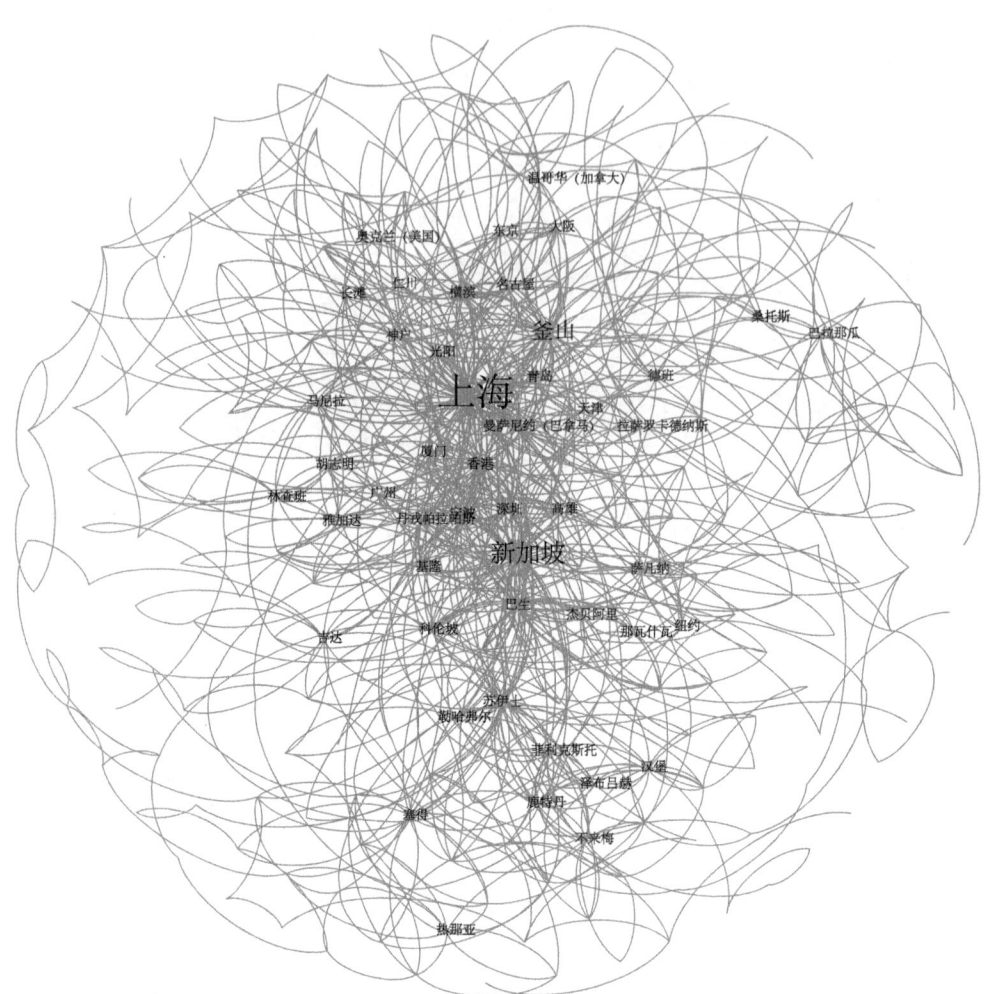

图 4-3　2012 年上海航运网络
根据本书研究的精度需要，只列出度≥10 的港口

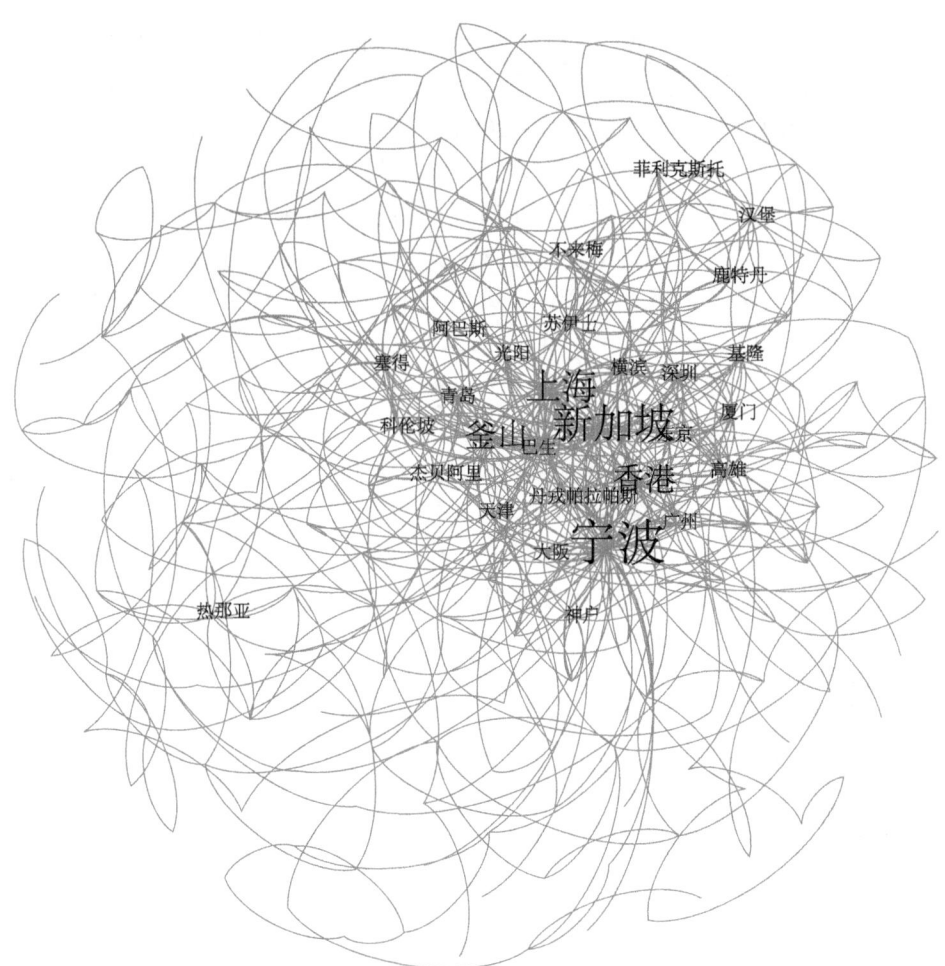

图 4-4 2012 年宁波航运网络
根据本书研究的精度需要，只列出度≥10 的港口

表 4-2 上海和宁波航运网络的数据

港口	年份	节点	边	平均度	平均路径长度	平均聚类系数
上海	2004	137	411	3.000	4.254	0.189
	2012	257	889	3.459	4.226	0.228
宁波	2004	116	259	2.233	5.25	0.135
	2012	187	588	3.144	4.353	0.198

平均度（average degree）是用来衡量航运网络的密度。据表 4-2，2004 年上海港和宁波港的平均度分别为 3.000 和 2.233，2012 年上海港和宁波港的平均度分别增加至 3.459 和 3.144；上海港航运网络的密度高于宁波港航运网络，但宁波港航运网络密度增长比上海港快。平均路径长度（average distance）表

明网络中节点间的离散程度，能衡量网络的全局特性（卢鹏丽，2013），也即网络的整体效率。在航运网络中，平均路径长度表示在该网络中任意两个港口连接需要中转的平均次数，如上海港 2004 年航运网络的平均路径长度为 4.254，这意味着从任何一个港口出发，平均只需要中转 4.254 次就可以到达另外任何一个港口。平均路径长度能衡量某个航运网络货物运输的整体网络效率，数值越小，说明航运网络中货物运输越便捷。总体上看，上海航运网络比宁波航运网络效率更高、货物运输更便捷，宁波港与上海港航运网络的平均路径长度差由 2004 年的 0.996 减少到 2012 年的 0.127，说明宁波港航运网络的运输效率已经在快速接近上海港了，但考虑到上海港航运网络连接了更多的港口节点，上海港的运输便捷性仍明显强于宁波。

度和介数是刻画港口航运网络中心性与中介性的重要指标。据图 4-5，2004～2012 年，上海港在中国航运网络中的度一直排名第一；宁波港的度在 2004 年仅排在第 11 位，2012 年排名已上升至第五位。在 2004 年的中国航运网络中，上海港的介数落后于新加坡港而排名第二，到 2012 年已经超过新加坡港上升至第一位；宁波港在介数排名上进步更加明显，2004 年，宁波港的介数排名仅列第 19 位，2012 年则上升至第六位，仅落后于上海港、新加坡港、釜山港、香港港和巴生港。在中国大陆各港口中，宁波港的中心性与中介性仅落后于上海港而排在第二位，高于深圳港、厦门港、青岛港、广州港等，说明宁波港在中国航运网络中的影响力有了很大的提升。

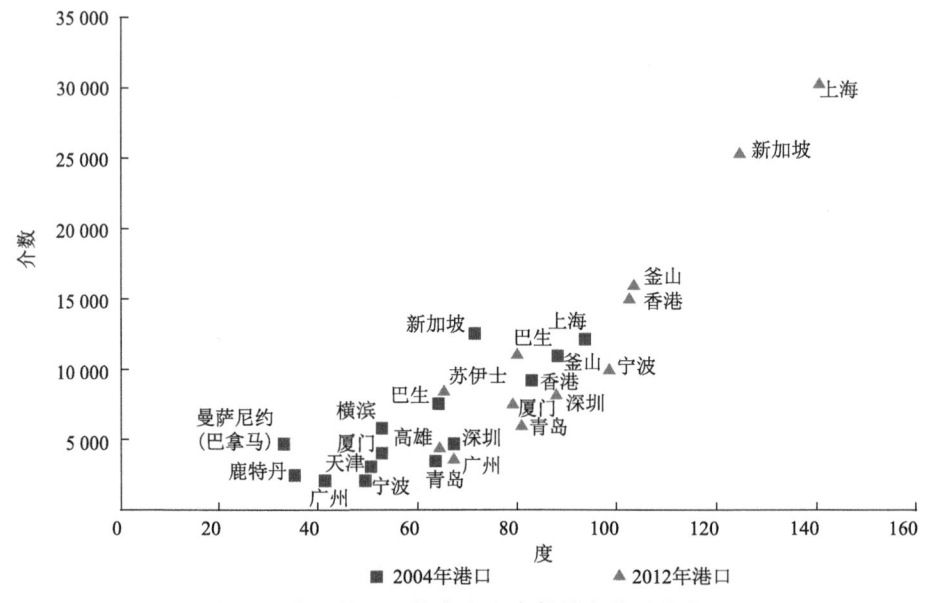

图 4-5　中国航运网络中度和介数排名前列的港口

二、两港的航运网络覆盖范围

本书以航区为航运网络的基本空间单元,考察两港在不同时期的航运网络覆盖范围。据表 4-3,2004 年宁波港在东亚和南美西航区的覆盖范围超过上海港,特别是在东亚航区,宁波港挂靠了 21 个港口,上海港仅挂靠 11 个港口。但在其他 12 个航区中,上海港的航运网络覆盖范围都比宁波港大,上海港航运网络在中东、南美东、北美东、地中海四个航区占有较强的优势。2015 年,上海港在东亚和东南亚具有更大的覆盖范围,其中在东亚航区挂靠的港口达 47 个,宁波港仅挂靠了 24 个,上海港在东南亚挂靠的港口也比宁波港多了 5 个。但是在其他航区如地中海、西北欧、南亚、北美东西两岸、南美东西两岸、非洲东西两岸等两港覆盖的港口数一致或相差不大。在中东和澳新,宁波港挂靠的港口数还超过了上海港。

表 4-3 2004 年、2015 年上海宁波两港在各航区中的港口数量及地区覆盖

(单位:个)

航区		中东	地中海	北美东	东南亚	西北欧	北美西	东亚	南亚	南美东	非东	南美西	非西	澳新
2004 年港口	上海	19	19	13	12	12	11	11	6	6	5	5	4	3
	宁波	9	13	7	8	9	7	21	5	0	5	7	1	0
2015 年港口	上海	20	24	35	27	24	19	47	8	20	9	11	5	14
	宁波	23	24	33	22	23	19	24	7	20	9	11	5	16

注:王成金(2008a)的《全球集装箱航运网络的空间组织》论述的 13 个基本航区包括东亚、东南亚、南亚、澳新、中东、地中海、西北欧、北美东和北美西、东非、西非、南美东及南美西。本书以上述 13 个航区作为研究单元,黑海地区港口划到地中海,南太平洋岛国划到澳新航区,俄罗斯临日本海港口划到东亚航区。

三、两港不同航区中的首位港

据表 4-4,2015 年,上海港和宁波港航运网络在各个航区的首位港保持一致,仅在非洲西岸的航区中上海港的首位港是洛美,宁波港的首位港是拉各斯。另外 12 个首位港可以分为两类:一类港口处于交通要道,是重要的中转港,如新加坡、苏伊士、曼萨尼约(巴拿马)、科伦坡等;另一类港口位于门户位置,如桑托斯、鹿特丹、釜山等,正因为如此,这些港口成为两港航运网络中非常重要的挂靠港。

虽然两港在不同航区中的首位港较为统一，但两个航运网络中的首位港的连接度差别大。宁波港虽在不同航区中都与上海展开了竞争，港口的辐射范围较为接近，但首位港的联系频率逊于上海港。比较两港不同航区首位港的度数比重（简称首位度比）：2004 年宁波港的首位港度数接近上海港，首位港都集中在近洋航线：东南亚航区宁波航运网络的首位港巴生港与上海航运网络的首位度比为 0.72；地中海航区、北美西和南美西航区宁波占上海航运网络的首位度比均为 0.67；西北欧航区宁波航运网络的首位港与上海航运网络的首位港鹿特丹的首位度比是 0.53，宁波处于多首位港连接状态；其他航区宁波航运网络的首位港度数与上海航运网络中首位港度数的比重在 0.29~0.5，差距较为明显，且澳新和南美东航区宁波没有港口通航。2015 年，宁波首位港度数与上海的差距在不断缩小：各航区宁波和上海首位度比在 0.61~1.3，宁波在南亚、非东和南美西的首位港度数大于上海，在南美东航区和非西航区首位港度数相同，同时这些非东、非西首位港度度不高；其他宁波航运网络中的首位港度数都小于上海航运网络中的首位港。由此可知，2004 年，宁波与上海的联系度最为接近的首位港位于近洋航线连接的如东南亚航区，以及地中海和北美西航区等东西向传统市场。2015 年宁波与上海首位港度数的差距在不断缩小，且宁波在首位联系度不是很大的航区如南美西、非西、非东有强于上海的趋势，部分航区上海港的多元化选择导致首位联系度不高。

表 4-4 两港不同航区中的首位港

航区	2004 年上海	2004 年宁波	宁波/上海首位度比	2015 年上海	2015 年宁波	宁波/上海首位度比
东南亚	巴生（32）	巴生（23）	0.72	新加坡（83）	新加坡（73）	0.88
南美西	卡亚俄（3）	卡亚俄（2）	0.67	卡亚俄、伊基克、瓦尔帕莱索（10）	伊基克（13）	1.3
北美西	奥克兰（美国）（12）	奥克兰（美国）（8）	0.67	曼萨尼约（巴拿马）（21）	曼萨尼约（巴拿马）（20）	0.95
地中海	比雷埃夫斯（9）	马耳他（6）	0.67	巴萨罗那（18）	巴萨罗那（16）	0.89
西北欧	鹿特丹（15）	鹿特丹、安特卫普（8）	0.53	鹿特丹（39）	鹿特丹（27）	0.69
南亚	科伦坡（12）	科伦坡、卡拉奇（6）	0.5	科伦坡（10）	科伦坡（13）	1.3
非西	拉各斯、特马、洛美（4）	拉各斯、特马、洛美（2）	0.5	洛美（8）	拉各斯（8）	1

续表

航区	2004年上海	2004年宁波	宁波/上海首位度比	2015年上海	2015年宁波	宁波/上海首位度比
中东	达米埃塔（12）	达米埃塔、塞得港（6）	0.5	苏伊士（33）	苏伊士（26）	0.79
东亚	香港（36）	香港（15）	0.42	釜山（55）	釜山（47）	0.86
北美东	萨凡纳（11）	金斯敦、萨凡纳、诺福克、巴拿马、科隆（4）	0.36	萨凡纳、纽约（17）	萨凡纳（17）	1
非东	德班（7）	德班（2）	0.29	德班、开普敦（6）	德班（7）	0.17
澳新	墨尔本（6）			布里斯班（13）	布里斯班、墨尔本、悉尼（12）	0.92
南美东	里奥格兰德（4）			桑托斯（18）	桑托斯（11）	0.61

注：括号中的数字为该港口的度数；在东亚航区中首位港不考虑上海和宁波

四、两港主要航线的比较

据表4-5，2004年上海、宁波两港航运网络中最重要的航线主要集中于传统东西向航区如亚洲、北美、西北欧、地中海、中东和南亚，且在近洋航线的东南亚、东亚地区的重要港口连接频率高于其他地区。此外，上海港与美国东岸的纽约、萨凡纳、诺福克等建立了紧密的联系，但是宁波港与美国东岸港口未建立主要航线。2015年两港主要航线的分布格局与2004年比保持基本不变，依然是传统的东西向航线。新加坡与两港依然保持着最重要的联系，釜山和巴生与两港之间的联系也非常紧密；苏伊士和汉堡等港口的连接不同程度加强。同时，上海港与南美东岸的桑托斯、宁波港与南美西岸的伊基克也建立了紧密联系，权重都大于20。与2004年相比，主要航线最大的变化是2015年上海港与美国东岸港口的权重都小于20，而宁波港则取而代之，与美国东岸的纽约、萨凡纳、诺福克之间航线的权重都大于20。从主要航线的角度可以看出宁波港近年来的发展势头非常强劲。

表4-5 上海宁波航运网络中权重前20的航线

上海2004年		宁波2004年		上海2012年		宁波2012年	
航线	权重	航线	权重	航线	权重	航线	权重
上海 香港	22	宁波 上海	24	上海 宁波	43	宁波 上海	62

续表

| 上海 2004 年 || 宁波 2004 年 || 上海 2012 年 || 宁波 2012 年 ||
航线	权重	航线	权重	航线	权重	航线	权重
香港 新加坡	18	上海 宁波	18	上海 香港	37	上海 宁波	62
深圳 香港	12	香港 深圳	10	上海 釜山	35	宁波 深圳	23
上海 釜山	11	宁波 香港	8	宁波 上海	34	香港 深圳	18
香港 深圳	10	深圳 新加坡	7	香港 深圳	32	宁波 香港	17
上海 深圳	8	深圳 香港	7	上海 大阪	18	深圳 新加坡	17
上海 巴生	8	宁波 深圳	6	深圳 新加坡	18	釜山 上海	16
上海 宁波	7	宁波 厦门	5	香港 新加坡	18	上海 釜山	14
釜山 上海	7	深圳 巴生	5	大阪 神户	17	香港 新加坡	14
香港 上海	6	新加坡 巴生	5	上海 深圳	13	深圳 香港	11
深圳 新加坡	5	宁波 釜山	4	东京 横滨	13	深圳 丹戎帕拉帕斯	10
深圳 巴生	5	上海 釜山	3	深圳 香港	12	釜山 光阳	10
新加坡 香港	5	厦门 深圳	3	新加坡 巴生	12	宁波 高雄	9
宁波 上海	5	香港 巴生	3	宁波 香港	12	宁波 厦门	7
釜山 长滩	5	长滩 奥克兰	3	香港 上海	12	新加坡 巴生	7
上海 神户	4	青岛 宁波	3	深圳 丹戎帕拉帕斯	11	上海 香港	6
厦门 深圳	4	釜山 上海	3	釜山 上海	11	宁波 釜山	6
香港 高雄	4	上海 神户	2	釜山 光阳	11	宁波 广州	6
汉堡 鹿特丹	4	上海 福山	2	上海 东京	10	深圳 宁波	6
宁波 香港	4	上海 石垣	2	上海 名古屋	10	深圳 巴生	6

第三节 长江沿岸港口城市航运网络结构

千百年来，长江流域以水为纽带，连接上下游、左右岸、干支流，形成经济社会大系统。中华人民共和国成立以来特别是改革开放以来，长江流域经济社会迅猛发展，综合实力快速提升，是我国经济重心所在、活力所在。作为流域经济，长江经济带要实现上中下游协同发展、东中西部互动合作，航运服务业是重要的载体①。

早期对港口城市的研究主要集中在实体物流上，Taaffe 等（1963）、Rimmer（1967）、Hilling（1977）通过港口吞吐量和航线数量等定性总结和改进港口体系演化模型，并得到一些学者的在不同区域的实证、挑战与改进（Notteboom and Rodrigue，2005；Hayuth，1988）。以长江为区域尺度的研究中，Veenstra 和 Notteboom（2011）从吞吐量集聚、空间集聚及外部投资者的影响的角度分析长江港口体系发展演化特性。Yang 和 Wang（2017）分析了长江流域运输港口体系及一程接卸港和二程转运港的合作模式。Zheng 和 Yang（2016）设计了长江港口间核-辐协作模式。国内研究中，曹有挥等长期关注长江港口体系的变化发展，研究范围从早期安徽区段、长江下游到整个长江港口均有涉及（曹有挥，1999a，1999b，1999c，1998，1995），对于长江港口体系的早期研究是从港口吞吐量及集装箱货物流衡量港口集散和空间结构，在其后的研究中引入港口城市的社会或者交通区位的影响对港口体系规律进行定量研究（曹有挥等，2015，2001；曹卫东等，2004）。上述研究从货物流到综合因素评价港口层级体系，但没有体现长江港口城市间的网络化协作与运输关系。

港口城市网络成为近年来研究港口地理学的关键视角，主要从航线网络角度出发，强调航线的空间组织和船舶的挂靠系统，是企业微观行为的宏观表现（王成金，2012）。复杂网络研究方法使得网络可以定量化，航线 O-D 数据构建的网络成为研究的重点对象，得出区域内港口体系规律即空间结构、等级关系、集散情况和功能特性等。例如，Kaluza 等（2010）使用上万条船舶运输网络研究散货船、集装箱船及运油船复杂网络特性与异同。Woolley-Meza 等（2011）将全球航空网络和货物运输网络的复杂网络特性作对比。杜超等（2016）利用集装箱航运网络得出长江港口总体地位较低，上海和张家港地位作用突出，武汉转运能力强。

综上所述，港口网络多是以实体物流的航线为基础构建网络，通过航线的挂靠形成联系关系，也有学者尝试从企业的视角解释港口结构（王成金，2008b），或借助复杂网络方法探索港口体系（叶士琳等，2017），但仍然停留在货运物流层面。当前，现代航运服务业作为航运中心建设的核心内容和软实力，已经成为港口城市提升城市竞争力、形成集聚和辐射力的一个重要抓手，因此航运服务业作为航运软环境建设的关键内容越来越受到重视（葛春风和黄小彪，

---

① 2016 年 1 月 5 日习近平在重庆召开的推动长江经济带发展座谈会上的讲话。

2010；金嘉晨和真虹，2010）。但目前关于现代航运服务业的研究中，大多是以单个港口或单个城市为研究尺度，研讨港口或城市航运服务业发展的不同特征（葛春凤，2015；王列辉和宁越敏，2010；王列辉，2009；陈继红等，2008）。或者研究航运服务业不同门类的特性和发展情况，如高附加值的航运金融，或较为基础性的航运服务业如修造船（Lee and Sarder，2011）。港口间服务联动与协调的研究国内外学者也有关注（Ha，2003；汪传旭，2014），但将高端航运服务业纳入定量化港口网络研究的较少。本书利用航运服务业数据，探究长江沿岸港口城市网络。

一、航运服务业与城市网络的构建

（一）研究范围

本书将研究的地理范围定位为 26 个长江干流沿线的港口城市，其中包括 4 个上游港口城市（攀枝花、宜宾、泸州、重庆）、8 个中游港口城市（宜昌、荆州、岳阳、武汉、黄石、黄冈、鄂州、九江）和 14 个下游港口城市（安庆、池州、铜陵、马鞍山、芜湖、南京、镇江、常州、扬州、泰州、江阴、南通、苏州、上海）。在行政区划上，除上海、重庆为直辖市，江阴为县级市外，其余均为地级市。

（二）模型选择

泰勒城市网络连锁模型（interlock network）是世界城市网络测度的重要工具，用来衡量在全球化背景下，要素资源在全球范围内的协调与配置能力，也是衡量全球城市全球控制力的重要手段（Taylor，2001）。通过对排名前列的生产性服务业部门的企业进行服务值判定（表 4-6），构建公司-城市的服务值矩阵，再通过泰勒城市网络连锁模型转换为城市-城市矩阵，计算城市与城市的联系度和单个城市的中心度，以此反映城市在整体网络的位置及城市相互之间的联系与协调水平。

表 4-6　公司服务值判定标准

公司分布情况	服务值判定
没有设立机构网点	0
设立一般机构网点、办事处，或者规模较小	1

续表

公司分布情况	服务值判定
设立一般机构网点、分公司	2
设立一般机构网点、分公司，或者规模较大	3
设立地区总部或者关键网点	4
设立公司总部	5

注：对于分支机构的规模大小的判断标准：除办事处与总部可以直接赋值外，分公司在 2～4 服务值的赋值标准即分公司的大小判定上，参考了企业官网和企业信息查询软件中的分支机构分布、注册资本与企业评分

城市联系可通过多个公司的总部与分支的城市归属来搭建，航运服务业矩阵 V 中两个港口城市的联系以一个航运服务业公司为连接点。

$$R_{AB,j} = V_{Aj} V_{Bj} \tag{4-1}$$

式中，$R_{AB,j}$ 表示单位链接（elemental interlock），为 A 城市和 B 城市之间在 j 公司的服务值；V_{Aj} 为 A 城市在 j 公司的服务值；V_{Bj} 为 B 城市在 j 公司的服务值。将 A，B 两城市所有公司单位链接加总，得到如式（4-2）的城市链接（city network）（倪鹏飞等，2011）：

$$R_{AB} = \sum R_{AB,j} \tag{4-2}$$

当有 n 个城市时，每个城市与另外 $n-1$ 个城市形成城市链接，因此这 $n-1$ 个链接值的总和构成了该城市的总联系度：

$$C_A = \sum_i R_{Ai} (A \neq i) \tag{4-3}$$

式中，C_A 为 A 城市的总联系度；R_{Ai} 为 A 城市与除本城市之外（$A \neq i$）不同城市之间的联系度。而将所有城市的总联系度加总得到所有城市总连接量 TC。

$$\text{TC} = \sum_i C_i \tag{4-4}$$

式中，C_i 为 i 城市的总联系度。我们得到每个城市的总联系度是为了方便衡量和比较，将数值进行归一化处理，得到介于 0 到 1 的数值序列。

$$N_A = \frac{C_A}{C_F} \tag{4-5}$$

式中，N_A 为归一化城市总联系度；C_A 为 A 城市总联系度；C_F 为所有城市中联系度最高的城市的值。

在网络分析中，单个节点之间的具体角色划分很难界定，但是放在整体区块里，通过衡量区块内的实际网络联系与期望的网络联系对比，可以衡量区块间的角色关系。在关联网络中，共分为四种角色：第一种是孤立者位置，其成员与外界不发生联系；第二种是谄媚者位置，其成员与其他区块的成员之间的联系比与自己区块内部成员之间的联系多，并且没有接收到多少外来的联系；第三种是经纪人位置的成员，既发送也接收外部联系，其内部成员之间的联系比较少；第四种是首属位置，其成员既接收来自外部成员的联系也有来自自身成员的联系（Wasserman and Faust，1994；刘军，2006）。

本书通过块模型的分区和凝聚子群的功能，聚类判断港口联系的区块划分，将港口分类并得出区块内所有港口的共同特性。块模型是从地位层次而非单独行动者的角度来阐述的，将研究对象分块可以使区块内与区块间的联系更直观清晰地展现出来。

（三）数据来源和指标解析

航运服务业是围绕航运和海事活动而形成的服务产业，为保证航运服务业网络构建的全面性与代表性，本书以服务业附加值的大小为划分依据，选取 3 个高端航运服务业门类、2 个中端航运服务业门类、2 个低附加值服务业部门进行量化研究。

如表 4-7 所示，企业数据均来自行业协会与统计年鉴。对企业名单以企业所在地为准，从中挑选企业构建企业数据库，选择标准为：至少有两个分支机构落在研究区域中的企业；分支机构信息可获得性强且信息完整。符合标准的企业数分别为：银行企业 52 家、律师事务所 65 家、航运保险业 31 家、货代物流企业 60 家、船舶代理企业 200 家、仓储企业 44 家、修造船企业 40 家，构建企业-城市的矩阵，计算以城市联系度为基础的港口城市无向加权网络。

表 4-7　航运服务业指标选取及主要含义

服务业附加值	类型	释义
高端航运服务	航运金融	航运金融通常是指航运企业运作过程中发生的融资、货币保管、兑换、结算、融通等经济活动而产生的一系列与此相关业务总称（戴勇，2010）。本书选用 2017 年"中金在线年度最佳银行"入选银行名单

续表

服务业附加值	类型	释义
高端航运服务	航运保险	航运保险具有为海上运输提供转移风险、均摊损失及损失补偿等功能。包括货运保险、船舶保险和保赔保险,海事责任保险,物流责任保险等(梁叶,2010)。本书选用2017年上海航运保险协会会员名单
	海事法律	海事法律是调整海上运输关系和船舶关系的相关法律服务。本书选用2017年"钱伯斯"律师事务所排名中,涉及的海事商事及争端解决的律师事务所
中端航运服务	货代物流	货代物流是将分散的海运、陆运、空运、仓储业有机地结合在一起,向货主提供比货运或货代企业更全面、更系统加工、包装、装卸、仓储、运输、分拨、报关、报验等一体化服务。本书选用2017年《中国物流年鉴》货代物流企业100强名单
	船舶代理	船舶代理是根据船舶经营人的委托办理船舶有关营运业务和进出港口手续的工作。船舶代理单位办理的业务包括组织货物运输,如组织货载等,安排货物装卸、代办财务有关业务和船舶租赁、买卖等。本书选用2017年中国船舶代理及无船承运人协会公布的国际船舶代理业务备案企业名单
低端航运服务	仓储服务	仓储服务是由保管人储存存货人的货物并支付费用。本书选取的是2017年《中国物流年鉴》全国仓储企业100强名单
	船舶修造	船舶修造是为航运船舶提供修理与检修服务。本书选用船舶修理企业完成修船产值的50强名单和中国工业和信息化部公布的符合《船舶行业规范条件》企业公示名单〔第一批(2014年9月)、第二批(2014年12月)、第三批(2015年12月)、第四批(2017年4月)〕

注:航运金融作为一项金融机构业务门类很难单独剥离,虽有专门从事此项业务的机构企业,但数据很难获得,因此航运金融由普通银行业替代。航运保险的企业名单来自上海航运保险协会,其是由全国各大保险公司牵头成立的,行业协会成员来自国内外,具有一定的代表性

二、长江沿岸港口城市网络分析

(一)层次分析

借用 GIS 图层(layer)的概念,单个城市联系度呈现两个图层叠加的双层梯度特性,即在整体层面和核心港口城市[①]层面中,港口城市均呈现梯度等级。

在整个长江流域,单个城市联系度呈现从下游向中游再向上游联系度区域递减。据表4-8,上海(1.000)、南京(0.7793)、苏州(0.7704)占据相对联

---

① 为方便论述,将城市联系度高于0.6的港口定义为本书所说的核心城市,即上海、南京、苏州、重庆、武汉,下同。

系度前三位，南通（0.5137）、扬州（0.4089）、常州（0.3957）等下游港口城市均排在中游、上游港口城市之上；而中游港口城市次之，上游港口城市被联系最少。相关服务业的"高地"集中于长江下游港口城市，除长江中游的武汉和上游的重庆排名靠前外，其余排名前列的港口城市均来自于下游长三角地区。

表 4-8　港口城市航运服务业相对联系度

港口城市	相对联系度	港口城市	相对联系度	港口城市	相对联系度	港口城市	相对联系度
上海	1.0000	常州	0.3957	宜昌	0.2039	铜陵	0.1382
南京	0.7793	泰州	0.3601	安庆	0.2029	黄冈	0.1305
苏州	0.7704	镇江	0.3444	马鞍山	0.1797	攀枝花	0.1080
重庆	0.6728	江阴	0.3139	岳阳	0.1787	池州	0.1031
武汉	0.6072	芜湖	0.3122	黄石	0.1577	鄂州	0.0712
南通	0.5137	九江	0.2271	泸州	0.1462		
扬州	0.4089	荆州	0.2142	宜宾	0.1455		

资料来源：作者通过连锁模型计算所得数据计算

在核心城市层面，核心港口城市航运服务联系度也呈现梯度递减。如表 4-8 所示，第一个层级是以上海为参考，相对联系度为 1.000。第二个层级是南京与苏州，两个港口城市相对联系度较为接近，说明两个城市的航运服务业发展水平相当，但与上海的差距明显。第三个层级是重庆和武汉，分别是长江上游和长江中游的航运中心，两城市规模大、等级高，又有政府扶持，在航运服务业有了长足发展，但依然没有达到与上海并驾齐驱的地位。总体上，长江下游城市相对联系度要远高于中上游，下游城市航运服务业活动联系更为密集。

城市之间联系层次分析。从总体网络上来看，长江航运服务业总体发展水平不高，港口间差距较大。高于 6 倍平均联系值的港口城市联系仅 6 对：上海-南京（1169），上海-苏州（1165），上海-重庆（1077），上海-武汉（862），苏州-南京（822），武汉-重庆（702），介于 3 倍平均联系和 6 倍平均联系值的港口城市联系有 11 对，除武汉、重庆不在长江下游区域外，其余均为长江下游港口城市。介于平均联系度与 3 倍平均联系度的有 70 对港口城市，低于平均值的港口城市联系有 238 对，小于平均值的弱联系占据总联系数的 70% 以上（表 4-9）。

表 4-9 城市间联系层级

范围	对数	联系对
高于6倍平均联系值（联系值>688.8372）	6	上海-南京（1169）；上海-苏州（1165）；上海-重庆（1077）；上海-武汉（862）；苏州-南京（822）；武汉-重庆（702）
介于3倍平均联系和6倍平均联系（344.4186<联系值<688.8372）	11	上海-南通（616）；南京-重庆（597）；苏州-南通（547）；南京-武汉（545）；苏州-重庆（530）；上海-扬州（509）；南通-南京（459）；苏州-武汉（452）；扬州-南京（384）；上海-常州（362）；常州-南京（350）
介于平均联系度与3倍平均联系度（114.8062<联系值<344.4186）	70	苏州-常州（336）；苏州-扬州（328）；镇江-南京（315）；泰州-南京（314）；苏州-江阴（310）；南通-重庆（302）；苏州-镇江（301）；上海-泰州（299）；上海-芜湖（289）；上海-江阴（286）；江阴-南京（272）；南通-扬州（271）；常州-重庆（270）等
低于平均值（联系值<114.8062）	238	南京-宜昌（114）；江阴-芜湖（114）；上海-泸州（112）；黄石-武汉（112）；马鞍山-重庆（110）；南京-马鞍山（108）；安庆-重庆（106）；苏州-岳阳（105）；安庆-武汉（103）；重庆-泸州（102）；上海-宜宾（101）；南京-黄石（100）等

资料来源：作者通过连锁模型计算所得数据计算

以城市核心性分类角度出发，城市间联系有三种类型：核心城市-核心城市、核心城市-非核心城市、非核心城市-非核心城市（图 4-6）。将三种类型联系对的联系强弱放在区域尺度上衡量，表现为两种区域形态，即"高高"型与"高低"型。"高高"型为上述三种类型均为高联系度。"高低"型表现为核心城市-核心城市、核心城市-非核心城市的高联系，非核心城市-非核心城市的少联系或弱联系。据图 4-7，按联系度平均值倍数进行分级显示，长江下游城市间联系呈现"高高"型。长江下游城市网络密度高，城市联系紧密，核心城市与非核心城市之间、非核心城市之间的联系在长江下游均表现为高联系。

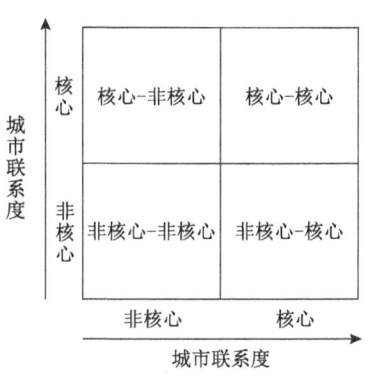

图 4-6 城市联系类型（以核心性分类）

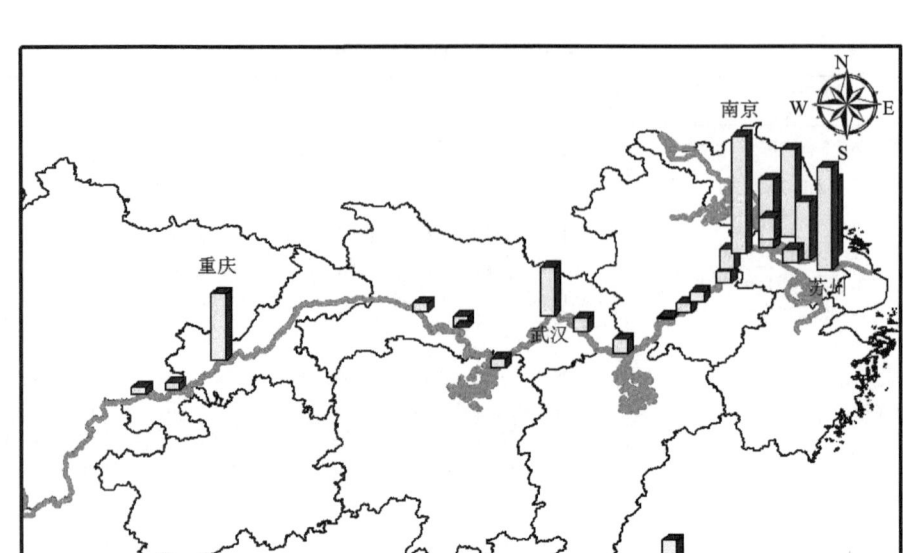

图 4-7 长江港口城市联系网络
资料来源：作者通过连锁模型计算所得数据绘制。
1 英里=1.609344 千米

长江中游与下游呈现"高低"型。长江中下游各城市与武汉、重庆等港口城市联系紧密，非核心城市与武汉和重庆普遍联系较强，非核心城市-非核心城市的联系相对较少。中、上游港口城市网络分别呈现重庆-武汉相互联系的高值，重庆、武汉对外联系的高值和围绕其周边非核心城市之间联系度的低值区域。如图 4-7 所示，高于平均值的联系图中，非核心城市之间几乎没有联系，绝大部分的小港口间的联系低于平均值（114.8026）。

航运服务业联系值呈现下游向上游的梯度现象与航运服务业自身特性、实体物流与航运服务业关系等有关。从航运服务业自身特性来看，航运服务业大都为无形产品，服务的消费、供给的即时性对市场环境要求高，大型核心城市的市场环境更为健全，信息化交流与信息传递要普遍好于非核心城市。而服务业企业又有本地偏好及地方保护和市场分割、行政体制等因素，促使梯度规律与区域差异形成。

从实体物流与航运服务业关系来看，实体物流企业与航运服务业企业是需求者与供给者的角色，实体物流的大小决定航运服务业的规模与多样化程度，实体物流的区域分布影响航运服务的区域分布。物流在区域内的流量受到航运条件的制约，并以经济、市场为导向，同时受到国家战略定位的影响。自然通航条件奠定全流域由上游至下游服务值由低到高的梯度规律的基础。实体物流受到航运条件限制使得下游总体实体物流活跃度高于上、中游。长江通航能力呈现区域梯度差异，货物运输受通航条件的制约。在经济发达、交通便利、市场庞大的长江下游，频繁的货运流催生密切的航运服务业企业经济活动的联系。而上游港口多山区河道、城市规模小、市场不大，利用河道运输的便利性不强。如图4-8所示，从2016年长江货运来看，港口货物运输集中于下游港口与上游、中游城市重庆和武汉，说明航运服务业的分布与货运市场息息相关，货运发达的地区吸引航运服务业集聚。同时市场发展的区域差异与航运服务业区域差异高度相关。长江经济带在下游特别是长三角地区的人均GDP一直保持着"高高"的集聚格局，在时间上变化小，而人均GDP在上中游"低低"集聚，由集聚式走向分散式（曾浩等，2015）。这与航运联系值的区域高低表现差异类似。在政策上，不同港口的定位对港口的发展有深远影响。上海被定位为国际航运中心，武汉是长江上游航运中心，重庆是下游航运中心，南京旨在建设区域性航运物流中心[①]，国家战略对于核心节点的分布具有重要影响。

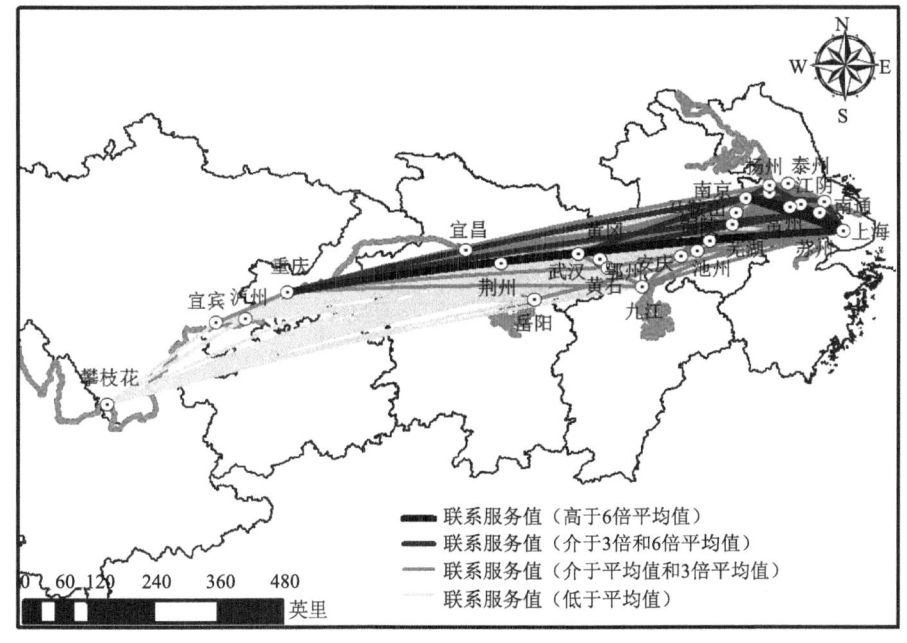

图4-8　2016年长江沿岸港口货物运输量

资料来源：根据《中国港口》2017年第1期"十二月份全国主要港口集装箱码头吞吐量统计"绘制

---

① 国务院. 2014. 国务院关于依托黄金水道推动长江经济带发展的指导意见[M]. 北京：人民出版社.

（二）类型分析

以上对港口城市的中心性、网络连接的形态和城市在区域的辐射性进行了探讨，但究竟港口城市的联系的动态关联关系是什么样的则不得而知。本书对以联系度为权重的港口城市的网络简化并进行迭代相关收敛法（convergent correlations）分区，利用块模型探讨区块间的动态关系，探讨港口城市的溢出效应。将港口航运服务业城市联系值矩阵以平均联系值为阈值（114.8026），简化港口城市联系网络，将高于平均值的定义为城市间航运服务业的强联系赋值为 1，低于平均值的定义为城市间航运服务业的弱联系赋值为 0，构建 0-1 网络，进行凝聚子群的分区（最大切分深度为 3，集中标准为 3，最大重复次数为 25），得到如下派系（图 4-9）。

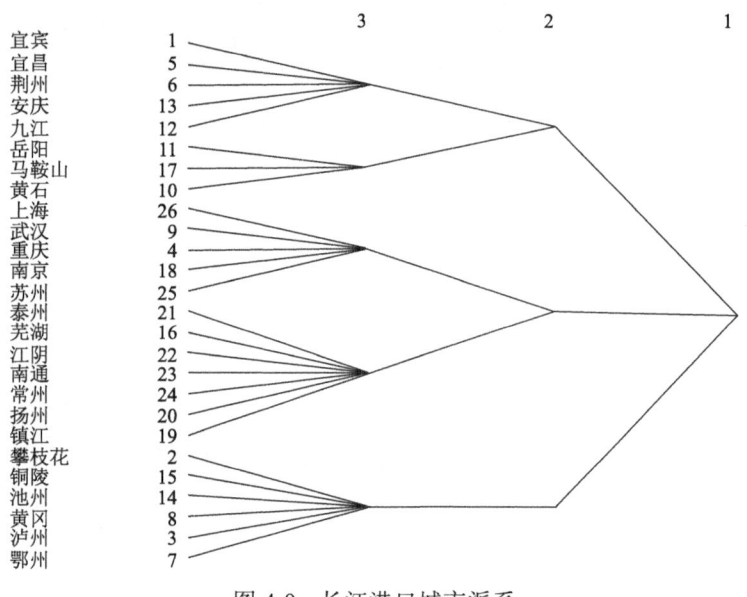

图 4-9　长江港口城市派系

如图 4-9 和表 4-10 所示，经过 3 次区块细分，可以得到港口城市的五个区块。第一区块与第二区块在简化网络中没有内部自我联系，仅有外部联系。这两个区块的港口城市除安庆、马鞍山外均为中上游地区的中小港口城市，城市间的航运服务业发展水平不高，协作水平低，因而该区块与外部区块联动协调实现联系，而非在区块内表现为中小港口城市间的协作。第二区块港口城市规模体量小，港口服务业发展水平低，外部联系弱于第一区块。

第三区块与第四区块均呈现内外部联系强的特点，但第三区块外部联系强于内部而第四区块内部联系强于外部，两个区块均在所谓的"首属"位置，但反映不同特征。第三区块的港口城市是本节所述的五大核心城市，分别是上海、武汉、重庆、南京和苏州。这些城市中设有大型公司总部和区域分部，大城市之间的联系强且对周边城市的辐射作用明显，形成了"内外双修"的局面；第四区块全部为长江下游港口城市，港口服务业发展好于长江沿线很多城市，城市间网络密度大、合作密切，但由于城市功能没核心城市完善，辐射力与吸引力小于上海、重庆、武汉等。

第五区块在简化网络中无对内外联系，换言之这些港口的对外联系相对于整个网络来说体量极小。该区块均由小港口组成，港口本身发展不足，城市航运服务业配套不完善，中高端航运服务业在这些港口城市没有布局。

表 4-10 港口区块特征分析

区块名称	期望内部联系比例/%	实际联系数	实际内部联系数	实际内部联系比例/%	接收区块外部联系数	拓扑性质
第一区块	16	18	0	0	18	只接收外部联系，内部无自我联系，外部联系强
第二区块	8	4	0	0	4	只接收外部联系，内部无自我联系，外部联系弱
第三区块	16	77	20	26	57	内外部联系均较强，外部明显强于内部
第四区块	24	75	40	53	35	内外部联系均较强，内部强于外部，差距不明显
第五区块	20	0	0	0	0	无对内对外联系

资料来源：作者通过连锁模型数据进行块模型计算所得

（三）腹地分析

城市与腹地之间存在对流、传导和辐射关系，即城市间流量大小成为划分腹地的依据。这为本书港口城市间服务值"流"的联系与腹地的大小的判断提供理论基础。服务值对于核心港口城市的贡献大小体现腹地对于该核心城市的支持程度。

如表 4-11 所示，5 个核心城市在上中下游的贡献率呈现"金字塔"形结构，大多集中于下游，贡献率超过了 60%；其次是中游，贡献率在 15%～25%；最少的是上游，从上游、中游、下游各流域城市对各区域中心度最高的城市的总联系度贡献来看，总体表现出下游>中游>上游的特征，可以看出地域不是港口航运服务业城市网络联系的制约因素，经济因素是港口航运服务业城市网络形态形成的主要原因。长江航道的自然地理条件、城市规模、经济发展等众多因素导致长江下游城市航运服务业发展好于上游与中游。下游港口城市数与上游和中游的总和相当，对这些核心城市的贡献却均在60%以上，也印证了本节得到的单个城市相对联系度呈现梯度等级的联系模式的结论。

表4-11　核心港口城市航运服务业服务值的区域贡献率　　（单位：%）

区域（港口数）	重庆	武汉	南京	苏州	上海
上游（4）	4.93	17.42	11.99	11.26	15.89
中游（8）	25.27	15.14	18.23	17.45	21.01
下游（14）	69.80	67.43	69.77	71.29	63.11

资料来源：作者通过连锁模型数据按区域计算所得。

注：①宜昌是中上游的分割点，将宜昌市归为中游港口城市；②某城市的区域贡献率为与该城市联系的所有城市联系服务值，按照上游、中游、下游三个区域分类汇总，各自区域内加总值与总联系服务值的比值即该城市在各自区域的区域贡献率

从对区域的贡献率计算可以看出，长江沿线港口城市有别于传统中心地理论的思想：中心城市腹地由周边向四周沿着交通线随距离增加而下降，而处于同一流域的港口城市更多地表现出以经济发展因素来界定腹地和核心城市的紧密程度。核心城市腹地范围均包含整个长江沿线，但在核心城市服务值的腹地紧密程度呈现由下游向上游的空间距离衰减，同时几个核心城市的腹地表现又不尽相同（图4-10），武汉、重庆和上海对于上游、中游的辐射性要明显大于苏州和南京。苏州、南京的紧密性腹地局限于长江下游三角洲地区。可见腹地对于核心港口城市的表现是地理因素和经济作用双重因素作用的结果。

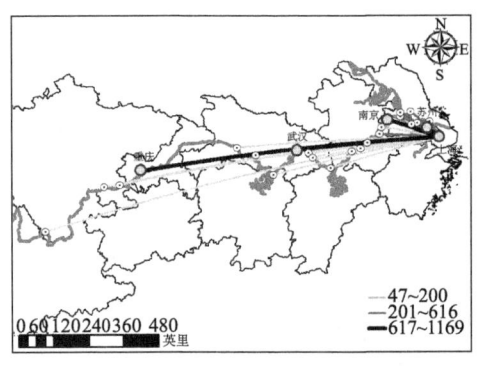
(a) 上海对外联系

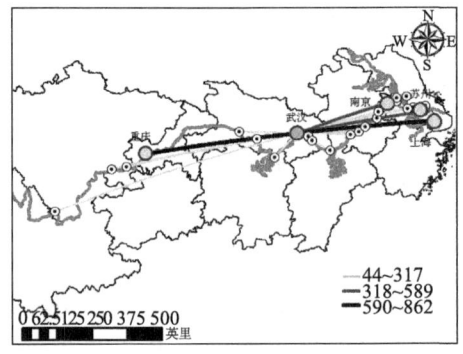
(b) 武汉对外联系

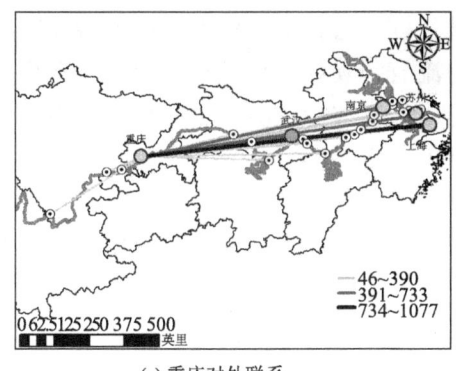
(c) 重庆对外联系

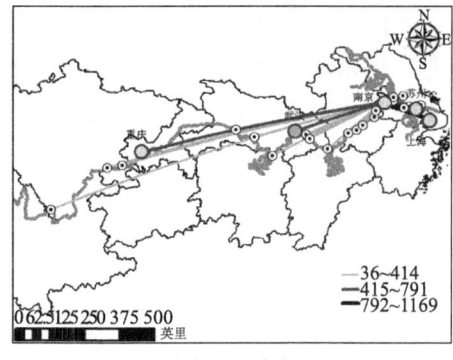
(d) 南京对外联系

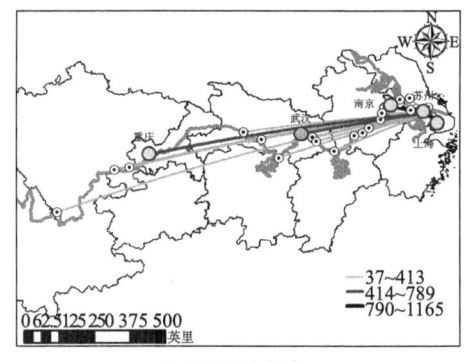
(e) 苏州对外联系

图 4-10　网络主要核心城市对外联系
资料来源：作者通过连锁模型计算所得数据绘制

　　腹地分析旨在衡量各区域核心城市对于上、中、下游的区域影响力。从跨区域对核心城市的贡献率看，重庆对下游城市的影响要高于上游，武汉与上下游城市互动较为平均，而上海对上游区域的影响要强于中游，这与上海、重庆和武汉三者之间的紧密程度相关。在航运服务业网络中，上海和重庆的联系强度要高于其与武汉之间的互动。从具体服务值来看，上海和苏州是首位联系城市，其联系服务值超过 1000，苏州和南京互为第二高的联系城市，联系值也在 800 以上，分列四、五位的重庆、武汉虽然排名也较高，但与苏州和南京的联系值只有 500 左右。武汉和重庆虽不是上海的首位联系城市但联系强度均在 800 以上。武汉与腹地的联系紧密程度相比于其他核心城市稍显不足，武汉的跨区域辐射力不如重庆。

（四）功能结构分析

　　从航运服务业的城市网络来看，各港口城市在各航运服务业网络中的表现不尽相同，据图 4-11，从网络联系的完善程度来看，银行业和航运保险业网络完善，城市相互间联系体系健全；货代物流与国际船舶代理在城市间联系度梯度不明显；仓储、海事律师事务所和修造船只有在少数城市之间形成联系，但仓储和海事律师事务所的联系范围要明显大于修造船。

（1）银行、航运保险：航运金融和航运保险是高端航运服务业的重要组成部分，具有高附加值的特性，但我国航运服务业普遍集中在产业链低端（汪旭晖和张其林，2012）。高端航运服务业一般只分布于大型港口城市。但由于航运金融和航运保险在银行、保险体系中难以剥离，本书采用整个行业的联系来衡量，与实际航运金融和航运保险的服务业网络体系相比有一定的误差。专业化的航运金融与航运保险是依托于相关银行和航运保险机构的组织网络展开的，大型城市间的联系依然是城市联系的"峰值"，银行和航运保险排名前列的重庆、苏州、南京均与上海形成紧密的联系。

（2）货代物流、国际船舶代理：网络联系均质化，无明显梯度等级。除上海、重庆、武汉、南京间的联系为"高地"，其余城市间的联系航运服务值较为平均，上下游城市联系相互交叉，没有明显在区域内集中的现象。通常此类企业分支机构少，分布城市范围小，分公司之间的规模差距不大。

（3）仓储：国际航运业的货物种类繁多，主要可以分为散货和集装箱两类，散货有液体化工、干散货和件杂货等，不同的货物种类要求不同仓储类型。从本书构建的通用仓储、冷藏与危险品仓储服务网络来看，重庆、武汉联系地域跨度大，两城市之间的联系紧密，此外，重庆、武汉与长江下游城市联系度高。下游城市间网络联系紧密，网络联系度总体差距不大。

（4）海事律师事务所：典型的知识密集型和人才为主的组织形式，专业性要求更高的海事律师事务所更是如此，因此从业人员对良好的环境和基础设施的追求，以及服务对象的分布地点，从海事律师事务所网络来看，网络节点全部为大型港口城市如重庆、武汉、上海、南京、苏州等。规模较小的港口城市很少有海事律师事务所设立办事机构，上海作为海事律师事务所的最主要总部所在地，与城市间的互动与协调比其他城市更为紧密频繁。

（5）修造船：大部分城市的修造船业是比较独立的，城市间的协作联系不大，相当一部分修造船企业的本部与分支机构在同地经营，同一企业的分支分布于一个城市的较多，企业服务范围较小，跨区域服务现象少，一般服务于城市与周边港口。但由于上海在修造船方面的规模和技术优势，扬州、南通等下游城市与上海的联系较多，为实现技术人才的吸引，会将船舶研发设计放在上海（图 4-12）。

第四章 长江沿岸航运网络研究 115

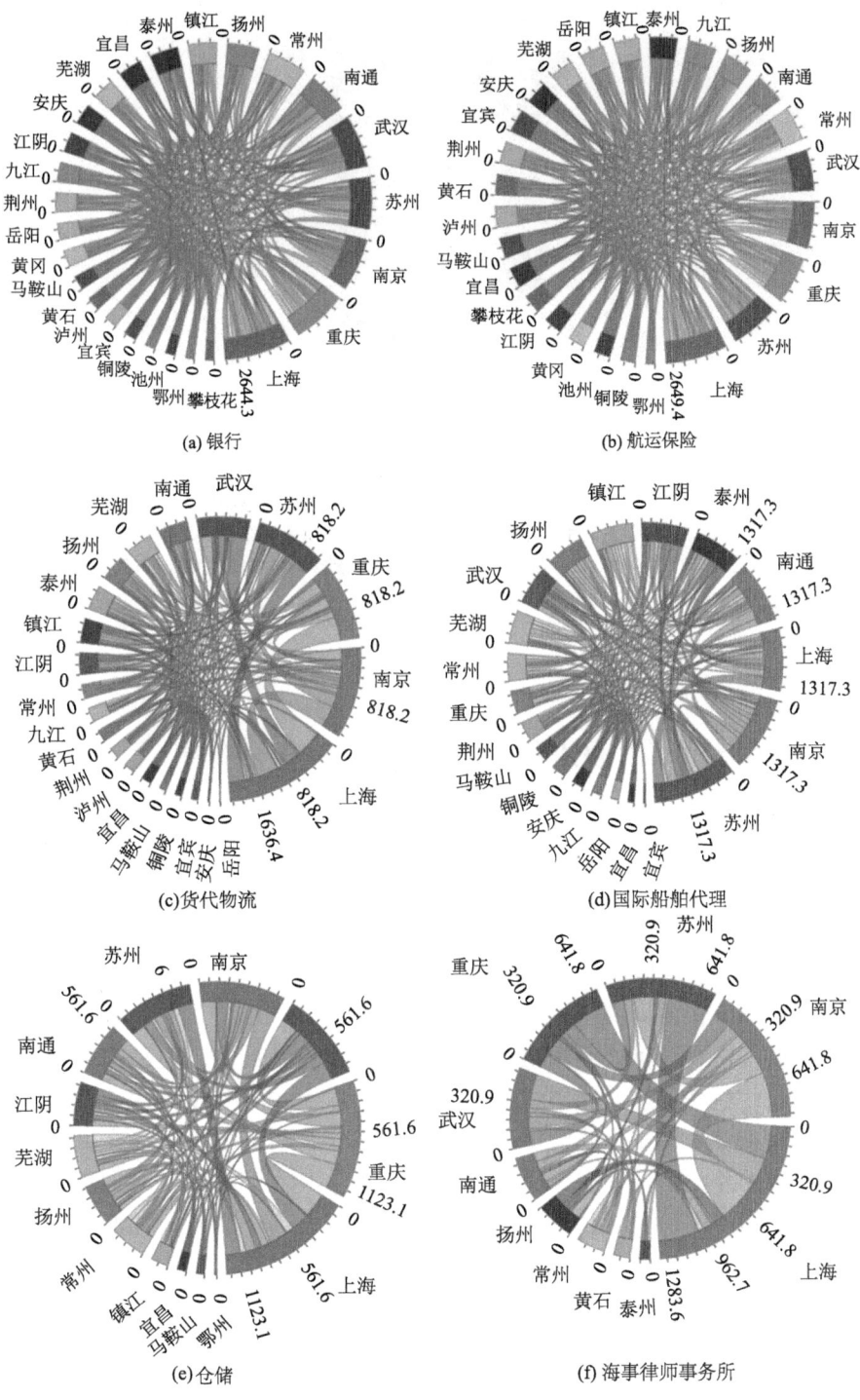

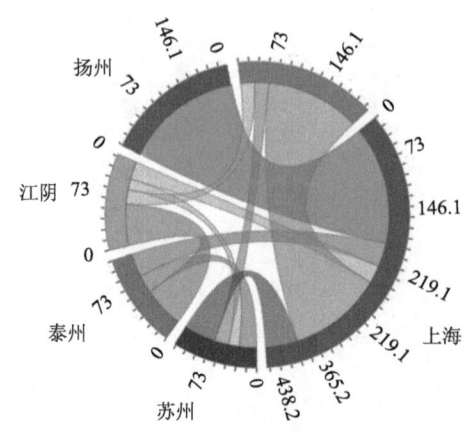

(g)修造船

图 4-11　航运服务业不同门类联系网络

资料来源：作者通过连锁模型计算所得数据绘制。

图中的节点表示港口城市，节点大小表示联系总值大小，边连接了有联系的两个港口城市，节点上边的条数表示与当前港口城市有联系的港口城市数量，边的宽度表示从当前港口城市到目标港口城市的联系值

第四节　本 章 小 结

本章第一、第二节从长时段考察上海、宁波两个相邻港口的航运网络，利用复杂网络分析工具 Gephi，基于历年《中国港口年鉴》和《中国航务周刊》的航线数据，通过港口地位、港口覆盖、首位港及主要航线特征等的对比分析，揭示了两大港口在海向腹地的竞争格局。

本章首先回顾了近代开埠之后，上海港逐步建立起全球航运网络，宁波港由于陆向腹地狭小，逐渐成为上海港的支线港。改革开放之后，特别是 2001 年中国加入 WTO 以来，宁波港的水深条件等优势得到发挥，深水良港及浙江省蓬勃发展的外向型经济吸引大量船公司挂靠。其次分析了上海港和宁波港在中国航运网络中的地位，认为上海港在中国航运网络中具有最强的影响力，宁波港的中心性与中介性在我国各个港口（不含港澳台地区）中提升至第二位，说明宁波港在中国航运网络中的影响力有了很大的提高。从航运网络的覆盖范围看，2004 年宁波港航运网络中所覆盖的港口，在近洋航线东亚、南亚、东南亚航区，以及西北欧和北美西等传统东西向航区与上海港有一定的竞争力，到

2015年，宁波港航运网络除了近洋航线东南亚及澳新航区港口数量增加外，在远洋航线的地中海、西北欧、南亚、北美东西两岸、南美东西两岸、非洲东西两岸等两港覆盖的港口数一致或相差不大。上海、宁波两港作为我国最主要的对外港口，其对外联系的首位港口也具有一致性，这些首位港可以分为两类，一类是占据区位优势的中转港，如新加坡、苏伊士、曼萨尼约（巴拿马）、科伦坡等港，另一类是占有腹地优势的门户港，如鹿特丹、釜山、桑托斯等。对上海、宁波两港的主要航线分析可以发现，2004年两港重要连接主要分布在东西向传统航运市场。2015年，两港的航线架构并未发生很大的变化，但上海港在美国东岸的主要航线被宁波港所取代。研究表明，在海向腹地，宁波港对上海港形成了"边缘港口挑战"。

本章第三节通过泰勒城市连锁模型和社会网络块模型的分析方法，主要揭示了长江主要港口城市层次、格局、腹地和功能结构。

从层次维度上看，"双层梯度"表现为中下游至上游服务业发展水平的梯度差异，武汉、重庆等虽中心性高但远不及上海，这些城市特别是中小港口城市难以直接与全球网络形成联系，而是通过与下游地区和核心城市特别是上海形成联系间接参与全球网络。大量的本土航运服务业企业集中在长江下游特别是上海等门户城市，门户是联系海向腹地和陆向腹地的关键节点。这些位于门户城市的企业可以通过与国外航运服务业企业进行协作，为本国航运企业参与全球网络提供服务或为外国航运企业参与中国航运网络提供服务等方式促进地方网络融入全球网络。核心港口城市与门户紧密相连，中心性较低的港口城市通过与核心港口城市相连形成对外间接联系。

从格局看，港口城市间区块特性为：宜宾、宜昌、荆州、安庆所构成的第一区块只接收外部联系，内部无自我联系，外部联系强；第二区块即岳阳、马鞍山、黄石只接收外部联系，内部无自我联系，外部联系弱；第三区块即上海、武汉、重庆、南京和苏州，内外部联系均较强，外部明显强于内部；泰州、芜湖、江阴、常州等下游港口城市所组成的第四区块内外部联系均较强，内部强于外部，差距不明显；第五区块无对内外联系。如图4-12所示，门户与核心城市之间联系紧密，这些港口城市包括门户都属于第三区块，区块内外部均属于强联系，联系较弱的区块分布于外围。

从腹地维度看，核心城市对于上、中、下游三个区域的联系和影响有不同特性。主要原因在于长江流域是一个狭长的河流廊道，流域内港口城市联系满足下游到上游的距离衰减规律。航运服务业联系有一定的区域边界，越深入内陆联系越弱。信息不对称带来的信息传递的空间衰减，无形产品消费的需求和供给的即时性对市场环境要求高，服务业企业的本地偏好及地方保护和市场分割、行政体制等因素使得区域边界产生。虽然随着经济一体化和信息技术革命，地域和距离的影响在不断减弱，但地理空间的作用依然存在。因此从国家层面看，在长江经济带建设过程中，除了培育提升上海作为航运服务业网络的门户功能，还要增强重庆在上游、武汉在中游地区的航运服务业次级门户建设，减少狭长地理廊道对门户控制力和辐射力的削弱。

在功能结构上，除单个服务业的网络特性，流域的梯度性也体现在长江流域航运服务业种类是否齐全上。核心城市在7个航运服务业部门中表现得更为齐全。下游中小城市在服务业态上的发展重点不同，而中游、上游是种类少、服务业能力弱。上海作为门户城市，在服务业功能上表现得更为完善，服务部门更为齐全。航运服务业部门的齐全程度也是衡量城市控制力、辐射力与影响力的重要参考，部门最为齐全的上海及服务业较为完善的长江下游地区是航运服务业企业主要的聚集地。

本章从航运服务业企业的总部和分部出发，构建港口城市网络，但由于城市连锁模型的方法的局限，航运服务业服务值计算仅考虑到企业总部和分支机构之间的联系计算，但企业与企业的关系却在计算方式中被忽略，且本章只在一个截面上考虑港口的城市网络，并未涉及时间序列的网络变化，这些将在今后的研究中加以改进。

第五章
城市、腹地与中国航运网络

上海港与香港港在近代中国的航运网络中是最重要的节点，这种格局与上海、香港在近代的经济地位密不可分。上海是中国中北部的经济中心，工业、金融、航运等产业非常发达，香港依托于良好的区位条件和自由港政策，成为货物中转的枢纽港，进而通过港口带动服务业的发展，经济地位迅速上升，成为华南地区的经济中心。

20世纪90年代初，上海社会科学院"上海香港比较研究"课题组（1991）曾开展上海和香港的比较研究，主要从产业结构入手，考察两地经济社会发展情况，也涉及上海与香港的发展历程、近代化模式、经济起飞的基础等研究，但是没有把两地放在近代中国经济格局中进行考察。陈正书（1990）考察了第一次鸦片战争之前上海与香港的不同之处和相同之处，但对近代开埠之后两地的发展未有涉及，而这个时期是两地发展最快、在中国经济格局中迅速崛起的时期。吴松弟（2006）认为在中国近代沿海沿江的口岸城市体系中，上海、香港位居第一级，是中国现代化的北、南两个领头羊，但并未对此进行深入的分析。毛立坤（2006）、唐巧天（2007）分别对近代香港、上海的转口贸易进行了较深入的研究，但也缺少在国家尺度考察两地的经济地位。本章以上海港和香港港为例，分析城市、腹地与中国航运网络的关系。

第一节 上海与香港在近代中国航运网络中的地位

一、港口吞吐量

上海与香港是"以港兴城"的典型，港口在城市发展过程中起着非常重要的作用。据表5-1，在1869~1904年，中国的洋货（外国产的货物）主要通过上海、香港两港进口，在 1869 年两港进口的洋货值占全国洋货进口总额的 83.68%，其中上海占全国洋货进口总额的一半以上，香港占 1/3。此后随着中国开埠港口的增多和各港口直接从外国进口洋货的增长，两港进口洋货占全国的比重有所下降，但到 1904 年仍然占全国进口总额的 2/3，其中上海的比重为 41.45%，香港为 26.09%，两港仍是中国最重要的洋货进口港。

表 5-1　1869～1904 年上海、香港洋货进口占全国的比重

年份	上海 进口总额/关平银	占全国比重/%	香港 进口总额/关平银	占全国比重/%	全国 进口总额/关平银	两港占全国比重/%
1869	33 996 338	50.66	22 158 055	33.02	67 108 533	83.68
1875	34 024 907	50.18	22 565 763	33.28	67 803 247	83.46
1880	40 370 177	50.91	24 071 093	30.36	79 293 452	81.27
1885	43 006 942	48.76	27 378 553	31.04	88 200 018	79.80
1890	50 511 675	39.74	37 766 130	29.72	127 093 481	69.46
1895	69 038 721	40.21	41 155 577	23.97	171 696 715	64.18
1900	81 184 189	38.46	54 226 004	25.69	211 070 422	64.15
1904	142 609 286	41.45	89 759 388	26.09	344 060 608	67.54

资料来源：根据《中国旧海关史料》（中国第二历史档案馆、中国海关总署办公厅编，京华出版社 2001 年版）整理

二、定期航线

航线的多少会影响港口在全球航运网络中的地位（Wang and Slack, 2000）。上海开埠后，最早的国际航线是从香港延伸到上海，之后，定期航线网在东亚被重新编组成以香港为中心的航线网。在开埠初期，甚至远洋船只也经常在一些较小的口岸停靠，1861～1871 年，中国沿海出现枢纽港和支线港的分化，远洋船只一般仅在上海和香港等港口停泊（聂宝璋，1983）。各国来华贸易的大号帆船及定期轮船，大多数仅以香港或上海为目的地，其余港口输出的土货（中国产的货物），一般先用轻便的西式纵帆船、横帆船、鸭尾船等，运至港沪两地，再行转船出口（班思德，1932）。1871 年苏伊士运河开通之后，欧洲连接其他港口的航线才稍有增加。

在经营中国（上海）-欧洲航线的十几家轮船公司中，太古洋行经营的蓝烟囱轮船公司规模最大，该公司以英国的利物浦为主要港口，以上海、香港为轮

运货物的中枢（据 1921 年 1 月 3 日《申报》）。1919 年所有从事中国远洋及沿海贸易的轮船公司都在天津设置分行或代理人，但是由于没有直达海外口岸的航线，客货运输主要在上海、神户与香港转运（聂宝璋和朱荫贵，2002）。据表 5-2，近代中国主要有三大远洋航线，这三条航线都仅挂靠上海、香港两港。这就说明上海、香港是国际航线中两大重要港口。

表 5-2　近代中国的三大远洋航线

航向	航线	挂靠港口
东行	中美航线	终点在小吕宋或香港，上海为经过之一大商埠，复经日本之长崎、神户、大阪、横滨，寄碇檀香山，以达旧金山，更可由巴拿马运河以达纽约
南行	中澳航线	终点在日本，经过上海至香港，更向南分两路：一经马尼拉，或新加坡、巴达维亚；一经槟榔屿、加里亚得来特，以达雪梨及墨尔本
西行	亚欧航线	终点亦多在日本，上海为经过之一大商埠，复由香港，西经西贡、新加坡、哥伦布，经苏伊士运河，出地中海以达欧洲各大埠

资料来源：上海申报年鉴社.1934.民国二十三年申报年鉴.上海：上海申报年鉴社：966

三、商业辐射范围

由欧美等国家输入的货物，大多先集中于香港、上海，然后再向其他港口中转。《中国商业地理》认为，中国沿海自福建以北及长江一带的货物都经过上海港出入，福建以南货物则经过香港进出（胜部国臣，1912）。20 世纪初，西方学者 Dingle 指出，对外国人来说进入中国有三个门户：山海关、上海、香港。在北方，天津和青岛是主要的港口，上海是中国的商业中心。香港的重要性体现在两个方面：香港是西太平洋上煤的转运中心，香港也是往来广东贸易的焦点，控制着长江流域南部绝大部分地方的商业（Dingle，1917）。据表 2-7，广东、福建、台湾等地的港口大部分洋货都是经由香港输入的，而浙江、山东、天津、辽宁等港口的洋货从香港进口的比例就非常小。英国驻沪领事也认为，输入上海的外国商品绝大部分转运给了北起牛庄（今营口）南到宁波之间的各个港口，转运到宁波以南港口的商品，除了福州以外，数额都是很少的（李必樟，1993）。

开埠之后，上海逐渐成为全国贸易的中心。上海港商业辐射范围大致包括了中国中部和北方的大部分地区，王钟麟（1921）认为，福州以北、山东以南的中国货物出口，大多经过上海运到海外，国外货物的进口也多经上海再输入各地；上海的贸易范围，包括苏浙皖赣鄂湘川七省的全部，云贵豫甘陕五省的大部分，山东的南部，福建的北部；再扩大一点，可以说全国除了广东、广西和福建的南部外都在上海贸易区之内。20 世纪 20 年代，上海港的直接腹地是长三角地区，间接腹地包括长江流域及江苏和福建北部等地。

据表 5-3，福州、厦门、汕头和广东的南四口与上海港的贸易值从 1871 年的 9 776 714 海关两上升到 1904 年的 24 793 187 海关两，增长是非常迅速的。但是与牛庄、天津、烟台的北三口相比，贸易值还是比较小的，北三口在 1871 年即达到 49 107 646 海关两，1904 年增至 181 949 926 海关两。南四口在上海港中国沿海两翼的海向腹地中占有一定地位，但和北三口相比，所占比重不是很高，南四口和香港的经济联系比与上海的联系更为紧密。

表 5-3　1871~1904 年上海港与南北沿海主要港口贸易值　（单位：海关两）

港口		1871 年	1875 年	1880 年	1885 年	1890 年	1895 年	1904 年
北三口	牛庄	1 983 182	3 523 389	4 253 056	4 826 743	10 300 762	—	24 193 080
	天津	13 908 409	15 679 203	17 691 794	22 004 467	25 724 873	43 124 801	46 616 493
	烟台	33 216 055	45 504 136	47 669 490	53 320 526	62 444 845	75 211 639	111 140 353
	总值	49 107 646	64 706 728	69 614 340	80 151 736	98 470 480	118 336 440	181 949 926
南四口	福州	1 114 482	2 643 305	1 553 355	2 226 387	1 835 658	2 583 058	4 627 797
	厦门	667 288	1 401 835	1 173 367	1 278 581	1 292 253	2 945 554	2 850 896
	汕头	4 177 065	5 460 777	2 652 258	6 523 377	7 130 449	6 257 672	6 936 007
	广东	3 817 879	6 288 160	9 036 695	5 442 700	4 786 903	6 840 193	10 378 487
	总值	9 776 714	15 794 077	14 415 675	15 471 045	15 045 263	18 626 477	24 793 187

资料来源：根据《中国旧海关史料》（中国第二历史档案馆、中国海关总署办公厅编，京华出版社 2001 年版）整理。

注：①上海港与南北沿海主要港口贸易值包括洋货复出口值、土货进口值、土货出口值、土货复出口值；②《中国旧海关史料》无 1895 年牛庄数值

费唐（1931）把中国的商业格局分为南北两部分：中国南部的商业，虽然以广州为最占优势，而且香港是深水港，但是中国南部仍然被诸多商埠细分。上海与香港间所有沿海口岸，由于腹地与港口水深等的限制，大部分商业活动都与香港、上海联系。中国北部受地形的影响，几乎没有深水港口为之服务，中国北方受地形的影响，深水港口较少，大部分商业活动以上海为集中点。

上海港以南的港口除了浙江省的宁波港和温州港外，主要是以香港为货物进出口的枢纽。班思德（1932）认为，上海是长江流域货物进出的中心，也是华

北各港口进出贸易的枢纽,华南各港口虽然也有与国外的直接贸易,但主要与香港发生贸易往来。南方的广东、汕头、厦门、福州等港口虽然通过海上支线和上海港相联系,但贸易往来不是很紧密。因此可以说,上海的商业辐射范围主要包括中国中部和北部地区,香港的商业辐射范围主要集中于中国的南部地区。

四、金融业经营范围

在金融业方面,上海、香港也在中国的中北部和南部发挥各自的作用。据20世纪30年代初费唐的调查,"中国之中北两区域,以上海为其银行业中心者,系包括长江流域及长江以北东三省以南之全部区域而言,此区域内其他通商口岸所有之银行,其所需之营业资金,大部分系依赖上海,并有若干系完全依赖上海者。上海亦为汇兑中心,中国南北两商务中心所有之账目,系在上海结清,香港为南部之主要银行中心。"(费唐,1931)香港既是中国南方的汇兑中心,又是决算中心。由于粤港金融行市息息相关,港币控制了华南的进出口贸易和货币金融,又是粤人的交易媒介、保值手段和投机对象,故广州银业公市受到香港金融市场的控制。广州市外汇汇率均由银业公市根据香港行情发布,受其操纵和影响(张晓辉,2000)。广东侨汇在各省中独占鳌头,而香港是华南地区的汇兑中心,近代的侨汇大都须通过香港银号进行(张晓辉,2001)。汕头市的金融商业凡汇往越南、日本的城市的款项,都先直汇香港,再由香港转汇(张晓辉,2000)。

金融业和航运业有着极其紧密的联系,航运业的发展离不开金融业的支撑,金融业的发达也是航运业扩张的一种体现。上海、香港在中北部和南部所体现的中心作用,与两港的商业辐射范围构成耦合形态,这也是两地在中北部和南部树立经济中心地位的体现。

在一定的地区采用统一的金融制度,将会便利商品交易,节约交易费用,加深区域内的经济联系,整合区域内的金融资源,从而形成以某一港口城市或中心城市为核心的经济圈。例如,上海各银行发行钞票的流通范围包括"北沿津浦路而至济南,西溯长江流域,而抵宜昌,南达于海陬之极端,江浙皖闽赣诸省之全部,皆为上海各银行钞票所及之处,一九二七年汉口钞票停止使用后,长江流域人民囊中所存者,仅上海钞票"(费唐,1931)。上海同时也是汇兑中心,中国南北两商务中心所有账目,都在上海结清,香港为南部主要银行的中心,长江流域以南地方,不承认银两为流通货币,所以在南方地区均按照港洋或墨洋付账,而北部账目,则通常按银两交付,两部分之间必要的汇兑手续,几乎完全在上海完成（费唐，1931）。这种金融制度便利了沪港两地和各地区的金融交往，节省了交易成本，从而极大地整合了沪港两地和各地之间的经济关系。

五、海关等级

在海关总税务司署看来，上海、香港同等重要，分别负责南方和北方的诸多事务。为了参加1873年维也纳博览会，海关总税务司署规定北方各口岸提供的展品应集中于上海，南方各口岸展品则应集中于香港。在向沿海各港发布风暴警报的范围划分上，1897年海关总税务司署又规定：如香港接受海关总税务司署的代码，则香港将向南方各口岸发布警报，上海的徐家汇则向台湾海峡（包括福州）以北口岸发布警报。如香港拒绝，徐家汇天文台将直接向所有口岸发送警报（海关总署旧中国海关总税务司署通令选编编译委员会，2003）。由此可知，在中国沿海诸海关中，上海和香港各有分工，居于同等重要的地位。

从上述分析可知，近代中国开埠之后，上海和香港迅速崛起，成为中国中北部和南部的经济中心。两地在中国经济格局中的辐射范围也是非常清晰的，即在航运、金融等领域，上海的辐射范围是长江流域和中国北部沿海，而香港的辐射范围是长江流域以南区域。这种格局在20世纪后随着天津、大连、青岛等港口城市的兴起和其他规模较小的港口城市与外界直接联系的增强而有所变化，但上海和香港在中国经济格局中处于第一等级的地位是没有改变的。

第二节　上海与香港成为航运网络重要节点的因素

一、区位条件

从地理位置看，上海和香港位于长江流域和珠江流域的出海口，是两大流域的门户，这种自然条件为两地形成经济中心奠定了基础。但是在开埠之前，两地的区位优势并未发挥。由于清政府采取一口通商政策，只允许广州与西欧外国人通商，从宏观层面看，中国处于内向化态势，京杭大运河-长江-赣江-

北江即京广水道是内层交通经济带的主要交通走廊。从陆路上看，上海偏居一隅，无通衢之便；从水路上看，上海也不在上述主要交通走廊上，必须通过苏州才能与京杭大运河沟通。欧洲人来到上海是很晚的事情。清康熙二十四年（1685年）江海关在上海设立，但因海禁初废，还未能引起外国人的注意（徐尉南，1934）。直至清乾隆二十一年（1756年）东印度公司商人毕谷（Pigou）献议英国政府，说上海是一个有希望的商港，但未见其他动作而成为该公司的一个悬案（裘昔司，1922）。民国《上海县志》（1914年）记载，道光十五年（1835年），有名为荷夏米的英国商船驶入吴淞，这是英国商船到上海的开始。香港租借给英国之前，只是一个荒僻小岛，虽然竭力经营，但只是一个平常的镇埠（陈璸勋和莫世祥，1996）。

1511年葡萄牙人占领马六甲，其后挥师北上，英国、荷兰、葡萄牙等殖民者也紧随其后，香港首当其冲。此后殖民者继续北上，上海逐渐被纳入全球贸易体系。1869年苏伊士运河通航和1871年香港与伦敦、纽约直通电报，以及香港与上海、西贡、新加坡直通电报，大大缩短了欧洲地区各城市到香港、上海的航程，将香港、上海的工商业贸易与欧洲地区各城市紧密地联系起来，加速了两地贸易的流程，中小商人纷纷加入与中国的贸易之中，使两地经济更加活跃（苏东斌和李沛，2002；王韬，1994）。

处于珠三角和长三角入海口的香港和上海，是远洋航线、沿海航线和内河航线的交汇处，开埠之后"襟江带海"的区位优势就凸显出来，"今则轮船迅驶，北自京畿，南达海澨者，又不在苏而在沪矣"（据冯桂芬等纂，清光绪九年刻本《苏州府志》）。上海的发展也得益于世界经济的繁荣，香港则是新加坡与上海之间唯一一个被着力经营的深水港，由此成为"华南货物吐纳之中心，中国对外贸易之枢纽，所处地位之重要，仅逊上海一筹"（班思德，1931）。

二、长三角、珠三角经济中心的转移

开埠之前，苏州是江南地区的商业中心。苏州是棉布、丝绸及其他各类手工业品的生产制造中心，又是江南各城镇半成品或成品的加工中心，还是布、丝、米及其他产品的集散转运中心（龙登高，2003；马默，2005）。在清嘉庆年间取刘家港而代之的上海港则是苏州地区的外港。1838年，狄听奏折称："上海县地方，濒临海口，向有闽、粤奸商，雇驾洋船，就广东口外夷船，贩买呢羽杂货并鸦片烟土，由海路运至上海县入口，转贩苏州省城并太仓、通州各路；而大分则归苏州，由苏州分销全省及邻境之安徽、山东、浙江等处地方。"（蒋廷黻，1988）道光二十三年（1843年），孙包善奏称："第上海本地沙船，向以花布茶叶等货运往关东、山东各处售卖，换买黄豆，往返生理。即闽、广商船，亦以糖货为大宗，所有洋布呢羽等货，向在苏州售卖，上海行销本不甚多。"（齐思和等，1964）由此，苏州地区的棉布等源源不断地从上海港运往山东、天津、辽宁、福建、广东等地，东北和南洋的货物又源源不断地通过上海港运入苏州地区。苏州是上海港进口货物的销售市场，也是出口货物的集散中心，犹如现在为集装箱港口提供货源的内陆"无水港"。1843～1862年，长三角曾经出现过渡型埠际贸易方式——"苏州方式"（樊百川，2003）。

这一时期，长三角的商业中心和航运中心是分离的，上海通过苏州河（即吴淞江）承担起商业中心——苏州的外港角色，仅起到中转的作用。对上海港来说，接近苏州就是接近市场，通过苏州，从上海港运来的货物分销到全国各地，长三角的生丝等又通过苏州的汇集，经苏州河从上海港运往国外。此后由于太平天国运动对苏州的破坏及上海港区位优势的发挥，长三角的商业中心从苏州向上海转移（戴鞍钢，1998；王卫平，1999；夏俊霞，1999；郑忠，2007），于是，商业中心和航运中心在上海重合，对外贸易和航运形成良好的互动，进一步促进了上海的繁荣。

自秦汉时期广州古港形成以来到第一次鸦片战争之前的2000多年里，除宋元之际的泉州港外，广州港的对外贸易几乎一直处于全国的中心地位。黄盛璋认为："中国商业都市，历二千年而不衰的，在内陆有成都，在沿海则有广州"（黄盛璋，1951，1982）。

第一次鸦片战争后香港租借给英国，香港被"外洋商船视之为中国领海内第一碇泊处所，并将运来货物，先在该岛起卸存储，然后分运中国各处销售，广州进口洋货遂因减少"（班思德，1932）。到1870年以后，香港成为华南进出口货物的分配中心，"香港商务益见发展，且以其地需要海员，骤见增加，华商前往经营船用杂货者，为数亦为复不弱，广州贸易，坐是日形萧索"（班思德，1932）。随着香港地位的上升，以香港和新加坡为轴心的亚洲地区交易圈重新形成，并且更加多层次化（滨下武志，1999）。在这个过程中，香港和广州的地位也发生了深刻的变化。据毛立坤（2006）的研究，两港逐渐形成一种内港与外港的分工，即广州港成为大批土货出口和洋货分销的集散地，香港则是这些货物的国际市场。从表5-4的海关贸易统计来看，尽管在19世纪80年代以前广州尚与其他口岸有一定规模的土货出口贸易，但80年代以后，80%以上的广州土货通过香港出口，到1904年这一数字上升到90.42%，反映出80年代以后香港的极化效应明显增强。进口贸易则一直以来几乎全部是与香港进行的，广州对香港的依存度极高，1869～1904年，99%左右的洋货都是通过香港进口的。由此可见，在华南城市体系中，香港在对外贸易方面逐渐取代广州的中心地位。

表 5-4　广州口岸进出口贸易额统计表

年份	土货 出口香港（A）/海关两	出口总额（B）/海关两	A/B/%	洋货 从香港进口（A）/海关两	进口总额（B）/海关两	A/B/%
1869	10 900 669	20 048 975	54.37	7 987 867	8 050 252	99.23
1874	9 921 410	16 287 633	60.91	3 145 032	3 178 859	98.94
1885	10 425 292	13 027 199	80.03	5 668 489	5 710 923	99.26
1896	15 324 745	18 031 721	84.99	13 671 853	13 785 328	99.18
1904	39 209 162	43 361 439	90.42	25 664 078	26 068 065	

资料来源：根据《中国旧海关史料》（中国第二历史档案馆、中国海关总署办公厅编，京华出版社 2001 年版）整理。

注：1869 年各进出口额单位为两

三、两地经济发展不同的驱动力

从近代上海发展所依存的产业来看，可以 1895 年《马关条约》签订为界分为两个时期。开埠之后至甲午战争止，上海的发展主要依靠商业，对外贸易的蓬勃发展带动了上海城市的迅速发展。这一时期，工业虽有发展，但规模不大。1895 年之后，外国人可以在通商口岸投资设厂，上海的工业发展很快，特别是在 20 世纪一二十年代，增长更是迅速。上海外资工业的投资方向由以辅助内外贸易为重点转向以在中国市场销售产品的轻纺工业为重点，棉纺织业、缫丝业、卷烟业、面粉业等已初具规模，并在东南亚等地占有很大的市场。以杨树浦为代表的码头工业区，是上海近代工业发展最早、最集中的地带。此外在南市、沪西和苏州河两岸也形成了规模不等的工业区。1902～1911 年的《江海关十年报告》也注意到上海产业发展的变化：以前上海几乎只是一个贸易场所，现在它成为一个大的制造业中心（徐雪筠等，1985）。在国内埠际贸易中，上海外贸中心的影响力渐趋衰微，但工业中心地位的兴起，使得上海仍在全国埠际贸易中对其他口岸仍保持着强大的辐射力和影响力。上海在全国外贸埠际转运的下降，反映出了上海在国内埠际贸易中的影响力由外贸中心向工业中心的转变过程（唐巧天，2007）。陆为震（1931）注意到了商港与工业之间的关系，认为我国在开埠之后，新式工厂逐渐兴起，而以在商港附近的区域最为发达，一方面是因为原料供给便利，另一方面是因为制成品转运到各商埠或内地也比较方便，如上海开埠之后，工厂逐年增多，已经约占全国工厂总数的一半。

在中国其他港口如汉口、天津、青岛、大连等的直接对外贸易不断发展，港口体系出现"外围港口挑战"的情况下，工业所需的大量原材料进口和制成品出口为20世纪二三十年代上海港成为国际性大港奠定了基础，同时也推动了上海城市的发展。此时的上海不仅仅是进口货物集散的口岸，还是全国金融、银行、汇兑、保险、航运等的重心。所以国际贸易的地位与未来商务的发展，都有成为中国商业之首的趋势（班思德，1931）。

1856年以后，香港成为华南的货物分配中心，中国1/4的进口货和1/3的出口货由香港周转资金并通过香港进行分配（余绳武和刘存宽，1994）。但是和上海不同，转口贸易并未带动香港工业的发展，香港的工业直到第二次世界大战之后才有较快的发展。香港仍然以转口贸易为主，进而带动运输、港口、仓库、码头、金融及相关产业的发展，到1941年成为远东（东亚地区）著名的以转口贸易为主的大港。1953年以后，香港的工业特别是制造业得到发展，纺织业、搪瓷业、轻金属制造业的产品开始先后打进东南亚和欧美市场。从此，以传统转口贸易为主的香港，开始向"工业贸易"过渡（吴郁文，1990）。

四、制度安排

对于上海租界的作用，学者有较多的研究，近年来对租界的评价已较为正面（丁日初，1994；唐振常，1989；张仲礼，1990；张忠民，2005）。和既有的解释多强调上海地区优越的地理位置、空间集聚效应及西方先进技术的外溢等因素不同，马德斌强调了上海城市自治政体这一政治制度的重要性。他认为，这一政治制度在产权领域、契约执行、财政组织、公民社会及公共产品的提供等方面产生了意义深远的变革，堪称20世纪早期上海经济奇迹兴起的主要决定因素（马德斌，2006）。

确实，租界对产权的保护对于上海经济的兴起起到了非常重要的作用。在20世纪30年代初，费唐就认为所谓租界的安全，一方面要充分防御外来暴力和防止内乱，另一方面要充分保障个人的权利，包括财产权（费唐，1931）。其实前者防御外来暴力和防止内乱是手段，后者保障个人的权利包括财产权才是目的。如果不能防御外来暴力和防止内乱，产权就会被破坏。1948年李伯涵在考察上海地产业时，就认为租界的安定保障才引导人们投资经营，上海的兴起"始于少数西方投资经营，我国人民亦急起直追，投资建筑，目今一二十层之高楼大厦，沿浦江之宏大厂房，触目皆是，成为亚东唯一大港之点缀品，考其来源，俱中外人民之民营事业，占其大部分。假令无地产上之安定保障，人民未必能纷纷投资经营"（李伯涵，1948）。

新制度经济学非常重视产权，认为资本主义主要基础是私人的、自治的财产所有权，以及财产所有者通过竞争实现的自发协调。资本主义系统的基础在于保障受尊重的、安全的产权和自主运用财产的自由权的各种制度（柯武刚和史漫飞，2004）。

相对于中国其他地方来讲，近代上海租界对产权进行了有效的保护。有外国商会就认为上海可嘉许的地方之一是，财产与事业很稳定，未经正当的法律手续，财产不得没收，事业不受不正当干涉。如果不能使人们"在生命财产方面，获得充分保障之保证，则外侨将难于安居，并从事于商业活动，而使上海得兴盛如今日。"（费唐，1931）在租界内，无论货物或地产，未经正常的法律手续，不得扣押或没收，如果要拓宽路面，或建设其他市政，要征收地产，则必按照正当地价，给予合乎情理的补偿。上海的公立及私立堆栈，所存货物很多，也不能随意扣押或没收。外国银行也均把坐落于公共租界或法租界的地产、囤存于两租界内的货物，以及两租界内所建设的工厂，视为良好附属抵押品。而对于坐落两租界以外的同等产业，"不以良好之抵押品视之者，以其有被征收及被非法侵占之危险，且将抵押品变卖，事有困难，或不可能，外人只准在租界以内购置地产，故就土地或工厂而言，外侨不得在租界以外管业经营"（费唐，1931）。

香港实行自由港政策，一般进口或出口货物均无须缴付任何关税，也没有任何关税限额或附加税，这一政策吸引了各国客商经香港转口或是来香港经营，从而带动转口贸易和其他与之配套的服务行业相应发展。

此外，上海与香港都是移民城市，受传统势力的束缚较小，制度变迁的路径依赖较弱，创新成本较低。最先开埠的广州、福州等地的传统势力太强，创新成本太高，排外运动不断，影响了城市的开放和创新（孙玉琴，2004）。

第三节　本 章 小 结

从港口吞吐量、航线设置、商业辐射范围、金融经营范围和海关等级等来看，在近代中国航运网络中，上海港是中国中北部的航运中心，香港是中国南部的航运中心。这种双中心格局的形成受多方面因素的影响，两港处于长江流域和珠江流域的门户地位为两地崛起为经济中心奠定了基础，开埠之后区域经济中心开始由苏州、广州向上海、香港转移。上海由贸易带动商业的发展，进而工业的发展推动了城市的进一步繁荣，香港则在近代凭借区位条件和自由港政策，大力发展转口贸易，两地的发展路径不同，但都促进了城市经济的发展。一系列政策、法律等安排也为两地成为经济中心提供了制度保障。近代上海、香港在中国经济格局中地位是在高度市场化取向的大背景下确立的，是经济规律发生作用的产物。

在航运业方面，港口竞争分为三个尺度，分别是港口群之间的竞争、港口群内部的竞争和港口内部不同港口之间的竞争，其中港口群内部的竞争最为激烈。2017年，上海港和香港港的集装箱吞吐量分别排在全球第一位和第六位，由于两港处于中国中部和南部，货物进去主要依托港口的腹地，因此处于两个不同港口群的上海港和香港港之间直接的竞争并不激烈，而处于同一港口群内部的上海和宁波及香港和深圳等港口的竞争会比上海与香港的竞争更加激烈，这种情况和近代上海港、香港港的发展情况一致。但是随着航运业的发展，高端航运服务业如航运金融、海事保险等因技术进步将在全球尺度展开竞争。伦敦在高端航运服务业处于垄断地位，香港是区域性的高端航运服务业中心，因此上海要建设国际航运中心，努力在高端航运服务业方面有所突破，与香港的竞争将不可避免。

第六章
政府、企业与航运网络——20世纪20年代英日两国在华航运网络研究

在大多数学者眼中,中国是一个大陆国家,长期以来海洋意识并不浓厚。但已有学者指出,中国并不是一个"围墙帝国"(walled kingdom),海洋世界在不断重塑着中国(Zheng,2012)。特别是近代开埠之后,西方航运势力纷纷进入中国,极大地改变了中国的社会经济格局。其中在开埠之后的很长一段时间内,英国在华航运势力最强;甲午战争之后,日本在华航运势力得到快速发展;到20世纪20年代,英日两国在华航运势力占据前两位。在这样的大背景下,英日两国在华航运网络发生了什么样的变化,背后的影响因素是什么,这是我们关注的问题。围绕国外航运势力在中国的发展问题,国内外学者有过大量的研究。

第一节 国内外航运史研究进展

一、中国学者的相关研究

"中华民国"时期学者郭寿生(1993)、张心澂(1930)、章勃(1933)等研究了列强侵夺中国航权和外国航运势力在中国的活动情况,主要从数量的角度分析了各国在中国航运业中势力的消长。刘广京(1988)利用外国在华洋行的档案,对外国早期在中国的航运活动,做过较深入的研究,但这些研究时段主要集中在中国开埠初期。樊百川(2007)在研究中国轮船航运业兴起的同时,也详细梳理了各国在华航运业在各个时期的变化及对中国轮船航运业的影响。朱荫贵(2008)考察了第一次世界大战及之后列强在华航运业的不同表现,特别分析了英日两国分霸中国江海航线格局的原因和特点,认为英国依靠其长期

在中国发展扩张奠定的基础继续保持了在中国航运界称霸的地位，而日本航运势力的扩张具有明显的日本政府全力支持的特征，是日本政府总体向外扩张计划中的重要组成部分。太古洋行是以航运为中心开展活动的主要外国资本企业之一，张仲礼等（1991）研究了太古洋行在华拓展航运市场的过程。毛立坤（2005）把东南沿海的对外航线分为中短程航线、跨区航线和远洋航线，进而分析了不同港口在航线结构中的地位。王列辉（2012b）从港口吞吐量、航线设置、商业辐射范围等方面考察上海与香港在近代中国经济格局中的地位，认为已经在中国沿海形成了双中心的格局。

二、日本学者的相关研究

日本的航运史研究伴随着日本海运业的发展，各大航运会社对本社发展历程的总结和归纳既是海运史研究的重要资料，同时也是重要的研究成果，如《大阪商船株式会社五十年史》（神田外茂夫，1934）、《日本邮船百年史资料》（财团法人日本经营史研究所，1988）等，对公司经营、航路发展、轮船统计等信息都有系统整理。小风秀雅（1995）对东亚运输业市场中日本海运业近代化和日本政府的关系进行了论述，并围绕日本海运会社的海外航路进行了具体研究。片山邦雄（1996）对明治时期日本海运会社的海外航路及海员问题等进行了论述。松浦章（2013，2015）是近年来对东亚海运史关注最多的学者，其著作都涉及19世纪60年代大英轮船公司（P&O轮船公司）及得忌利士轮船公司（Douglas Lapraik & Co.）在东亚的航运活动及其与日本轮船公司的竞争。

三、西方学者的相关研究

企业史研究是西方学者的重要着力点之一，特别是对怡和洋行（Fevour，1968；Jardine Matheson Co. Ltd，1979；Cheong，1979）、太古洋行（Hunsberger et al.，1969；Drage，1970）等在近代中国航运市场占有重要地位的企业研究较多。这些研究或者考察航运企业的发展历程，或者探讨企业家的经营之道，也涉及航运网络的扩张和竞争，但更多的是从企业自身出发来研究其发展史。还有一些着重研究英国企业和商人在晚清的发展和转型（Chan，1977；Morineau and Chaudhury，1999；Jones and Geoffrey，2002）。

前人研究较多关注两国航运船只和吨数的消长、两国对航运的补贴和扶持、两国航运发展对中国航运的冲击等，缺少对英日两国的航运网络进行对比研究。近年来，随着复杂网络研究的兴起，很多学者开始运用复杂网络的理论和方法研究不同领域的网络结构和特征，港口航运网络研究也是其中重要的一部分。Ducruet 和 Notteboom（2012）对全球航运网络有较深入的研究。国内学者也较深入地研究了世界航运中心网络的结构与特征（田炜等，2007），但是运用复杂网络的理论和方法研究历史时期的航运网络却鲜有见到。本书尝试用网络分析软件 Gephi 和地理信息系统软件 ArcGIS 相结合的方法，比较分析英日两国在华航运网络的不同特点及中国港口在两国航运网络中的地位。

近代中国开埠之后最为系统的数据来自于《中国旧海关史料》，其记载了各通商口岸每年进出口船只数量等，但是没有记载航线设置的具体情况。本书利用张心澂（1930）的《帝国主义者在华航业发展史》作为参考，该书较为详细地记载了各国在华航运发展的历史，特别记录了1927年各国所属的轮船公司在中国设立的航线情况，为本书研究提供了最基本的资料。但是其中的部分航线记录也存在一些瑕疵，主要表现在没有具体的港口名称，而以国家名字代替，如"上海日本线"，这样的记载使得我们无法明晰具体是日本的哪些港口与上海有航线。因此本书又参考了《交通史·航政篇》第 6 册（关庆麟，1931）和 1927 年出版的《申报》，进一步考证具体的港口名称。经过考证，《帝国主义者在华航业发展史》中英国共 66 条航线，其中 10 条不是很明确，有效航线占总数的 84.8%，日本共 97 条航线，其中 11 条不是很明确，有效航线占总数的 88.7%。从有效航线比重看，具有一定的代表性。

本章首先对航线进行考证，明晰航线具体挂靠的港口；把航线挂靠港口数据导入 Gephi 软件，利用该软件对航运网络可视化，并进行统计分析；把 Gephi 软件所得的统计数据如度、介数、平均路径长度等导入 ArcGIS 软件，实现数据与空间的综合分析。

第二节 列强在华航运发展历程

一、1842～1895 年：一国独霸

1842 年清政府被迫签署《南京条约》，英国获得在中国东南沿海航行的特

权。此后，多个不平等条约的签订，使列强获得了在中国沿海和内河航行的特权。直到中日甲午战争爆发前，英国航运势力在中国一直占有绝对主导的地位。据表6-1，1895年英国的船只吨位占了中国船只总吨位的70.06%。在远洋航运方面，英国的7家轮船公司几乎独占了欧亚之间的航运，法国邮船公司、德国的北德意志轮船公司及挪威、丹麦、奥地利的轮船公司，根本无法同其竞争。中国和印度、中国和加拿大之间的航线也由英国轮船公司在运营。只有中国和日本之间的航运为日本邮船株式会社所垄断（樊百川，2007）。这一时期，中国航运业主要呈现出英国独霸的格局。

表6-1　1895～1930年各国在中国船只吨位的比重　　（单位：%）

年份	英国	日本	中国	其他	年份	英国	日本	中国	其他
1895	70.06	0.42	17.82	11.70	1913	41.29	25.37	21.56	11.78
1896	65.82	1.71	21.84	10.63	1914	40.52	24.76	25.75	8.97
1897	65.37	1.97	23.35	9.31	1915	41.94	26.58	26.89	4.59
1898	62.57	4.62	24.09	8.72	1916	41.14	27.82	26.86	4.18
1899	59.68	7.26	23.91	9.15	1917	39.13	28.65	28.00	4.23
1900	56.81	9.54	19.38	14.27	1918	43.05	22.00	31.35	3.60
1901	54.46	11.49	13.40	20.65	1919	38.23	29.01	28.55	4.21
1902	50.26	13.71	17.42	18.61	1920	39.11	27.35	26.83	6.72
1903	49.55	14.03	17.46	18.95	1921	37.56	28.17	28.21	6.06
1904	52.12	6.79	23.37	17.72	1922	39.21	27.09	27.01	6.69
1905	48.79	8.67	22.81	19.72	1923	40.61	26.01	25.35	8.03
1906	44.68	15.19	21.62	18.51	1924	40.77	25.44	24.36	9.43
1907	42.00	19.66	21.03	17.31	1925	34.61	28.27	26.60	10.52
1908	41.30	21.67	20.34	16.69	1926	36.49	29.83	21.75	11.93
1909	39.57	22.03	20.77	17.63	1927	36.10	32.05	19.40	12.45
1910	38.93	21.48	22.27	17.32	1928	38.00	26.49	24.77	10.74
1911	40.78	22.52	21.01	15.69	1929	39.17	28.63	20.20	12.00
1912	43.92	22.95	20.12	13.00	1930	38.45	30.65	19.61	11.28

资料来源：Hsiao（1974）。

二、1895～1914年：多国相争

中日甲午战争之后，日本以日本邮船株式会社和大阪商船株式会社两大公

司为主力，在中国长江、华北和东南沿海扩大航运势力。由于强取了中国辽东半岛的租借权和东三省南部的势力范围，日本在中国北方的航运势力也随之猛增，一跃代替英国而占据中国北方港口进出轮船的首位。日本的日清汽船株式会社侵入长江航路，形成英日并霸长江的局面。英国轮船公司如太古、怡和等以香港、汕头为基地同上海和北方港口之间设置了多条航线。俄国侵入松花江和华北沿海，加强辽东半岛同本国的联系。德国强租山东胶州湾后，立即开设上海经胶州、烟台到天津的定期航线，同时闯入长江、扩大沿海和远洋航运。法国强租广州湾后，立即加强华南西段沿海的航运势力，同时参加长江和新开放的西江航运的争夺（樊百川，2007）。据表6-1，这一时期，英国在中国船只吨位比重由1895年的70.06%下降到1914年的40.52%，而日本则由0.42%上升到24.76%，与此同时，中国本土及德国、法国、俄国等国的航运公司都有不同程度的发展，第一次世界大战前夕的中国航运业处于多国相争的格局。

三、1914~1930年：两国争霸

在华航运势力中始终居于首位的英国和迅猛增长的日本，在第一次世界大战期间获得了进一步发展的时机。英国航运势力一方面迅速占领了德国、奥匈帝国退出的地盘，另一方面则将航运势力延伸到了长江上游的川江。日本则利用外船势力消退、运价猛涨的时机大力扩张实力，将本国的航运势力进一步扩张到中国华北、东北及华南的沿海航线，最终形成了英日持续分霸中国江海航线的格局（朱荫贵，2008）。据表6-1，延续第一次世界大战前的发展趋势，英国在中国船只吨位比重仍持续下降，日本的比重则在不断增长，日本与英国的差距从1914年的15.76%缩小到1930年的7.8%，显然英国的优势地位越来越受到日本的冲击，中国航运业形成英日两国争霸的局面。

第三节 英日两国在华航运网络结构特征

一、网络分析

英国在华航运网络中的节点（港口）有66个，日本在华航运网络中的节点（港口）也有66个，节点数量一样，但是如果扣除英日两国航运网络中挂靠日

本，以及欧洲、美洲等地城市的港口，则可发现英国的轮船公司挂靠45个中国港口，而日本的轮船公司只挂靠了30个中国港口，显然英国轮船公司在中国的势力还在日本之上；另外，日本航运网络中日本港口与中国港口之间航线联系非常紧密，在66个港口中包括了10个日本港口。

据表6-2，日本的平均度为1.970，英国为1.712，由此可知，日本在华航运网络的密度高于英国在华航运网络。日本在华航运网络的平均路径长度为3.675，这意味着如果从任何一个港口出发，平均只需要中转三次就可以到达另外任何一个港口，英国在华航运网络的平均路径长度为5.079，也就意味着平均需要中转四次到达另外任一港口，因此日本在华航运网络中的货物运输较为便捷。

表6-2 1927年英日两国在华航运网络的数据

国家	港口/个	航线/条	平均度	平均路径长度
英国	66	113	1.712	5.079
日本	66	130	1.970	3.675

资料来源：作者利用复杂网络软件Gephi计算所得。

注：平均度表示网络中一个节点平均有多少条边与之相连，因此对于一定规模的网络，平均度越大，网络越稠密。航运网络中平均路径长度是指将一件货从一个港口送达世界上任何一个相异港口平均所需要停靠港口的数量，它代表了世界航运网络的深度，为了运货的快捷，平均路径长度越小越好，这样既能节省时间，也能保证货物质量

二、航运网络的联系范围

航线通过船舶将不同港口相串联，而航线挂靠港口的多少直接影响港口的联系范围，一个港口联系其他港口的数量说明了港口的空间组织范畴，是反映组织能力和通达性的重要指标。我们从航运网络中各港口的度数来分析英日两国轮船公司的联系范围。

中国沿海：英日两国轮船公司共同挂靠了中国沿海13个港口，分别各有5个港口没有挂靠，没挂靠的港口数量是一样的，也就是从航运网络的覆盖港口来看，在中国沿海，英日两国是旗鼓相当的。以上所述英国轮船公司挂靠中国港口的数量多于日本的轮船公司并不体现在中国沿海港口，而是在中国内河港口。英国航运网络虽挂靠基隆港，但航班密度很低，台湾地区的航运基本上被日本所垄断；虽然英日两国在华航运网络都涉及中国南北沿海港口，但上海以北的港口在日本航运网络中更重要，上海以南港口在英国航运网络中更重要。

中国内河：英日两国轮船公司都挂靠了7个长江沿线港口，英国轮船公司没

有挂靠的港口有 6 个，日本轮船公司没有挂靠的港口有 18 个。日本在长三角航线较多，长三角城市英国涉及较少，英国在珠三角西江流域港口比较多，另外也以福州为中心形成次一级网络，长江沿线英国航线挂靠的港口比日本多很多。

日本港口：英日两国轮船公司都挂靠的港口有神户、门司、横滨、长崎；英国未挂靠大阪、北海道、三池、名古屋、若松、敦贺；日本无未挂靠的港口。英国的航线仅涉及 4 个日本港口，其中神户在英国航线中最重要。

往西的国际航路：英日都挂靠新加坡、哥伦布、马赛、曼谷、伦敦、马尼拉、槟榔屿、加尔各答、科伦坡、鹿特丹、孟买、汉堡等；英国未挂靠亚兴、苏伊士、那不勒斯、仰光、安特卫普、西贡；日本未挂靠热那亚、塞得港、墨尔本等。

往东的国际航路：英日两国轮船公司都挂靠纽约、符拉迪沃斯托克；英国轮船公司未挂靠西雅图、火奴鲁鲁、旧金山、巴拿马、仁川、费城、釜山；日本轮船公司未挂靠温哥华（加拿大）。日本在中美航运市场上势力很大，与美国展开激烈竞争，英国的中美航线较少。

总体上讲，英日两国的轮船公司在中国沿海挂靠的港口数量相差不大，但日本与上海以北的港口联系更为紧密，英国则与上海以南的港口联系更密切。在长江一线，英日两国虽都深入长江上游的重庆，但英国在长江挂靠的港口数量更多，日本集中在长三角发展内河航运，英国则在珠三角的内河航运上具有垄断地位。日本航运网络挂靠日本的港口多，英国的航运网络挂靠日本的港口少，这显然是正常的，但是在日本航运网络中最重要的日本港口是大阪，而英国的航运网络中最重要的港口是神户，没有一条英国轮船公司的航线挂靠大阪，显然阪神地区是当时最重要的港口区域，只是两国的轮船公司在错位发展。日本是中美航线的必经之地，日本和美国在中美航线上竞争激烈，相对来讲英国的中美航线较少。

三、港口在航运网络中的地位

两国在华网络布局都具有明显的层次结构，航线主要挂靠于少数港口，多数港口的航线规模较小，与他们连接的节点数明显多于其他网络节点，但两国在华航运网络又呈现不同的特点，在英国的航运网络中上海和香港的度分别为 18 和 14，构成了以上海、香港为双中心的航运网络［图 6-1（a）］；这一结构也与章勃（1993）的记叙一致：“远东之外洋航路，素以香港、上海为中心，盖香港为东洋第一海港，亦为世界之一大中心。至于上海，则不仅为世界海运之中心，亦为东洋及中国航运之中心，因其地位适中，故欧洲、北美、澳洲及其他南洋等外洋航路，莫不通过上海这海口。而且香港，在地位言，实远不及上海”。

138　互联互通：中国航运网络的结构与演化

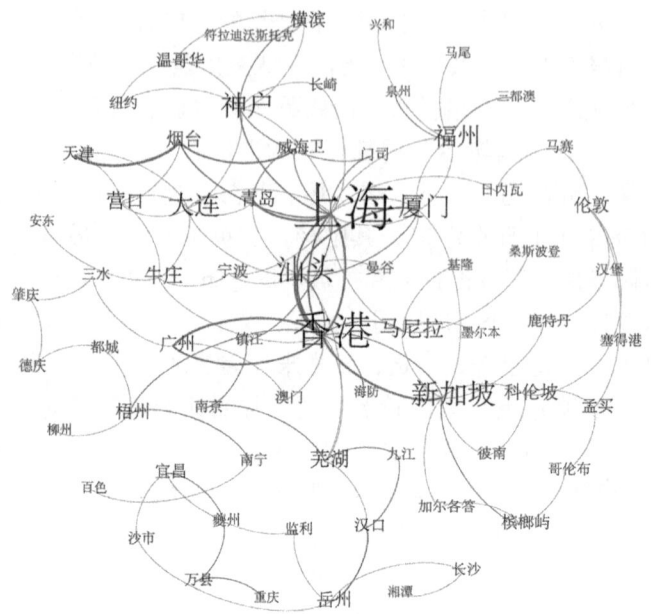

(a) 英国在华航运网络的双中心结构

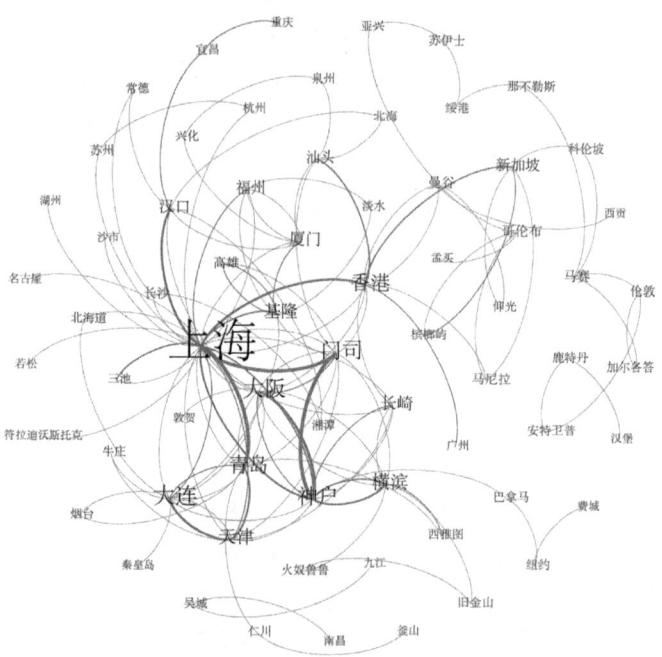

(b) 日本在华航运网络的单中心结构

图 6-1　英国和日本在华航运网络结构

资料来源：作者利用复杂网络软件 Gephi 绘制

在日本的航运网络中上海的度为31，遥遥领先于排在第2位的大连和大阪（13），说明上海在日本航运网络中具有最高的枢纽度和组织能力，以上海为中心向周围辐射是日本航运网络的一个重要特征，因此构成了以上海为单中心的航运网络[图6-1（b）]，正如章勃（1933）所说："日本之远海近海航路，无一不与我国有关，其所走之航路，均集中于上海港"。神户-上海线一年航行52次，横滨-上海线达到104次。使用的都是2000吨以上的大型轮船（财团法人日本经营史研究所，1998）。这样频繁的航海次数和运力，说明日本非常重视与上海的航运关系。

两国在华航运网络中，枢纽港与支线港已经形成。据表6-3，英国远洋航线挂靠上海、香港、汕头、厦门、大连、基隆，日本远洋航线挂靠上海、香港、大连、青岛、天津，其他港口通过上述港口连接远洋。英日都挂靠香港、上海、大连，这三港是中国远洋航线中最重要的港口，另外英国还挂靠东南沿海的汕头、厦门、基隆，日本挂靠华北的青岛、天津，说明在远洋航线上两国也是各有侧重。

表6-3　英日两国远洋航线中的中国港口

英国		日本	
港口	度	港口	度
上海	11	上海	7
香港	7	香港	7
汕头	4	大连	3
厦门	3	青岛	3
大连	2	天津	2
基隆	1		

资料来源：作者利用复杂网络软件Gephi计算所得

四、港口在三类航线中的地位

张心澂（1930）在《帝国主义者在华航业发展史》中把航线分为远洋航线、近洋航线和内河航线，本书根据这一划分，对中国港口在英日两国的三大航线中的地位进行分析。

英国的太古洋行、怡和洋行、隆茂洋行等8家轮船公司开设了中印航线、中欧航线、澳洲航线、东南亚航线、中美航线、欧美航线、纽约远东线等24

条远洋航线。介数为网络中所有最短路径中经过该节点的路径的数目占最短路径总数的比例,反映了相应的节点在整个网络中的作用和影响力。由这 24 条远洋航线所构成的航运网络中,上海的介数最高为 314.5,其次分别是新加坡(252.5)、香港(200)、神户(160),因此可以得出在中国以上海、香港为中心,再通过神户连接日本和美国的港口,通过新加坡沟通东南亚和欧洲[图 6-2(a)]。

日本在华远洋轮船公司以日本邮船株式会社、大阪商船株式会社为核心,还包括昭和海运株式会社、三井物产株式会社、山下汽船株式会社等,远洋航线有 24 条,涉及欧洲线、纽约线、旧金山线、西雅图线、澳洲线、南美线、非洲线、印度线等。在这 24 条远洋航线所构成的航运网络中,香港的介数最高,为 177,其次分别是上海(171.5)、科伦坡(170)、神户(152)、新加坡(104)[图 6-2(b)]。

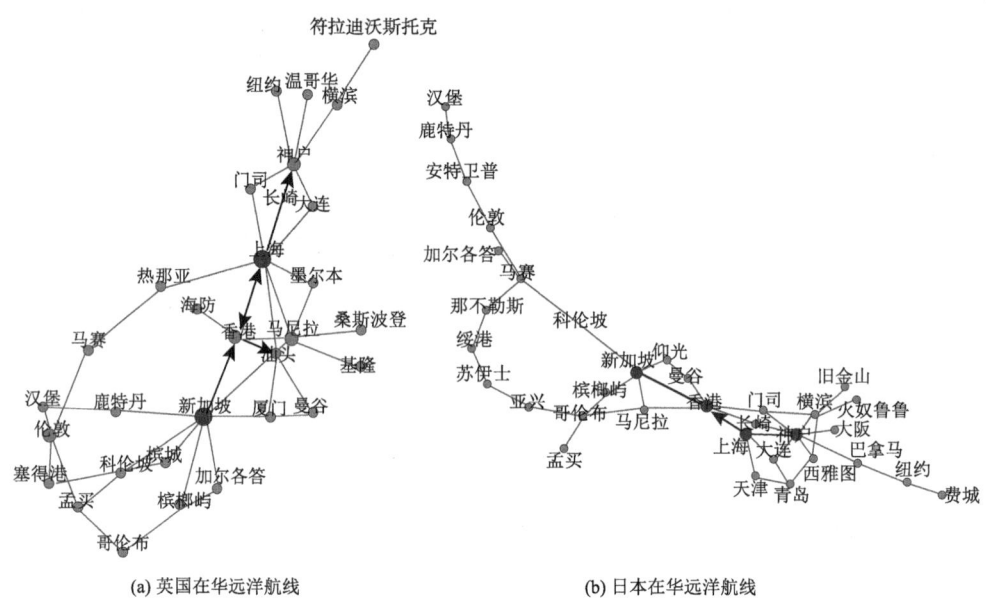

(a) 英国在华远洋航线　　　　　　　(b) 日本在华远洋航线

图 6-2　英国和日本在华远洋航线

资料来源：作者利用复杂网络软件 Gephi 绘制

英国在华近洋航线有两大特点：其一,排名靠前的大部分位于汕头以南的港口,香港的介数最高,达到 175.67,其次是汕头(145)、梧州(124)、都城(105);其二,上海介数仅为 50,在全部港口中排名 8,排名比较靠后。由此可知,英国在华近洋航线在华南占有较高的地位。依托于香港这一"大本营",英国轮船公司积极向华南地区拓展航线,如第一次世界大战之前德国捷成洋行占优势的香港、海口、北海、海防航线，第一次世界大战发生后即被太古洋行、怡和洋行所分占，得忌利士轮船公司长期垄断了香港-汕头线，日本还将福州、香港间的定期航线让归英商单独经营（樊百川，2007）[图6-3（a）]。

日本近洋航线中上海的介数最高，为395.467，其次是日本的大阪（239.7）、香港（195）、汕头（144）、厦门（135.5）、大连（123.5）、青岛（87.267），呈现出以上海为中心，向中国沿海南北两翼拓展的态势，另外中国台湾的基隆排名也较高，大阪商船株式会社于1896年开设日本神户等地至中国台湾的航线，日本邮船株式会社于1897年开辟了由香港出发，往返上海、华北、长崎、基隆等港的大型环线[图6-3（b）]。

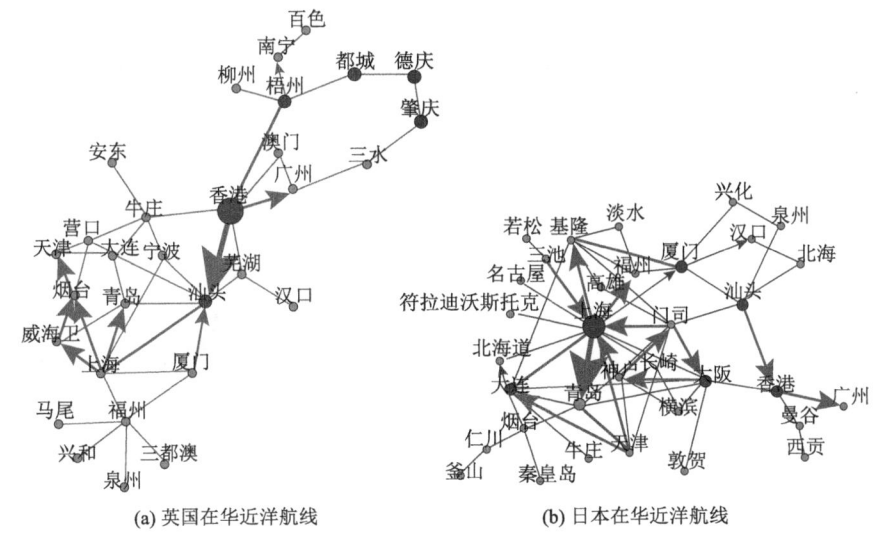

(a) 英国在华近洋航线　　(b) 日本在华近洋航线

图6-3　英国和日本在华近洋航线
资料来源：作者利用复杂网络软件Gephi绘制

内河航线：英国在长江的航运网络以汉口为中心，从19世纪80年代初起，英国的太古洋行和怡和洋行已经开始垄断了长江的航运。日本以日清汽船株式会社侵入长江，经过十余年的混战，到1911年，形成英、日并霸长江的局面。太古洋行、怡和洋行等开通了上海-汉口线、汉口-宜昌线等，汉口和宜昌是重要的中转口岸，在汉口重庆之间，还挂靠沙市、监利等港，此外航线还深入湖南内河；同时还构筑起以福州、广州和梧州为中心的次一级的航运网络[图6-4（a）]。

日本在华内河航运网络有几个特点：以上海为中心，开设上海-汉口线、汉口-宜昌线和宜昌-重庆线，从而深入长江上游；日本邮船株式会社开设神户-汉口线、神户-沙市线，日清汽船株式会社开设大阪-汉口线等江海直达航线，从日本直达长江中游的汉口,这些江海直达航线也挂靠上海;日本在华内河航线虽也深入长江上游的重庆,但长江一线挂靠的港口明显少于英国轮船公司,日本主要深耕于长三角(以上海为中心,向苏州、杭州、湖州等长三角城市扩展)和江西省、湖南省[图 6-4(b)]。

从远洋航线、近洋航线和内河航线看,英日两国轮船公司有一个很大的特征,那就是在不同航线上都实行错位竞争,如英日远洋航线上介数排名前 4 位的港口完全一致,但在英国远洋航线上上海最重要,而日本远洋航线上香港最重要;在英国的近洋航线上香港排名第 1,上海仅列第 8,但在日本的近洋航线上上海排名第 1,香港位列第 3;在英国的内河航线上汉口名列第 1,是最重要的中转港,而在日本的内河航线上上海排名第 1。我们把两国的轮船公司整合进以国家为单位的统计分析中,可以发现两国的轮船公司都覆盖了最主要的港口,但在航线的内部结构中的核心或枢纽是不一样的,存在错位竞争的现象。

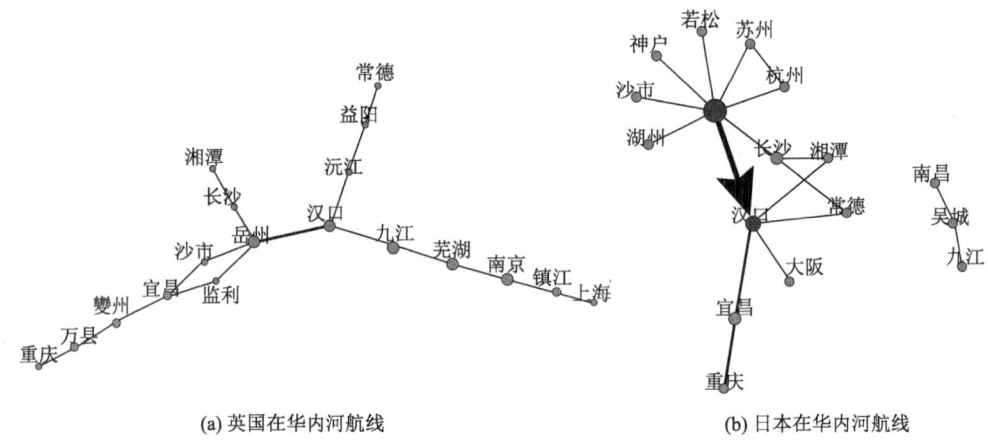

(a) 英国在华内河航线　　　　(b) 日本在华内河航线

图 6-4　英国和日本在华内河航线

资料来源:作者利用复杂网络软件 Gephi 绘制

五、港口之间的航运联系

港口联系是因国际贸易而产生的运输联系,由船舶挂靠不同港口而实现。分析港口间联系的空间格局,目的在于考察航运网络中航线的主要组织方向和区域。

英国航运网络中香港与汕头间的航线最密集,繁忙航线中涉及香港的最多,其次是上海和汕头,排名前 10 位的航线大部分集中在上海以南的南洋航线,只有烟台-天津、上海-青岛两条北洋航线排名前十（表6-4）。

在日本航运网络中上海与青岛、神户与门司的航线最密集，排名前10位的航线中涉及上海的最多，其次是神户。大部分密集的航线集中在中国的北洋航线及日本内部航线，涉及南洋航线的只有上海-香港，另外内河航线上海-汉口线也很重要。日本对中国沿海航运的扩张，尤以扩大上海以北航线的控制权和加强上海以南航线的争夺能力为目的。从1915年起，日本不仅在中国北方所有各港口进出的轮船只数和吨位总数中，占有一半以上，而且除了烟台以外，在各港口也分别占据首位或绝对优势。在中国南方沿海航运方面，日本未能像在北方沿海那样，占据优势地位（表6-4）。

表6-4　英国和日本航运网络中排名前10位的航线

英国		日本	
航线	数量/条	航线	数量/条
香港-汕头	11	上海-青岛	8
烟台-天津	6	神户-门司	8
新加坡-香港	5	门司-上海	7
上海-香港	5	大阪-神户	6
上海-青岛	5	上海-香港	5
广州-香港	5	上海-汉口	5
香港-上海	4	天津-大连	5
香港-广州	4	横滨-神户	4
汕头-厦门	4	神户-上海	4
汕头-上海	4	青岛-天津	4

资料来源：作者利用复杂网络软件Gephi计算所得

第四节　英日两国在华航运网络格局的影响因素

一、空间区位

中国华北、东北更靠近日本，由于地理位置接近和日本对中国东北怀有野心，日本航运势力的扩张趋势此时期在中国北部显得尤为突出，日本港口与中国港口特别是上海以北港口融为一体，航线联系非常密集。据表6-5，1913年日本在安东（现丹东市）、大连、牛庄占绝对优势，在秦皇岛英日两国相差不多，英国在天津、烟台、青岛占优势；第一次世界大战期间至1927年，英国除了在烟台还具有优势外，在其他港口的比重几乎都在下降，日本在北方两大港口城市（大连和青岛）的优势更加明显，这跟大连和青岛在地理位置上接近日本有很大的关系。甲午战争之前，我国台湾地区缺少通往国外的航线，进出口货物需经厦门中转，甲午战争之后，日本以基隆为起点或途经站，开辟了通往神户的快慢航线4条，绕行东西海岸的环岛航线4条；开辟由淡水、安平通往香港的航线各1条（毛立坤，2005）。日本还通过价格战，使原来长期垄断香港到台湾间航线的英国得忌利士轮船公司退出了这条航线。

表6-5　1913~1927年日本、英国船只在中国北部港口中所占比重　（单位：%）

时间	国家	安东	大连	牛庄	秦皇岛	天津	龙口	烟台	青岛	总计
1913年	日本	68.4	77.5	49.8	37.1	29.7	0	31.3	17.5	44.8
	英国	14.6	11.1	29.1	35.4	36.3	0	34.1	31.0	26.5
	其他	17.0	11.4	21.1	27.5	34.0	0	34.6	51.5	28.7
1915~1919年平均	日本	56.8	83.7	46.3	54.7	39.1	51.9	11.5	74.2	56.8
	英国	13.8	7.1	25.1	21.1	37.7	10.2	40.8	17.3	22.9
	其他	29.4	9.2	28.6	24.2	23.2	37.9	47.7	8.5	20.3
1921~1925年平均	日本	34.2	67.4	27.1	38.0	33.0	21.3	11.5	53.0	45.7
	英国	20.5	8.7	28.7	20.0	29.3	11.5	40.8	19.7	20.4
	其他	45.3	23.9	44.2	42.0	37.7	67.2	47.7	27.3	33.9
1927年	日本	26.5	68.5	27.4	27.3	39.3	32.3	19.9	53.9	48.9
	英国	7.7	7.7	15.5	12.2	26.0	5.9	35.7	18.2	16.3
	其他	65.8	23.8	57.1	60.5	34.7	61.8	44.4	27.9	34.8

资料来源：聂宝璋和朱荫贵（2002）

其间，英国资本集中在长江沿岸（吴承明，1995）。虽然日本在中国华北、东北及台湾的航运势力不断提升，但英国在东南沿海、长江流域及中国沿海南北跨区域航线上仍占优势。

二、企业发展策略

英国的航运公司长期在中国发展扩张，实力远超过其他国家，其依靠第一次世界大战期间获得的高额运费和大造新船,以及迅速抢占其间退出的德国、奥匈帝国等国的航线,继续保持了在中国航运界称霸的地位。前述可知,在长江航线上,从19世纪80年代初起,英国独霸。甲午战争到1911年,形成了英、日并霸长江的局面。第一次世界大战期间,因为江轮不适于航海,英国的侵略势力不但未曾削减,反而因为新的扩展而有所增长,轮船公司包括太古洋行、怡和洋行、祥泰木行、亚细亚火油公司等。

日本在长江航运上,在大部分时间内仍以日清汽船株式会社为主。据表6-6,日清汽船株式会社在1911~1918年的比重较高,约占长江航线轮船总吨数的1/3,最高时接近1/2。大部分时间四大公司四分天下,但如把太古洋行和怡和洋行相加,则1924年和1928年英国在长江航线上的轮船吨位比重就接近和超过了50%。这跟英国轮船公司进入长江流域更早、挂靠港口更多、根基更为雄厚有很大的关系。

表6-6 太古、怡和、日清、招商局四大公司长江航线轮船吨位数比较

年份	太古洋行 只	吨位数	%	怡和洋行 只	吨位数	%	日清汽船株式会社 只	吨位数	%	轮船招商局 只	吨位数	%
1901	5	6 550	17.49	5	7 000	18.69	5	11 100	29.64	10	12 800	34.18
1903	4	6 757	23.8	5	7 236	25.5	5	6 727	23.09	6	7 688	27
1911	9	9 863	17.9	6	10 648	19.3	12	25 678	46.6	7	8 864	16.2
1914	9	17 250	21.5	7	19 172	23.8	12	25 260	31.4	8	18 704	23.3
1916	10	22 833	24.8	8	20 637	22.4	13	29 237	31.7	8	19 425	21.1
1918	9	19 436	21.4	8	19 787	21.8	14	32 104	35.3	8	19 025	21.5
1924	15	20 744	26	11	18 302	23	16	21 486	27	13	19 145	24
1928	20	22 343	26.4	14	20 766	24.6	18	22 003	26	12	19 425	23

资料来源:聂宝璋和朱荫贵(2002)。

注:日清汽船株式会社创于1907年,在此以前,长江线日轮以大阪公司为主,故1901年、1903年均采用大阪数据。1911年太古洋行在汉口湘潭线有轮3只,这里仅计1只,其他2只吨位缺,故该年太古洋行实有吨位尚不仅此。自1924年起,太古洋行、怡和洋行辟宜渝线。表中吨位数字均不包括300吨以下的小轮拖驳等

日本是第一次世界大战期间未受多大损失而大获其利的国家,战争开始前其扩展的势头即远超过其他列强,战争期间又利用巨额的收入建造和购买新船,在华北沿海航线上的扩张尤为突出。在日本政府利用补助金、命令航线和其他措施的统一安排下,日本邮船、大阪汽船、日清汽船等公司的扩张各有分工和重点,第一次世界大战期间和之后都有明显的扩展(朱荫贵,2008)。作为一个

后起的航运国家，日本除了继续巩固其在中国华北、东北、台湾的航线外，还积极在华南、长江等区域四面出击，与英国展开正面争夺。例如，1920 年，日清汽船株式会社开辟上海至广东的航线，沿途停靠汕头和香港，打入英国长期占垄断地位的东南沿海，日本政府也将此航线确定为命令航线，给予航行补助金。

综上所述，英日两国的轮船公司无论是在重点区域、重要航线还是在航运枢纽等方面都存在错位竞争的态势。在航线的内部结构中的核心或枢纽是不一样的，存在错位竞争的现象。

三、政府的扶持

甲午战争之后，日本航运势力快速发展，与政府的大力扶持有很大的关系。日本航运势力的扩张具有明显的政府全力支持的特征，是日本政府总体向外扩张计划中的重要组成部分（朱荫贵，2008）。日本以政府"命令航线"的方式，既对日本的轮船公司给予巨额补助，又使其各在一定的范围内分工协作，增强竞争力量。例如，以日本邮船株式会社、大阪商船株式会社两大垄断企业为中心，在远洋方面进行争夺，并控制中日之间的近海航线；以大阪商船株式会社等为中心，再加上日清汽船株式会社设立的华南航线等，扩大其在中国沿海势力；东洋汽船株式会社专门争夺中美间的航运；日清汽船株式会社专注于长江航运在长江航线争夺垄断权。所有这些都以日本为基地，形成了一个由日本政府用补助金支持和统一安排的把中国江、海、远洋航线全部罗织在内的庞大的"蜘蛛网"。

英国没有这样明确的有形组合，但各大公司间却有多年逐渐形成的分工和配合。例如，在远洋航运方面，大英轮船公司主要掌握伦敦至中国、日本各港口城市的欧亚邮政和货运航线及中国至澳洲的航线，海洋轮船公司和中国互助轮船公司经营利物浦、格拉斯哥同中国、日本各港口城市及由此延伸至美国西雅图间以货运为主的蓝烟囱航线等直航于伦敦和塔科马之间等，以上航线起点既不同，中间经过港口又互有差别，既避免了互相之间的竞争，又互相补充和配合，形成一种宽幅度的航线（樊百川，2007）。

第五节　本　章　小　结

近代开埠之后，西方航运企业纷纷进入中国市场，改变了中国社会经济结构。本章回顾了自近代开埠以来至 20 世纪 20 年代列强在中国航运业发展的历程，重点分析了 20 年代英日两国的航运网络。以往的研究往往从进入中国港口的船只数量、吨位数量等角度考察各国在中国航运势力的消长。本章则从空间的角度研究英国、日本在华航运网络分布的差异，在一定程度上能弥补前人只侧重数量的不足。同时，从空间区位、企业发展策略、政府的制度安排等方面能较好地解释英日两国在华航运网络演变的因素。

在研究方法上，前人对近代港口的研究一般都使用每个港口的属性数据（反映港口发展的吞吐量数据、码头长度数据等），但是很少使用港口之间的关系数据（反映港口间联系的数据）。本章用复杂网络软件 Gephi 来处理历史时期航线，从而建构起 19 世纪 20 年代的航运网络，并在网络中研究节点（港口）地位的变化。基于航线数据，这样的尝试使得重建长时段的航运网络或港口城市网络成为可能。但是由于资料的限制，本章没有考虑航班频率、航线上所配船只大小等，在一定程度上会影响研究结果的精度。

第七章
航运企业重组与航运网络整合——基于中远、中海重组的实证分析

2008年金融危机后,航运市场整体供过于求,在多数航运企业业绩亏损和资金紧张的大背景下,2016年航运业的重组大戏轰轰烈烈上演。国外有法国达飞收购东方海皇,挪威Solstad Offshore与REM Offshore合并,日本邮船、商船三井和川崎汽船合并集运业务,STX海洋造船自救重组计划,赫伯罗特收购阿拉伯联合国家轮船,马士基收购汉堡南美等一系列兼并重组事件。国内先后有中国远洋运输(集团)总公司(简称中远)、中国海运(集团)总公司(简称中海)两大航运巨头合并重组为中国远洋海运集团有限公司(简称中远海运)和中国外运长航集团有限公司整体并入招商局集团,四大航运巨头合并为两家。

中远与中海是中国最大的两家航运企业,在2015年公司运量分别排在全球的第6位和第7位。自2016年3月1日起,中远海运正式进入航线业务整合过渡期,租入并经营中海集运的集装箱船舶和集装箱,按重组实施进度逐步整合中海集运网络资产。截至2016年12月,中远海运已经形成了新的航运网络格局。有专家对中远和中海的整合提出不同观点,认为两家采用联盟的方式是比较明智和稳妥的整合路径。对于整合后的效果评估是一个相当复杂的问题,涉及企业管理效率、航运市场的整体供需关系等[1],本章仅考察航运企业的兼并重组对航运网络产生什么样的影响,进而研究合并重组后的中远海运在航运空间上是否取得了预想的效果。

第一节 航运企业的兼并重组

航运网络空间格局研究中,班轮周期成为重要的分析主体,特定区域下的

---

[1] 徐剑华. 中远中海整合,航运联盟何去何从.《中国船检》2015年第9期。谢燮. 巨轮合体引发三点思考. http://www.ship.sh/news_detail.php?nid=17286[2015-08-12]。

航运网络空间格局和全球性航运网络的研究开始涌现。王成金(2008a)、Kaluza(2010)、Ducruet 和 Notteboom(2012)、Xu 等(2015)基于航运网络指标对全球航运网络的格局进行刻画，Ducruet 和 Notteboom(2012)的研究发现东亚地区发展迅速，但其网络地位远不如欧洲地中海地区，南北向新兴市场开始发展。Wilmsmeier 和 Notteboom(2011)比较了南美和北欧两个不同发达程度的区域班轮运输网络，并从港口环境、与腹地的联系、市场运营者战略和政府政策等方面探讨班轮配置因素。总体上，对航运网络的研究集中在全球、区域或国家尺度的格局研究，并且关注区域差异下班轮配置的影响因素。

还有学者对企业航运网络全球化格局的演进作了探讨。Frémont(2009)梳理了集装箱航运发展 50 年来的主要航运企业的发展；他还从航运企业整合类型上分析横向整合与垂直整合的差异与特点，并通过对航运业从业人员的调研访谈，探究垂直整合的进程(Frémont, 2009)；他也选取单个航运企业为研究单位，探讨企业航运网络格局的演变：收购、航线购买及新的班轮模式，枢纽港战略在马士基、达飞全球网络格局形成中起着重要推动作用(Frémont, 2007, 2015)。此外，Parola 和 Veenstra(2008)梳理了主要班轮公司及码头运营商的全球化格局。整体上看，这些对航运企业的研究，倾向于航运业企业发展的概述性统计分析或者是对马士基、达飞等发达国家航运企业全球化市场开拓的进程研究。

在研究方法上，近年来，复杂网络结合可视化平台为航运网络的定量刻画提供科学工具。陈芙英和胡志华(2016)基于复杂网络理论，分析了海上丝绸之路东南亚航运网络的复杂网络特征，指出新加坡港、巴生港及丹戎帕拉帕斯港在区域网络中具有重要意义。王列辉和洪彦(2016)基于船期表，选取复杂网络指标刻画了直航开通海峡两岸集装箱港口体系空间结构变化。杜超等(2016)基于复杂网络方法，通过整体网络指标，以及度和度分布、港口中心性等的分析，梳理了中国集装箱航运网络空间格局。复杂网络与船期表相结合，为航运网络空间根据的研究提供了精确度量的方式。

航运企业市场扩张有三种主要方式：联盟合作、兼并收购和内部增长。关于航运企业兼并重组及联盟策略的研究主要集中于航运企业兼并重组及联盟的动机、影响因素分析，以及航运企业兼并重组的效用分析(Frémont, 2009; Fusilo, 2009; Rodriguez-Pose and Zademach, 2003; Das, 2011; Andreou et al., 2012; Alexandrou et al., 2014; Na and Yoshida, 2013; 王成金, 2012)。Frémont(2009)探讨了航运企业垂直整合的实际发展情况，发现在实践中航运企业参与多式联运是为集装箱航运这一核心业务服务。在航运企业兼并重组动机与目的的研究上，Fusilo（2009）基于新古典模型对美国航运企业兼并活动的影响因素（技术、监管环境、行业需求）进行定量验证；Rodriguez-Pose 和 Zademach（2003）采用计量经济学模型分析了地理维度因素对企业并购活动的影响；Das（2011）认为联盟扩大市场覆盖面，兼并收购能获得更高的协同经济；Andreou 等（2012）提出企业在追求规模经济的同时追求范围经济。对于企业重组后的效用分析，学者多关注兼并收购行为所产生的经济效益。Alexandrou 等（2014）以参与并购重组的航运企业财务指标的估值效益为依据，系统分析了并购双方的效益特点；Na 和 Yoshida（2013）梳理了日本航运企业的并购重组历程，并通过并购企业财务数据变化评价企业兼并效果，企业兼并改变市场运力格局，并通过改善资产利用率提高企业的盈利能力，从而获得协同效应。获得协同效应是企业兼并重组的主要动机与企业整合成功与否的评价标准。

近年来，航运业的兼并重组风起云涌，已有研究中学者开始关注航运企业联盟和重组活动对航运格局的影响，但仅局限于在企业重组大背景下，全球航运运力格局变动的定性阐述。学者开始研究联盟兼并背景下航运企业的发展，特别是航运企业联盟兼并的动机、影响因素和经济效益。但在航运企业重组兼并效果的具体个案研究中，主要集中于利用长时间段的股票、财务数据考察兼并重组的经济效益，市场运力格局变化只是作为企业重组后的一部分进行简单概述，即使是在对单个航运企业航运网络全球化的研究中，也缺乏对航运网络格局变动的具体刻画和量化分析，对中国重要企业的航运网络空间格局探究更是鲜见。当前，全世界集装箱货运量的70%在亚洲，这其中又有70%在中国，中远与中海是中国最大的两家航运企业，重组后运力排名上升为全球第四，业内人士指出，这起重组不仅仅代表中国，也代表整个亚洲[①]。同时，中远、中海重组作为国有企业改革的重要一步，研究其重组后的整合效果具有现实意义。

本章基于航运企业班轮航期数据，通过复杂网络指标，结合 VOSviewer 和 ArcGIS 可视化分析，精确刻画航运网络空间格局，并结合复杂网络指标，从幅员经济和枢纽经济两个维度，探讨中远海运航运网络航线整合后的格局变动，评价航运网络的整合效果，以期为航运企业在运力配置和市场扩展上提供有益的参考。

---

① 人民日报. 人民日报评中远中海重组：中国航运新巨头起锚. http://bj.people.com.cn/n2/2016/0224/c82839-27779185.html [2016-02-24].

第二节 航运网络的幅员经济和枢纽经济

一、数据说明

选取中海、中远 2015 年 10 月及 2016 年 12 月整合优化后的集装箱海上运输航线的船期表作为原始数据，首先对同一港口的码头进行合并处理，然后以港口为网络节点，以港口之间的航线及数量为边和边权，以 Gephi 8.0.2 软件为平台，构建 2015 年两航运公司及 2016 年中远海运航运集装箱海上运输有向加权网络。同时结合网络节点属性值的定量分析及 VOSviewer 和 ArcGIS 软件空间分析平台的可视化分析，从运输网络经济角度对两航运企业航运网络空间格局进行探究。

二、评价方法

贸易航线是航运公司一个很重要的软资源，它影响收入和成本及可行的商业模式，航运网络空间格局直接反映企业的服务范围与市场覆盖，是企业追求范围经济和规模经济的直观反映。全球航运网络形成主干航线和区域支线两个等级。全球主干航线网络主要指远东-北美、远东-欧洲和欧洲-北美组成的航运网络，区域支线网络具体包括远东-南非、远东-南美东/西海岸、欧洲-南美、北美东-南美东、南非-澳大利亚、南美-澳大利亚及南非-南美等航线（王成金，2012）。据此，在本章的论述中界定：中远、中海的传统航运市场为东亚、东南亚、南亚、中东、地中海、西北欧、北美东和北美西，新兴市场为澳新、东非、西非、南美东及南美西。

本章基于交通运输领域的特点，以及航运网络的小世界与无标度网络特性（航运网络中少数几个枢纽港在整体网络中处于主导作用），参考荣朝和（2001）对运输领域规模经济与范围经济的定义与含义梳理，结合复杂网络方法选取航运网络的幅员经济（economies of size）和枢纽经济（economies of capacity of a spot in a network），对航运网络进行刻画与整合评价。幅员经济指在网络上的运输密度保持不变的条件下，与运输网络幅员同比例扩大的运输总产出引起平均成本不断下降的现象，本章主要从航运网络港口挂靠的变化情况及航线联系的变化情况代表航运网络市场的覆盖范围，指代航运网络的幅员经济。枢纽经济指随着运输网络上港站吞吐及中转客货量、编解列车、配载车辆、起降飞机、停靠船舶等能力的提高引起平均成本逐渐降低的现象。本章考量港口连接的港口数及航线挂靠频率两个要素，通过港口挂靠强度变动指数 K_i 探究港口航线整合过程中枢纽能力的变化。

其中，

$$K_i = K_{i1} + K_{i2}$$

$$K_{i1} = (2016D_i - 2015D_{i\max}) / 2015D_{i\max}$$

$$K_{i2} = (2016S_i - 2015S_{i\min}) / 2015S_{i\min}$$

当港口在 2015 年只有一个企业选择挂靠时，

$$K_i = 2016D_i / 2015D_i + 2016S_i / 2015S_i$$

据表 7-1，根据 K_i 的大小将港口航线挂靠变动依次分为：收缩减少型、高集约增长型、低集约增长型、完全整合增长型及扩张型增长型五类。

表 7-1 港口变动指数评价情况

挂靠变动指数 K_i	类型划分	说明
$K_i \leq 0$	收缩减少型	2016 年港口航线挂靠弱于/等于 2015 年两企业中该港口最大的挂靠强度
$0 \leq K_i \leq 1$	高集约增长型	2016 年港口航线挂靠大于 2015 年两企业中该港口最大的挂靠强度，且两企业航线整合集约化程度高
$1 \leq K_i \leq 2$	低集约增长型	2016 年港口航线挂靠大于 2015 年两企业中该港口最大的挂靠强度，且两企业航线整合集约化程度低
$K_i = 2$	完全整合增长型	2016 年港口航线挂靠强度等于 2015 年两企业航线完全整合的总体水平
$K_i > 2$	扩张增长型	2016 年港口航线挂靠强度强于 2015 年两企业航线完全整合的总体水平

注：S_i 为 i 港口的加权度（weighted degree），D_i 为 i 港口的连接度（degree）。复杂网络指标包括度、加权度、介数中心性等。

第三节 中远、中海与中远海运航运网络格局差异

一、2015 年中远、中海航运网络空间格局具有差异性

据表 7-2，中远、中海在不同航区上挂靠的港口既存在同质化，也存在差

异性。两企业在西北欧和澳新航区存在高度同质化，港口挂靠共通比为 0.91 和 0.78；在非西、东亚、北美西及南亚同质化也较明显，港口挂靠共通比在 0.6～0.67。差异性主要体现在：中海在地中海、中东、南美东、北美东等航区具有港口覆盖的范围优势，中远在东南亚航区具有港口覆盖的范围优势，港口挂靠共通比在 0.36～0.46；两企业在南美西航区港口选择差异最大，港口共通比只有 0.29。

表 7-2　2015 年中远、中海港口挂靠情况

航区	中远港口数	中海港口数	共通港口数	总港口数	共通比
西北欧	11	10	10	11	0.91
澳新	8	8	7	9	0.78
非西	4	6	4	6	0.67
东亚	31	32	25	38	0.66
北美西	10	11	8	13	0.62
南亚	4	4	3	5	0.6
地中海	14	21	11	24	0.46
东南亚	22	9	9	22	0.41
非东	4	3	2	5	0.4
中东	13	19	9	23	0.39
南美东	7	11	5	13	0.38
北美东	8	11	5	14	0.36
南美西	4	5	2	7	0.29

注：港口共通比为两航运企业均挂靠的港口（即共通港口）与两航运企业总挂靠港口数的比值

两公司航运网络具有重要连接的港口（加权度大于 10）分布具有明显空间差异。重要港口分布上，据表 7-3，两企业在中国沿海及东南亚均形成了网络地位高的重要港口连接；中海在地中海、中东、西北欧具有相对挂靠优势；中远则在北美、澳新地区具有相对挂靠优势；两企业在南美和非洲航区均没有形成网络地位高的重要港口挂靠。重要航段（加权度大于 10）联系主要为东西向航运市场如东亚-北美西、东亚-东南亚、东南亚-地中海、地中海-南美东航区港口间的联系，此外中海航运网络中澳新-东南亚、北美西-北美东也有频次较大的航段联系。

表 7-3　2015 年中海和中远航运网络空间格局

航区	中海 港口数	中海 总加权度	中海 平均加权度	中海 占全部加权度的百分比/%	中远 港口数	中远 总加权度	中远 平均加权度	中远 占全部加权度的百分比/%
澳新	8	30	3.75	2.17	8	49	6.13	3.66
北美东	11	46	4.18	3.33	8	52	6.50	3.88
北美西	11	58	5.27	4.20	10	72	7.20	5.37
地中海	18	132	7.33	9.57	12	52	4.33	3.88
东南亚	9	164	18.22	11.88	22	301	13.68	22.46
东亚	32	632	19.75	45.80	30	598	19.93	44.63
非西	6	16	2.67	1.16	3	8	2.67	0.60
黑海	3	6	2.00	0.43	5	10	2.00	0.75
南非	3	6	2.00	0.43	2	4	2.00	0.30
南美东	11	34	3.09	2.46	7	26	3.71	1.94
南美西	5	14	2.80	1.01	4	12	3.00	0.90
南亚	4	22	5.50	1.59	4	28	7.00	2.09
西北欧	10	94	9.40	6.81	12	88	7.33	6.57
中东	19	126	6.63	9.13	13	40	3.08	2.99
总计	150	1380	9.20	100.00	140	1340	49.57	100.00

综上所述，两航运企业独立挂靠的港口多处于航运网络的边缘地位，通过的航线少，没有形成优势明显的错位港口选择；两航运企业航运网络主要集中于传统市场，在传统市场各航区内部，港口挂靠选择存在差异；南北向新兴市场纳入航运网络的港口数量少，企业选择差异明显，同质化程度低。中远、中海两大航运企业在传统市场是具有同质性的，但是在具体的挂靠港口及航段上仍具有不同的优势，同时，这两大航运企业在南北向新兴市场的差异化明显。

二、2016 年航运网络中港口增加、航线扩张

从港口挂靠增减情况分析两企业航运网络幅员经济。中远海运网络重组过

程中，港口挂靠数量增加，表现出幅员扩张，但新兴市场扩张不明显，且新增港口连接度低。2016 年中远海运航运网络中挂靠港口 200 个，与 2015 年挂靠的港口布局相比，新挂靠的港口有 38 个，减少挂靠的港口有 22 个。与 2015 年相比，增加的 38 个港口主要集中在传统市场，如西北欧（10 个）、地中海（9 个）、澳新（3 个）、北美东（4 个）、南美东和南美西（3 个）、南亚（2 个）、东南亚（3 个），而东亚、中东、北美西、非西都增加 1 个新港口挂靠，且增加挂靠的港口大部分只有一条或者两条航线通过。减少挂靠的港口有 22 个，主要分布在北美西、南亚，其次在东南亚、地中海、中东、非东均有 2 个港口取消挂靠，南美东、北美东和南美西均有 1 个港口取消挂靠。其中，东南亚的巴西古当（度为 5）、中东的苏哈尔、南美东的里约热内卢和伊塔普亚（度为 4）是取消挂靠比较重要的港口。航运网络布局的港口挂靠变动，是市场扩张的基本反映，在港口挂靠数量上，2016 年与 2015 年两企业挂靠总港口数相比增加 16 个，与 2015 年中远航运网络相比增加挂靠 60 个，与 2015 年中海航运网络相比增加挂靠 50 个，航运网络幅员扩张，说明两个航运企业的整合取得了较好的效果。

2016 年中远海运在地中海、东亚航区港口覆盖范围最广，其次，东南亚、西北欧和中东港口具有较广覆盖范围，北美东、北美西、澳新和南美东航区达到一定覆盖范围。2016 年中远航运网络维持着传统市场的主导地位，并在南北向新兴市场上增加了数个港口覆盖。

从航运网络中任意两个港口连接频次之和分析航运网络幅员变化，2016 年中远海运在航段联系上得到明显扩张，整体网络获得幅员经济。从考虑航线权重的航段频次而言，2015 年中远、中海航运网络联系频次为 670 次和 690 次，整合后 2016 年中远海运航运网络增加到 1316 频次；只考虑港口-港口的直接联系，2015 年中远、中海港口连接对为 418 对和 416 对，2016 年港口连接对增加到 680 对。从各个航区间的有向联系来看，2016 年中远海运航区间联系中，东南亚和澳新两个航区与其他航区建立的联系情况没有变化，其他各航区不同程度地扩大了联系范围。据图 7-1，地中海联系范围扩张最明显，分别与非西、南美东、南美西、南亚 4 个航区建立新的直接联系；其次是东亚和南亚航区，与 2 个航区建立新的直接联系。其余航区的区间联系均是在原中海、中远联系格局上不同程度地整合。航运网络实现了更广泛的航线连接，在 2016 年中远海运的航运格局中，东南亚-东亚、东亚-北美西联系紧密，其次，中东-东南亚、东南亚-南亚、中东-地中海、西北欧-地中海联系较为紧密。

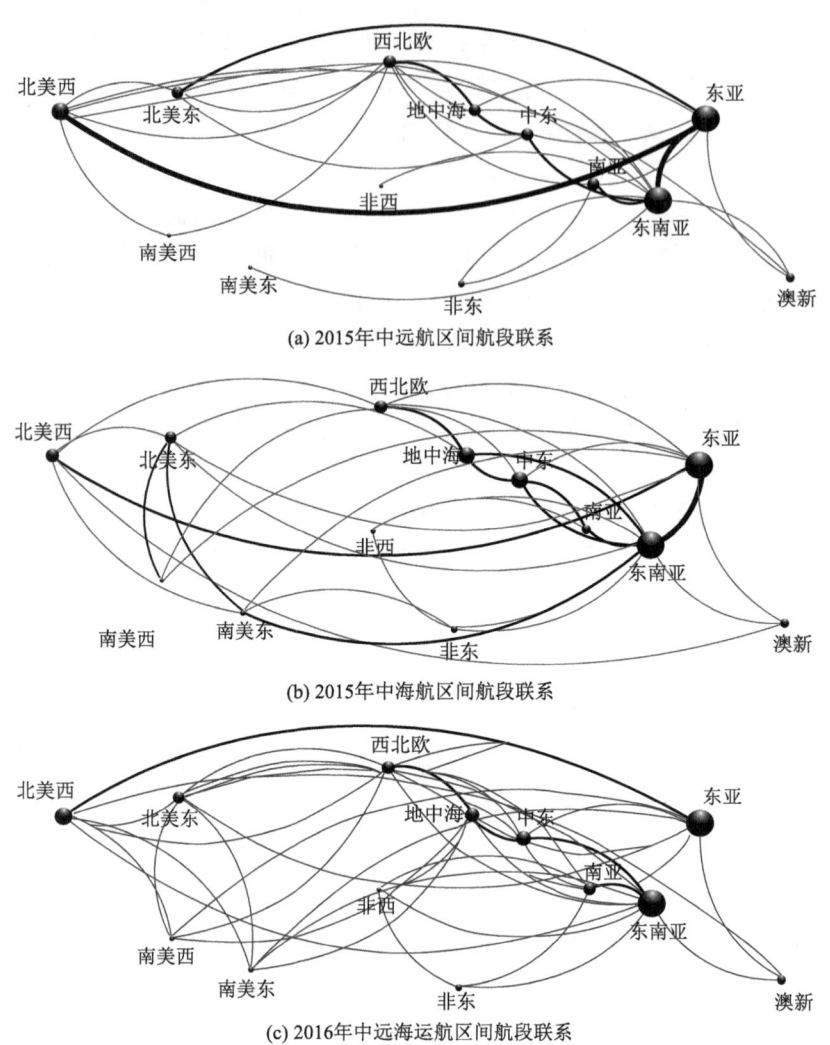

图 7-1 2015 年中远、2015 年中海及 2016 年中远海运航区间航段联系

三、2016 年航运网络中港口枢纽性强化

考虑港口连接度及航线频次两个要素，根据港口挂靠强度变动指数 K_i 的大小，将港口整合变化情况分为五个类：收缩减少型、高集约增长型、低集约增长型、完全整合增长型及扩张增长型，刻画 2015~2016 年港口在整合过程中枢纽能力的变动。

2015 年中远、中海所有挂靠港口共有 160 个港口纳入 2016 年中远海运航运网络。航线整合后，港口航线挂靠强度变化属于扩张增长型的港口有 68 个，完全整合增长型的港口 29 个，低集约增长型的港口 21 个，高集约增长型的港口 23 个，收缩减少型的港口 19 个。航线挂靠强度呈扩张增长型的港口明显多于其他类型的港口，60.6%的港口在整合过程中枢纽能力明显增强，27.5%的港口在整合过程中集约增长，只有 11.9%的港口在整合过程中航线挂靠强度降低，呈收缩发展态势。枢纽能力明显增强的港口见表 7-4，主要集中分布在东南亚、地中海、澳新、中东、非西、南美东、北美东、北美西及南美西等航区。枢纽能力弱化的港口主要分布在西北欧、地中海、北美西、中东及东亚航区，其中东亚中国沿海港口枢纽能力弱化一部分原因是内贸航运网络没有纳入分析。地中海和中东港口挂靠变化明显，港口扩张和收缩两极分化，扩张增长型港口多于收缩减少型港口。整体而言，传统市场如东南亚、地中海、北美东在航线整合过程中枢纽性明显强化；新兴市场如非西、南美东枢纽强化；西北欧航线挂靠强度明显降低。

表 7-4　2015～2016 年港口挂靠变化情况

航区	扩张增长型	完全整合增长型	低集约增长型	高集约增长型	收缩减少型
中东	6	6	2		3
西北欧	4		1	2	4
南亚	3		1		
南美西	4		1		1
南美东	5	2	1	1	
非西	4	1		1	
非东	1	1		1	
东亚	4	6	3	11	5
东南亚	10	4	5	1	
地中海	10	4	1	4	3
北美西	5	1	2		3
北美东	5	4	3	1	
澳新	7		1	1	

两企业航运网络整合后，具有重要连接的港口（加权度大于 10）主要集中

于传统东西向市场，其次澳新航区具有重要联系，南美和非洲也初步形成具有枢纽性连接的港口。据图 7-2，重要连接的港口主要有：东亚 16 个，主要包括中国沿海的部分重要港口，以及釜山等周边地区重要港；东南亚 9 个，特别是扼马六甲海峡咽喉要道的重要中转港新加坡和巴生保持高航线挂靠频率；地中海 9 个，其中比雷埃夫斯是区域内重要港；西北欧 6 个，鹿特丹和汉堡是区域内的中心；此外，北美 10 个，其中北美东 4 个，北美西 6 个；中东 4 个，包括吉达港、塞得港，延续原中海航运网络中吉达港和塞得港的枢纽格局。新兴市场上开始出现具有高航线挂靠频率的港口，澳新 4 个，其中 3 个为原中远航运网络中的重要港口；南美 2 个，分别是桑托斯和卡亚俄，非洲 1 个为拉各斯港，但在整个网络中仍处于较低水平。高频率航段联系不局限于传统东西向航区的港口联系，南北向航区的港口也呈现出重要连接，如非东-南亚、非西-东南亚、澳新-东南亚、澳新-东亚、澳新-北美西、南美西-地中海，以及南美西和北美西等航区间港口的联系呈现出高强度联系。

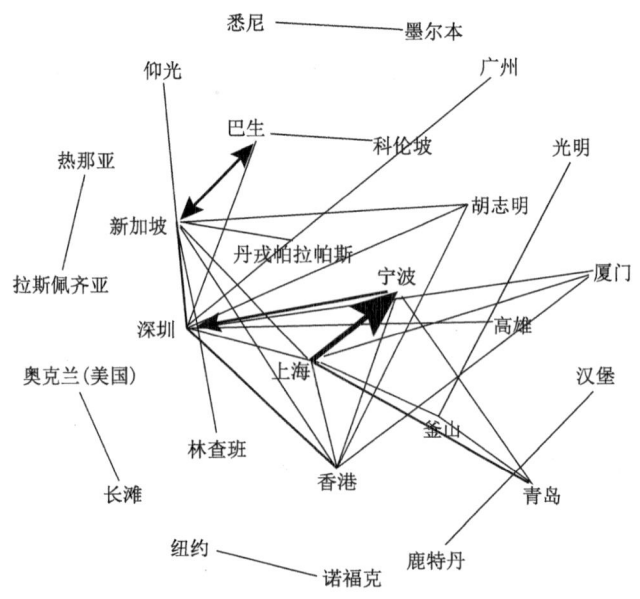

图 7-2　2016 年中远海运航运网络空间格局

航运网络的小世界和无标度特性表明，一小部分枢纽港对整个航运网络起主导作用。在交通网络中，介数中心性较大的节点一般都是枢纽节点，选取 2016 年介数中心性排名前 15 的港口进行考察（表 7-5），7 个枢纽港航线挂靠属于扩张增长型，2 个属于低集约增长型，5 个高集约增长型，1 个收缩减少型。两企业港口航线设置的同质化、相邻竞争港地位的上升及自身处理能力的不足是枢纽港没有属于扩张增长型的主要原因。

表 7-5　介数中心性排名前 15 位枢纽港挂靠强度变动情况

分类	港口	介数中心性	K_{t1}	K_{t2}	K_t
扩张增长型	科伦坡	0.061	1.500	9.000	10.500
	阿尔赫西拉斯	0.060	2.500	2.500	5.000
	伊斯坦布尔	0.068	2.400	2.000	4.400
	鹿特丹	0.103	1.364	1.900	3.264
	巴生	0.212	0.724	1.615	2.340
	比雷埃夫斯	0.199	1.300	0.786	2.086
	曼萨尼约（墨西哥）	0.094	1.000	1.000	2.000
低集约增长型	釜山	0.117	0.714	0.703	1.417
	新加坡	0.435	0.267	0.968	1.234
高集约增长型	香港	0.052	0.318	0.656	0.974
	上海	0.083	0.231	0.723	0.954
	塞得港	0.052	0.095	0.800	0.895
	深圳	0.126	0.259	0.575	0.834
	桑托斯	0.069	0.286	0.500	0.786
收缩减少型	宁波	0.052	−0.750	0.000	−0.750

科伦坡、阿尔赫西拉斯、伊斯坦布尔、鹿特丹、巴生、比雷埃夫斯、曼萨尼约（墨西哥）等具有重要网络地位的枢纽港挂靠强度明显增强，呈扩张型增长态势。中远海运把 21 世纪海上丝绸之路作为融入全球的重要机遇，设置主要航线近百条，投资经营码头 50 个，其中海外码头 11 个，绝大多数分布在 21 世纪海上丝绸之路区域沿线[1]。科伦坡港是南亚中转货物枢纽港，是沟通欧亚、太平洋、印度洋地区世界航线的途径港，也是中国"一带一路"倡议的重要枢纽港[2]。阿尔赫西拉斯是地中海地区重要中转枢纽，其优越区位条件对航运企业扩展南北向新兴市场也具有强吸引力，韩进集团对阿尔赫西拉斯的码头投资的运

---

[1] 参见《中国海洋报》2017 年 6 月第 3277 期。
[2] 参见《中国远洋海运报》2014 年 9 月 19 日（期号 1021）第 A01 版要闻。

营优势使得与韩进集团有联盟合作关系的中远选择阿尔赫西拉斯作为直布罗陀海峡区域的重要挂靠港。同时，阿尔赫西拉斯港务局对其公用/专用码头 50 年特许经营权公开招标，中远海运意欲收购阿尔赫西拉斯新码头，巩固地中海航运市场。伊斯坦布尔港位于伊斯坦布尔海峡西南岸，控制了从地中海经马尔马拉海去黑海的通道，2015 年中远收购土耳其伊斯坦布尔的集装箱码头 65%的控股权[1]。鹿特丹是西北欧地区的重要区域性枢纽港口，中远海运为了扩张北欧市场，2016 年 5 月收购鹿特丹 Euromax 码头 35%的股份，欧洲支线的扩展使得鹿特丹的转运功能进一步发挥。巴生地处马六甲海峡，连接印度洋与太平洋，是与新加坡形成最大竞争的枢纽港，2015 年中海在马六甲海峡主要挂靠巴生和新加坡，中远主要挂靠新加坡，两企业在巴生港的航线设置同质化程度低，且巴生的装卸费低吸引企业航线挂靠[2]，整合过程中巴生港的网络地位上升。随着中远海运对比雷埃夫斯港码头控股及海铁联运的建设，比雷埃夫斯成为离苏伊士运河最近的地中海航区的重要枢纽港[3]，依托中欧陆海快线，辐射地中海、黑海、北美、西亚和中东欧国家，成为 21 世纪海上丝绸之路的一大亮点。巴拿马在 2017 年 6 月 13 日才与中国建交，2015 年中远、中海在巴拿马运河具有重要挂靠地位的港口不多，曼萨尼约港（墨西哥）作为拉丁美洲重要中转港，在区域内具有相对挂靠优势，且 2015 年中远、中海在曼萨尼约（墨西哥）航线设置的同质化低、互补性强，使得整合后港口地位上升。

釜山、新加坡、香港、上海、塞得港、深圳、桑托斯及宁波等具有重要网络地位的枢纽港因为两企业的同质化程度高，实现两企业冗余航线的整合优化与挂靠强度的集约增长，釜山、新加坡呈低集约增长，香港、上海、塞得港、深圳、桑托斯挂靠强度呈高集约增长型，宁波港挂靠强度呈收缩减少型。中远海运在航线设计和港口挂靠整合过程中的原则主要有港口的货运量、装卸费用、港口条件及联盟因素[4]，中远、中海重组在航线整合过程中对两企业同质化高的航线进行精简以获得规模经济和协同效益。新加坡、釜山和香港是马六甲海峡和东亚地区重要的枢纽港，也布局了中远海运投资的战略码头，由于航线设置高度同质化，在整合过程中对冗余航线的精简，港口整体枢纽能力呈集约化增长。上海、宁波、深圳是中国沿海的主要枢纽港，在世界航运格局中具有重要网络地位，其挂靠强度减弱，一方面因为在本书研究中没有包括 2016 年中远

---

[1]《中国远洋海运报》2016 年 11 月 25 日（期号 1123）第 A02 版专版。
[2] 整理自作者与中远战略部工作人员访谈时的资料。
[3]《中国远洋海运报》2016 年 7 月 8 日（期号 1105）第 A01 版要闻。
[4] 整理自作者在中远访谈时的资料。

海运的内贸航期数据,另一方面因为中远、中海两企业在航线设置上的高度同质化。桑托斯港是南美洲集装箱港口的龙头老大,但是码头设备陈旧,基础设施不足,装卸工具落后等各种问题导致港口吞吐量承载力低[1],同时,中远、中海在桑托斯港航线设置上同质化,2016年中远海运在南美东航区港口航线挂靠均衡化发展,其他港口的挂靠强度均明显增加,桑托斯港的首位地位下降。塞得港位于苏伊士运河北端地中海岸,是世界最大转运港之一,是中远、中海在苏伊士运河的重要挂靠港,相邻港比雷埃夫斯在企业选择中战略地位的强势上升,导致塞得港的航运地位相对下降。

第四节 本章小结

中远、中海企业重组背景下,航线网络重组是企业资产整合中关键一环。本章以复杂网络的测度方法和 Gephi、VOSviewer、GIS 技术为基础,通过对企业航运网络格局的刻画与整合后的网络效果评价得出以下结论。

1. 2015 年中远、中海航运网络没有高度同质化,企业市场选择存在差异

中远、中海在不同航区上挂靠的港口既存在同质化,也存在差异性。中远、中海两大航运企业在传统市场是具有同质性的,但是在具体的挂靠港口及航段上仍具有不同的优势,同时,这两大航运企业在南北向新兴市场的差异化明显。不同航区挂靠的差异性为企业重组扩张原有航运格局提供了支撑,传统市场航线设置的同质化说明航运市场运力过剩大背景下,两企业在某些航区航线资源冗余,存在航线配置结构优化,提高航线利用效率的基础。

2. 2016 年中远海运航运航线整合中获得幅员经济与枢纽经济

中远海运网络重组过程中,港口挂靠数量增加,表现出幅员扩张。新增港口主要集中在西北欧、地中海及北美东等传统市场航区,新兴市场主要集中在南美东和南美西。同时,2016 年总的航段联系频次、港口-港口联系对及航区间的联系明显增加,不同航区的港口还实现了新的航区间直接联系。

中转能力排名前 15 的枢纽港中,具有良好区位条件,在企业选择中具有战略优势的枢纽港联系规模增加,中转能力强化、枢纽性更加突出;两企业的挂靠选择高度同质化的枢纽港,呈现航线资源的整合优化,航线联系规模在考虑

---

[1] 中国港口资讯网, http://www.chinaports.org。

冗余资源精简的情况下不同程度地增加。

综上，中远、中海在企业重组、航运网络整合过程中获得了市场协同效益。如图 7-3 所示，企业兼并重组主要从航运网络整合的范围经济、规模经济及结构优化三个方面获取企业重组后的经营协同效益。

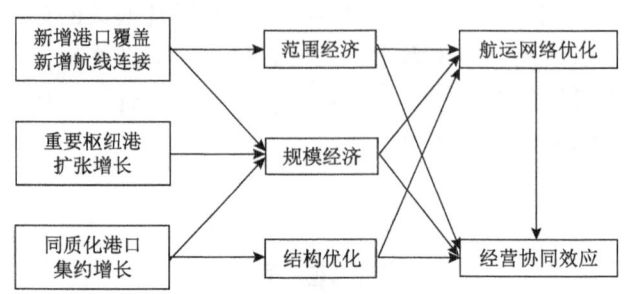

图 7-3　基于航运网络变化的企业协同效应获取模式

在企业兼并收购影响因素与动机的已有研究中，企业具有共同的航区选择或具有同质化的航线挂靠均存在企业兼并收购的动机。Fusillo（2009）分析参与兼并收购活动中企业的市场地理特征发现，全球运营商往往更感兴趣的是规模经济而不是消除竞争对手或新兴市场的进入；Das（2011）考虑已有的联盟与合作关系研究企业合作方式选择，当资源冗余度高，公司选择兼并以达到完全控制的协同作用与规模经济。与本章基于航期数据对两企业航运网络前后的结果一致。2015 年中远、中海在各航区的港口选择上，具有相同的市场倾向，在传统市场占比大，新兴市场占比少，但是航区内港口的挂靠选择存在差异，在整合过程中有能够扩大港口覆盖范围及航线挂靠强度的港口获得规模经济；在航线挂靠强度大的港口航线设置上，具有高同质化航线设置的港口在整合过程中精简了航线设置，精简冗余资源，在运力配置整合过程中，新兴市场得到不同程度的强化，特别是南美东、南美西和非西三个航区的航线挂靠。

对航运企业全球化进程的研究中，Frémont（2007）发现枢纽港战略在马士基、达飞等公司基于内部增长方式的航运网络布局全球化过程中发挥了重要的作用。海外枢纽港的培育与选择，不仅体现在公司班轮方式优化的整体网络经济获得上，更体现在开拓新兴市场，实现全球化的重要策略。在中远、中海航线整合过程中，比雷埃夫斯和鹿特丹分别在地中海航区及西北欧航区发挥重要的中转作用，阿尔赫西拉斯和曼萨尼约（墨西哥）等洲际咽喉型港口在南北市场连接上的中转作用得到提升。企业在巩固海外市场及扩展新兴市场的进程中，应强化海外枢纽港战略，选择具有一定区位优势的港口如阿尔赫西拉斯等参与码头经营与项目合作。

本章选取班轮周期数据，没有考虑船舶运力、航行时间等其他航线要素，从航线网络格局入手，对航运企业重组后的整体运营情况不能完全考察；对航运业全球化的整体格局的实际情况局限于中远海运重组所涉及的两个企业欠缺更全局的比对。在接下来的研究中，将考虑船舶运力及码头运营等各种相关因素，关注全球航运业的整体格局，并探究主要企业（尤其是全球化程度高的航运企业如马士基等）的全球化格局，为中国航运企业实现全球化提供更有力的依据。

第八章
港口功能分化与航运网络

  1978年，中国进入改革开放的新时期，特别是2001年加入WTO后中国的对外开放不断推进，中国成为"世界工厂"。1978年，中国货物进出口总额只有206亿美元，在世界货物贸易中排名第32位，所占比重不足1%。2012年，中国货物进出口总额为38 669.8亿美元，2012年中国货物贸易额居全球第二位，占全球份额进一步提升。其中出口占全球比重为11.2%，比上年提高0.8个百分点，连续四年居全球首位；进口占全球比重为9.8%，比上年提高0.3个百分点，连续四年居全球第二。贸易伙伴已经由1978年的几十个国家和地区发展到2012年的231个国家和地区。欧盟、美国、东盟、日本、金砖国家等成为中国主要贸易伙伴。中国对外贸易的90%是通过海运实现的，快速发展的对外贸易也深刻改变着中国港口体系。

  中国是采用集装箱较晚的国家，1980年第一个集装箱码头才出现在天津港。1999年只有上海港跻身全球前十大集装箱港口，而到了2012年，全球前十大集装箱港口中有六个港口来自中国。上海港从2010年超过新加坡后稳居世界第一位，2012年上海港集装箱吞吐量达到3252万标准箱。中国集装箱港口的快速崛起改变了中国港口体系，特别是港口之间的关系。

  港口体系的演变最直接地体现在相邻港口之间，相邻港口是港口体系演变最重要的载体，本书将选择中国沿海五对最重要的相邻港口进行比较分析，考察2004年以来在对外贸易快速发展的背景下，中国港口体系呈现的新变化。从20世纪60年代以来，对港口体系的研究主要关注港口体系的集中化与分散化，而本书认为，如果借用GIS的图层概念，集中化与分散化只是港口体系演变的第一图层，第二图层则是港口之间的分工，中国相邻港口之间呈现出内贸与外贸的分工、内贸中转与外贸中转的分工。对中国相邻港口的深入分析能揭示港口体系的最新发展趋势，也能对港口体系理论进行更深层次的分析。

  本章第一步对现有的文献进行综述，包括对港口体系的研究和对中国港口体系的研究，对这些研究成果进行梳理将会为本书研究的开展找准切入点；第二步提出研究对象和研究数据，解释为何选择相邻港口进行研究，并介绍研究数据的来源和重要性；第三步对中国港口体系进行分析，利用集装箱吞吐量、集装箱内外贸吞吐量和集装箱中转吞吐量，分三个图层分析中国港口体系特别是相邻港口之间的演变；第四步从先发优势与错位竞争的角度分析中国港口体系演变的原因。

第一节　港口体系的集中化与分散化

一、港口地理学对港口体系的研究

20 世纪 60 年代之后港口地理学形成两条研究主线，一条主线是受 Bird 的 Anyport 模型的启发而展开对港城关系的研究，另一条主线是受 Taaffe 模型的影响，重点研究港口体系的空间关系（Rimmer and Comtois，2009）。港口体系的集中化（concentration）和分散化（deconcentration）是港口体系研究的重要方向之一（王列辉，2007b；Frémont and Soppé，2007）。一般认为由于存在规模经济性，港口活动会集中到某个区域的一个或两个具有良好的区位条件、拥有水深港阔等自然条件、接近大市场的港口去（Mayer，1978）。港口体系的集中化最早可见于 Taaffe 等（1963）对加纳、尼日利亚和 Rimmer（1967a）对新西兰的个案研究。Hilling（1975）、Ogundana（1971）分别以非洲的港口为例进行的研究也证明了港口集中化是一种趋势。Hoyle 和 Charlier（1995）根据 Taaffe 模型建立了 1500~1990 年东非港口竞争的模型，该模型第五阶段为 20 世纪 90 年代，腹地拓展并出现分散化。

但是港口体系也存在分散化倾向，1967 年对澳大利亚港口的考察中，Rimmer（1967b，1967c）开始注意到了港口体系的分散化倾向，他把澳大利亚港口体系分为五个阶段，在新西兰港口四个发展阶段的基础上，增加了"边缘港口发展与港口体系扩散发展"这一阶段。Hayuth 模型也注意到了集装箱港口体系的分散化现象（Hayuth，1981），把港口体系的演变分为五个阶段，在最后一阶段，Hayuth 提出了集装箱港口体系的分散化倾向，他称为"外围港口挑战"阶段。Barke（1986）提出了和 Taaffe 模型相似的模型，但是在模型的最后阶段，他提出了港口的分化过程。当港口快速发展遇到交通堵塞时，一些港口的活动就会从城市中心迁到交通不拥挤的郊区或者周围的港口。

Notteboom 和 Rodrigue（2005）的研究认为，港口和港口体系演化已经进入新的阶段，即港口区域化阶段（port regionalization），依托于交通走廊和物流节点，进入内地的集疏运网络成为港口竞争的最重要的手段。但是 Rimmer 和 Comtois（2009）对于港口区域化阶段持有不同的观点，认为区域化阶段完全没有必要，这一阶段的特征与 Rimmer 模型中的第五阶段即"边缘港口发展与港口体系扩散发展"阶段是一样的。

Ducruet 等（2009）在大量梳理前人对港口体系空间结构的研究后发现，港口体系有一个从集中化转变为分散化的过程。

以往研究存在以下几点不足：主要利用集装箱吞吐量的数据、基尼系数等定量计算集中化或分散化，但没有考察在集中化或分散化背景下，港口之间的功能问题；港口体系的演变最核心的是港口之间的关系，特别是相邻港口之间的关系，但以往的研究对相邻港口之间的关系关注不足。

二、中国港口发展与港口体系研究

Slack 和 Wang（2002）认为香港、新加坡港和上海港将各自面临来自周边港口（深圳港、丹戎帕拉帕斯港和宁波港）的挑战。Song（2003）运用波特模型进行分析，认为香港港和深圳港这两个邻近的集装箱港口存在紧密合作的可能性。Cullinane 等（2004）认为尽管受到拥有巨大优势的深圳港的挑战，香港港仍然会在其区域内维持绝对领先的枢纽港地位。Cullinane 等（2005）考察了上海港和宁波港的竞争关系，认为由于拥有水深和价格优势，和上海港相比，宁波港将会占有更大的市场份额。众多学者在研究环渤海港口群（Lee and Rodrigue，2006）、长三角港口群（Comtois and Dong，2007；Notteboom，2007b；Wang and Olivier，2007）、珠三角港口群（Cheung et al.，2003；Wang and Slack，2000；Loo and Hook，2002）及中国集装箱港口体系（Rimmer and Comtois，2009）时都关注港口地位的变化。国内学者曹有挥（2003，2004）、韩增林和安筱鹏（2006）、王成金（2007，2008b）等对中国沿海集装箱港口体系进行了较深入的研究，同时也考察了中国沿海主要集装箱港口地位的动态变化过程。这种评价方法主要利用各港口的集装箱吞吐量数据进行简单排序或计量统计。

第二节 相邻港口的空间关系

一、研究对象

相邻港口之间的关系是港口体系演变最直接也是最鲜明的体现，因此本章选取大连-营口、青岛-烟台、上海-宁波、厦门-泉州、深圳-广州这五对中国沿海最重要的相邻港口作为研究对象。这10个港口2012年的集装箱吞吐量达1.25亿标准箱，占中国集装箱吞吐量的70%以上。其中8个港口排名中国集装箱港口前10位，而烟台和泉州排名第11位和第14位（表8-1）。除了厦门和泉州这组港口是福建省内排名第一和第三大集装箱港口外，其他港口都是省内排名第一、第二的港口。在福建省内厦门、福州、泉州的集装箱吞吐量分别排名前三位，泉州与福州的集装箱吞吐量差距为13万标准箱，但厦门和泉州的距离更近，所以选择厦门-泉州作为研究对象。在珠三角，香港、深圳、广州三个港口的关系引人关注，也有学者对香港、深圳进行研究。本章认为可以把香港、深圳看作一体，因为两港共用同一水域和航道，深圳港很多码头也是与香港的和记港口集团有限公司（简称和记黄埔）等合资建设，如深圳的盐田一期、二期工程，由香港和记黄埔控股的盐田国际集装箱码头有限公司YCT经营；由于和记黄埔同时经营管理香港国际货柜码头有限公司（HIT），可以统一组织安排港深两地的集装箱运输。因此本章选择深圳-广州作为研究对象。

表8-1 2012年10个港口集装箱吞吐量及排名

指标	大连	营口	青岛	烟台	上海	宁波	厦门	泉州	深圳	广州
集装箱吞吐量/万标准箱	806.4	485.1	1450	185.04	3252.9	1683	720.17	169.69	2294.13	1474.36
国内排名	7	10	5	11	1	3	8	14	2	4
省内排名	1	2	1	2	1	1	1	3	1	2
两港海上距离/海里	184		219		109		84		57	
两港陆上距离/千米	225		229		235		140		163	

二、研究资料

对中国港口的研究可以利用历年《中国统计年鉴》《中国交通年鉴》及

各省统计年鉴,但是这些年鉴都只有港口集装箱吞吐量总额。《中国港口年鉴》由中国港口杂志社编辑,收录的港口资料均由各省交通厅或航运(务)管理局、各主要港口港务管理局或港务集团提供,都是第一手资料。从2004年开始,《中国港口年鉴》整理出版了《中国港口集装箱运输年鉴》,其中包括内贸集装箱吞吐量、外贸集装箱吞吐量、国际中转集装箱吞吐量、国内中转集装箱吞吐量等,具有较高的资料价值。《中国港口年鉴》存在的问题是年限较短,内外贸集装箱吞吐量从2004年开始、中转集装箱吞吐量从2005年开始,数据年限仅10年左右;部分港口的中转集装箱数据有所缺漏。尽管如此,《中国港口年鉴》的数据使我们从不同层面研究近年来中国港口体系成为可能。

三、研究方法

数字地图是图层(layer)所组成的,在现实生活中,港口体系也可以想象为由不同图层组成的。GIS中图层还可设置为可见或不可见,港口体系中的不同图层也有可见性和不可见性,可见性与否受资料和数据是否完备、研究者的见识是否到位等的影响。本章建立在图层的理念基础上,利用《中国港口年鉴》的数据从不同层面研究中国港口体系的演变。

贸易竞争优势指数(trade competitive power index)也称"贸易专业化系(指)数"(trade specialization coefficient,TC),是分析行业结构竞争力的有效工具,本章引入贸易竞争优势指数,来反映外贸(或外贸中转)与内贸(或内贸中转)是否处于优势及其程度。

$$TC = \frac{TEU_{if} - TEU_{id}}{TEU_{if} + TEU_{id}}$$

式中,TEU_{if} 为 i 港口的集装箱外贸(或外贸中转)吞吐量;TEU_{id} 为 i 港口的集装箱内贸(或内贸中转)吞吐量。TC取值范围为[-1,1],TC指数大于0,说明外贸(或外贸中转)具有比较优势,越接近于1,竞争力越强;TC指数小于0,则说明内贸(或内贸中转)处于优势地位,越接近于-1,内贸优势越明显,TC指数为零,表明 i 港口的集装箱外贸(或外贸中转)与内贸(或内贸中转)的吞吐量相当。

第三节　中国沿海相邻港口的功能分化

一、第一图层：相邻港口的分散化

据表 8-2，五对相邻港口之间的集装箱吞吐量比重总体出现下降的趋势，说明营口、烟台、宁波、泉州和广州在 2004～2012 年集装箱吞吐量的增长快于相邻港口大连、青岛、上海、厦门和深圳，呈现了周边港口挑战的现象。如前所述，这五对港口是港口群中最重要的港口，说明港口体系出现了分散化。这一结果与其他学者的研究较为一致，Kevin 等（2012）的研究表明中国集装箱港口体系在 2005～2009 年呈现分散化。

表 8-2　各组港口之间的吞吐量比重

年份	大连-营口	青岛-烟台	上海-宁波	厦门-泉州	深圳-广州
2004	3.682 170	16.904 120	3.748 674	5.258 674	5.942 204
2005	3.007 309	10.070 210	3.424 452	5.247 581	4.821 663
2006	2.776 552	7.227 458	3.031 507	4.472 802	3.526 394
2007	2.674 885	8.429 880	2.756 799	4.089 552	2.882 006
2008	2.340 432	7.159 810	2.561 907	3.768 581	2.396 390
2009	1.989 344	8.228 677	2.441 246	3.335 660	2.072 999
2010	1.888 751	8.930 064	2.273 834	2.949 490	2.299 585
2011	1.621 835	9.010 811	2.225 592	3.730 142	2.008 294
2012	1.677 914	10.089 280	2.041 581	3.925 868	1.921 340

资料来源：根据历年《中国港口年鉴》整理

二、第二图层：相邻港口内外贸的功能分化

每个港口集装箱吞吐总量包括了外贸集装箱吞吐量和内贸集装箱吞吐量，考察内外贸集装箱吞吐量在总额中的比重，可以看出每个港口在港口体系中的功能。据图 8-1，五对相邻港口可以分为不同的两种类型，一种类型包括大连-营口、青岛-烟台、厦门-泉州、深圳-广州四对港口，大连、青岛、厦门、深圳的 TC 指数都大于 0，且大部分时间 TC 指数都接近 1，说明侧重于外贸集装箱

运输，营口、烟台、泉州和广州的 TC 指数都小于 0，说明侧重于内贸集装箱运输。五对相邻港口中的另一种类型是上海-宁波，两港的 TC 指数都大于 0.8，说明两港都侧重于外贸集装箱运输。

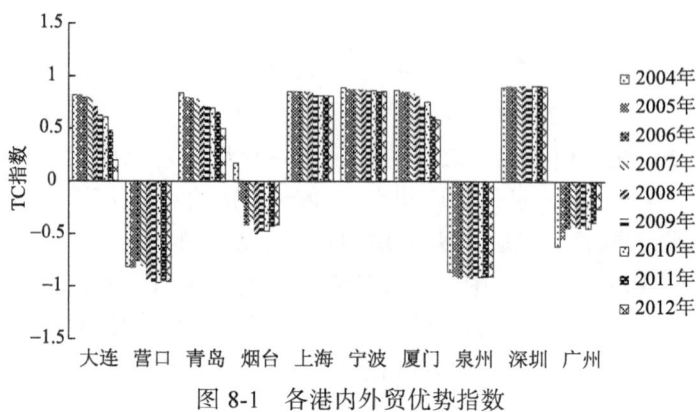

图 8-1　各港内外贸优势指数
资料来源：根据历年《中国港口年鉴》计算所得

从各港口内外贸集装箱吞吐量比重来看，大连的外贸集装箱和内贸集装箱占本港集装箱总吞吐量的比重从 2004 年的 91.00∶9.00 转变为 2012 年的 60.08∶39.92，外贸集装箱比重在不断下降，但总体上外贸集装箱比重一直占主导地位，而相邻港口营口港的外贸集装箱和内贸集装箱比重从 2004 年的 9.29∶90.71 转变为 2012 年的 2.27∶97.73，显示营口港是一个内贸集装箱占绝对主导地位的港口；青岛港的外贸集装箱和内贸集装箱比重从 2004 年的 92.16∶8.51 转变为 2012 年的 74.94∶33.44，烟台港的外贸和内贸集装箱比重从 2004 年的 58.66∶41.34 转变为 2012 年的 29.26∶70.74；厦门港的外贸和内贸集装箱比重从 2004 年的 93.32∶6.68 转变为 2012 年的 79.31∶20.69，泉州港的外贸和内贸集装箱比重从 2004 年的 6.95∶93.05 转变为 2012 年的 4.79∶95.21；深圳港的外贸和内贸集装箱比重在 2004~2012 年大致维持在 95∶5，广州港的外贸和内贸集装箱比重从 2004 年的 19.12∶80.88 转变为 2012 年的 37.08∶62.92。从总体上看，大连-营口、青岛-烟台、厦门-泉州、深圳-广州四对相邻港口呈现出前者以外贸集装箱运输为主、后者以内贸集装箱运输为主的格局。

较为特殊的是上海-宁波，上海港的外贸和内贸集装箱比重从 2004 年的 92.78∶7.79 转变为 2012 年的 90.40∶10.61，宁波港的外贸和内贸集装箱比重从 2004 年的 94.67∶5.33 转变为 2012 年的 92.85∶7.15，与其他四对相邻港口不同，两港虽然从 2004 年以来内贸集装箱比重有所上升，但外贸集装箱的比重占绝对地位。两港都以外贸集装箱运输为主,并未形成外贸-内贸的分工(表 8-3)。

表 8-3　各港内外贸集装箱吞吐量在本港集装箱总吞吐量中的比重　（单位：%）

港口内外贸		2004年	2005年	2006年	2007年	2008年	2009年	2010年	2011年	2012年
大连港	外贸	91.00	91.15	90.08	90.02	85.18	81.29	80.34	74.15	60.08
	内贸	9.00	8.85	9.92	9.98	14.82	18.71	19.66	25.85	39.92
营口港	外贸	9.29	8.73	12.01	9.63	3.28	2.08	1.79	2.58	2.27
	内贸	90.71	91.27	87.99	90.37	96.72	97.92	98.21	97.42	97.73
青岛港	外贸	92.16	89.98	89.43	89.12	85.68	86.00	84.79	82.89	74.94
	内贸	8.51	11.13	11.82	12.21	16.72	16.28	17.94	20.64	33.44
烟台港	外贸	58.66	40.07	29.13	31.09	24.93	25.68	26.45	28.67	29.26
	内贸	41.34	59.93	70.87	68.91	75.07	74.32	73.55	71.33	70.74
上海港	外贸	92.78	92.81	92.75	92.79	92.48	90.80	90.61	90.67	90.40
	内贸	7.79	7.19	7.81	7.21	8.13	9.20	10.36	9.33	10.61
宁波港	外贸	94.67	93.96	93.73	93.75	93.61	93.07	93.29	92.74	92.85
	内贸	5.33	6.04	6.27	6.25	6.39	6.93	6.71	7.26	7.15
厦门港	外贸	93.32	92.79	92.53	91.62	90.26	86.52	87.68	81.22	79.31
	内贸	6.68	7.21	7.47	8.38	9.74	13.48	12.32	18.78	20.69
泉州港	外贸	6.95	4.81	3.94	4.99	3.92	5.15	4.41	4.54	4.79
	内贸	93.05	95.19	96.06	95.01	96.08	94.85	95.59	95.46	95.21
深圳港	外贸	94.72	95.40	95.19	95.58	95.59	94.15	95.59	95.66	95.07
	内贸	5.28	4.60	4.81	4.42	4.41	5.85	4.41	4.34	4.93
广州港	外贸	19.12	22.70	27.86	29.58	28.18	28.88	27.74	30.50	37.08
	内贸	80.88	77.30	72.14	70.42	71.82	71.12	72.26	69.50	62.92

资料来源：根据历年《中国港口年鉴》计算

三、第三图层：相邻港口外贸内贸集装箱中转的分化

据图 8-2,从外贸、内贸集装箱中转来看,大致可分为两种类型：大连-营口、青岛-烟台、厦门-泉州、深圳-广州为一个类型,大连、青岛、厦门和深圳

的 TC 指数大于 0，侧重于外贸集装箱中转，营口、烟台、泉州、广州的 TC 指数都小于 0，很多时候还接近或等于 –1，说明侧重于内贸集装箱中转。上海-宁波是另一个类型，TC 指数都大于 0，说明都侧重于外贸集装箱中转。

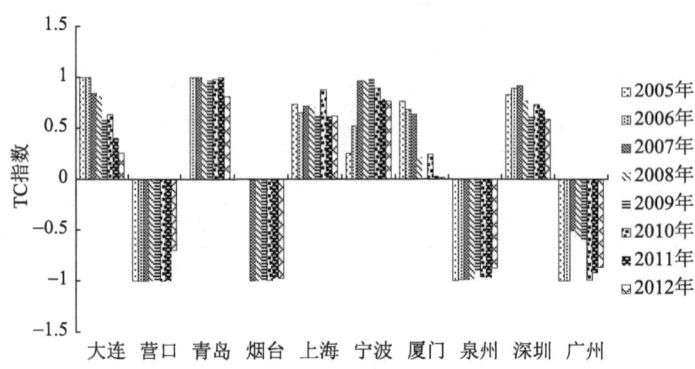

图 8-2　各港内外贸中转优势指数
资料来源：根据历年《中国港口年鉴》计算。
外贸集装箱中转包括国际中转、进出口沿海中转、进出口江河中转；内贸集装箱中转包括沿海-沿海中转、沿海-江河中转、江河-江河中转

　　大连港的外贸中转比重近年来有所下降，内贸中转比重有所上升，但外贸比重在 2012 年仍占 62.86%；2005～2012 年的 8 年中有 5 年营口港的集装箱中转全部是内贸中转，另有两年接近 100.00%，内贸中转比重最低的 2012 年也达到了 84.89%。青岛港的外贸中转比重长期接近或达到 100.00%，最低的 2012 年达到 90.47%；烟台港的内贸比重长期占 98.77% 以上。厦门港的外贸中转比重不断下降，从 2005 年的 88.09% 下降至 2012 年的 50.86%，内贸中转比重则由 11.91% 上升至 49.14%，但外贸中转比重仍占优势；泉州港的内贸中转比重长期占 93.75% 以上，外贸中转比重非常低，最多的 2012 年也仅占 6.25%。深圳外贸中转也在不断下降，由 2005 年的 91.36% 下降到 2012 年的 79.33%，内贸中转由 8.64% 上升至 20.67%，但外贸中转仍占主导地位；广州港的内贸在 2007～2009 年有所下降，从 2010 年开始又上升至 93.00% 以上。由此可以看出大连、青岛、厦门、深圳的外贸中转比重都有不同程度的下降，但仍占优势地位，相邻港口营口、烟台、泉州和广州在内贸集装箱中转运输中占优势地位，这就在相邻港口间形成了一港侧重外贸中转、一港侧重内贸中转的格局。另一种类型就是上海-宁波，上海港的外贸中转长期维持在 80.00% 以上，最高的 2010 年曾达到 93.77%，宁波的外贸中转也已由 2005 年的 62.61% 上升至 2012 年的 88.10%，这两个港口都侧重于外贸中转（表 8-4）。

表 8-4　各港的外贸中转和内贸中转在本港中的比重　　（单位：%）

港口内外贸中转		2005年	2006年	2007年	2008年	2009年	2010年	2011年	2012年
大连港	外贸中转	100.00	100.00	92.04	90.49	78.84	81.67	70.07	62.86
	内贸中转	0.00	0.00	7.96	9.51	21.16	18.33	29.93	37.14
营口港	外贸中转	0.00	0.00	0.00	0.01	0.39	0.00	0.00	15.11
	内贸中转	100.00	100.00	100.00	99.99	99.61	100.00	100.00	84.89
青岛港	外贸中转	0.00	100.00	100.00	97.27	98.46	99.10	100.00	90.47
	内贸中转	0.00	0.00	0.00	2.73	1.54	0.90	0.00	9.53
烟台港	外贸中转	0.00	0.00	0.04	0.00	0.00	0.27	1.21	1.23
	内贸中转	0.00	0.00	99.96	100.00	100.00	99.73	98.79	98.77
上海港	外贸中转	86.63	82.56	85.81	85.14	81.03	93.77	80.64	80.91
	内贸中转	13.37	17.44	14.19	14.86	18.97	6.23	19.36	19.09
宁波港	外贸中转	62.61	75.98	98.30	98.31	99.01	94.58	88.91	88.10
	内贸中转	37.39	24.02	1.70	1.69	0.99	5.42	11.09	11.90
厦门港	外贸中转	88.09	84.01	81.78	60.53	50.18	62.18	51.41	50.86
	内贸中转	11.91	15.99	18.22	39.47	49.82	37.82	48.59	49.14
泉州港	外贸中转	0.00	0.58	0.61	0.95	4.66	1.88	1.57	6.25
	内贸中转	100.00	99.42	99.39	99.05	95.34	98.12	98.43	93.75
深圳港	外贸中转	91.36	94.51	95.88	88.41	80.46	86.53	84.58	79.33
	内贸中转	8.64	5.49	4.12	11.59	19.54	13.47	15.42	20.67
广州港	外贸中转	0.00	0.00	32.87	27.45	25.05	0.35	4.23	7.16
	内贸中转	100.00	100.00	75.26	78.46	79.97	99.65	95.94	93.32

资料来源：根据历年《中国港口年鉴》计算

通过上述分析可以发现，中国港口体系中相邻港口之间存在着分散化的趋势，即出现了周边港口的挑战，但这仅是第一图层；在中国港口体系分散化的图层下，是相邻港口之间形成分工，无论是在外贸、内贸集装箱运输还是在外贸、内贸集装箱中转运输中，都存在着一港侧重外贸、一港侧重内贸的格局。上海-宁波是比较特殊的，两港都侧重于外贸集装箱运输和外贸集装箱中转运输，内贸集装箱运输和内贸集装箱中转运输的比重都较小。

第四节　中国沿海相邻港口功能分化的形成机制

国外学者常用枢纽港的规模不经济来解释港口体系出现的分散化趋势，包括港口缺少拓展的空间、进出海向腹地和陆向腹地的交通堵塞等，此外，外围港口的挑战、先进多式联运网络的新需求、政府政策、不同的航线选择不同的港口作为枢纽港等也是港口体系呈现分散化的原因（Hayuth，1981，1988；Ducruet et al.，2009a，2009b）。在中国沿海港口体系的分散化过程中，上述因素都起到一定的作用，如由于船舶大型化对水深条件提出更高的要求，一些水深条件较好的港口开始崛起（Comtois and Dong，2007），铁路、高速公路等集疏运网络的改善，使一些港口得到了腹地的支撑而发展迅速（Rimmer and Comtois，2009）。为什么在港口分散化的背景下会出现相邻港口之间功能的分化？本书认为先发优势与错位竞争是相邻港口功能分化的重要机制。

一、水深条件与港口差异化发展

随着船舶大型化的发展，外贸船舶向大港集结的趋势日益明显，那些具有水深优势的港口在应对技术挑战时脱颖而出。1999年上海、深圳、青岛、天津、大连、宁波6港，已具备接卸超巴拿马型集装箱船的能力，其泊位及航道水深达12～14m。国际集装箱远洋干线班轮加快向上述6港集中，航班密度进一步提高。到1999年年底，中国有51个港口开辟有国际集装箱班轮航线，其中31个开辟有国际班轮航线。在上海、深圳、青岛、天津、大连，均有远洋干线班轮提供周班服务，航班密度满足了市场需要；每月279个远洋干线航班中，全部集中在上海、深圳、青岛、天津、大连、宁波6港。由于集装箱运输的马太效应，集装箱吞吐量基数大的港口增长快，主要是枢纽港航线多，航班密度大，效率较高，不但运输时间有保证，而且有利于开展中转业务，其吸引力随港口规模的扩大而增强。而其他港口则因航线覆盖面小和航班少吸引不到货源，增长缓慢（田芯，2001）。

20世纪90年代，广州港航道受水深及码头靠泊能力等因素限制，大型集装箱船无法全天候进出港区，仅留下载箱量在2000标准箱以下的第一、第二代集装箱船营运的日本、东南亚、澳洲等几条近洋航线和来往香港的港澳驳船航线。广州港黄埔港区水深仅9m，只能适合1000标准箱以下的船舶停靠。直到

2004年9月，南沙港区一期工程建成投产，广州港有了专业化的大型深水集装箱码头，这才为广州港发展外贸集装箱运输提供了硬件保障和发展契机（孙邦成，2008）。营口、烟台、泉州等港口也存在着与广州港类似的困境。营口港第一个集装箱码头是1990年上半年投入使用的只有309米的顺岸码头，2000年4月移至二港池424米顺岸码头，又增加了两台桥吊，2003年8月又移至新建成的四期工程4千米长的顺岸集装箱专用码头这个全新的、现代化的集装箱码头及其500万米^{2}的集装箱堆场建成投产，使这次迁移成为营口港集装箱发展的新起点。营口港专用泊位从最初一次只能靠泊两艘600标准箱的集装箱船，发展到现在4250标准箱的船可同时停靠10艘（致远，2012）。但事实上，在船舶大型化的今天，4000标准箱的港口条件已不适应发展外贸集装箱业务。直到2008年，泉州港的集装箱船接待能力不过是2700标准箱的船舶。大型船舶对航道的深度、泊位的吞吐能力要求很高，泉州港的港口条件有限。2009年4月，泉州湾深水航道工程竣工，航道宽度为250米，水深12.5米，5万吨级船舶可全天候进出港，10万吨级船舶可乘潮进出港（程钟康，2009）。

由于港口条件不好，特别是受制于水深条件，营口、烟台、泉州、广州等发展集装箱特别是外贸集装箱较晚，在周边大港已经建立外贸网络的情况下，只能先发展利润较低但对港口水深条件要求较小的内贸运输。

二、国外投资与资金、管理、航线的引入

中国大陆集装箱运输和码头的建设起步较晚。20世纪70年代末和80年代初，中国对外贸易和港口进出口任务大幅增长，天津、上海、广州三港利用世界银行对华首批贷款建设了中国沿海的第一批集装箱码头。1985年9月国务院颁布了《关于中外合资建设港口码头优惠待遇的暂行规定》，标志着国内港口业向国际资本打开了大门。80年代中后期，青岛、上海等港口建设了一批兼做集装箱作业的多用途码头。1993年国家加快了港口对外开放的步伐，当年颁布的《关于深化改革、扩大开放、加快交通发展的若干意见》中提出，要鼓励中外合资经营公用码头泊位，允许中外合资租赁码头，允许中外合作经营码头装卸业务，允许外资建设货主专用码头和专用航道。1993年上海港集装箱综合发展公司与香港和记港口集团有限公司合资组建上海集装箱码头有限公司，总投资高达56亿人民币，后者占50%股份，标志着我国港口利用外资走上了一个新台阶。随后和记港口集团有限公司又与深圳盐田港集团合资成立了盐田国际集装箱码头有限公司，注册资本24亿港币，其中和记港口集团有

限公司占 73%股份，开创了外资控股大型集装箱港区的先河。进入 90 年代，中外合资企业在厦门、大连、青岛、宁波、深圳（盐田、蛇口、赤湾）、汕头等港建设了一批设备更先进、效率更高、吞吐能力更大的集装箱码头（表 8-5）。

表 8-5　外资企业在中国主要港口的投资

港口	外资企业（年份）
深圳港	赤湾港航（香港）有限公司、香港国际企业有限公司、海丰发展有限公司（1990）、招商局国际有限公司、太古洋行（1991）、以和记港口集团有限公司为首国际财团（1994）、招商局国际有限公司（2002）、安讯捷集装箱码头有限公司（2003）、现代货箱码头有限公司（2005）
上海港	和记港口集团有限公司（1993）、马士基集装箱码头公司上海有限公司（2002）、和记港口浦东有限公司（2003）、和记港口外高桥（香港）有限公司（2005）
大连港	新加坡港务集团（1996）、新加坡港务集团（1999）、新加坡港务集团（2004）、马士基集装箱码头公司大连有限公司（2004）、日本邮船株式会社（2007）
厦门港	和黄港口厦门有限公司（1997）、香港新创建港口管理有限公司（1997）、中国马士基集装箱码头公司（2005）
青岛港	英国铁行集团、丹麦马士基（2000）、香港泛亚国际航运有限公司（2009）
广州港	新加坡广州港口投资私人有限公司（2001）
宁波港	和记港口集团有限公司（2001）、网讯有限公司（2003）、意邮（中国）有限公司（2004）、东方海外货柜码头（宁波）有限公司（2006）
烟台港	迪拜环球港务集团（2003）、国际集装箱码头服务（香港）有限公司（2005）

资料来源：根据历年《中国港口年鉴》及网络资料整理

　　外资对于港口的发展具有重要作用，在 2001 年左右，中央财政对于主枢纽码头建设拨款只占投资预算的 10%，对于中小港口则只是象征性补助，而民间资本显然还不具备大规模进入港口行业的实力的情况下，外资的进入对于上海、深圳、青岛、大连、宁波、厦门等港口的发展及缓解港口建设资金的巨大压力是大有裨益的。而对于营口、烟台、泉州、广州等港口，较少受到外资的青睐，因此发展较晚。

　　吸引外资除了解决建设资金压力的问题外，还将中国集装箱码头建设、经营、管理和技术迅速提高到了比较先进的程度，缩短了与发达国家先进港口的差距。部分合资经营的集装箱码头的设施先进程度、营运效率和管理水平已经接近或达到了世界先进港口的水平。正是因为如此，这些接受外资的港口在拉近与国外港口差距的同时，与中国其他港口的差距也拉开了。

　　上海、深圳等港口还吸引到马士基、长荣、东方海外等以航运为主业的公司前来投资，可以保证这个班轮公司会把船舶来港挂靠，带来远洋干线，建立先发优势，有利于巩固港口的市场（杨育谋，2002）。

在内贸集装箱运输并未对外资航运公司开放的情况下，中远、中海等成为内贸集装箱运输的主力，因此这些内贸集装箱船公司成为营口、烟台、泉州、广州等港口竞相合作的对象（表8-6）。广州南沙港区建设引入航运公司参股，南沙一期吸引中海集团入股49%，南沙二期吸引中远集团入股39%。我国最大的两家航运公司均入股南沙港区，这是南沙港区发展内贸集装箱运输的优势。中远、中海等船公司不仅给这些港口带去了资金，还带去了航线。

表 8-6　广州、烟台、营口、泉州等港口的合资

港口	中外企业（年份）
广州港	新加坡广州港口投资私人有限公司（2001），中海码头发展有限公司（2003），中远码头（南沙）有限公司（2006）
烟台港	迪拜环球港务集团（2003），国际集装箱码头服务（香港）有限公司（2005）
营口港	中远码头（营口）有限公司（2004），中海码头发展有限公司（2007）
泉州港	中远码头（营口）有限公司（2006），中远码头（泉州晋江）有限公司（2008）

资料来源：根据历年《中国港口年鉴》及网络资料整理

三、港口管理制度的转变与政府的压力

中国港口管理体制改革经历了由中央直接管理，到中央和地方政府双重领导，再到港口管理权完全下放地方的过程（Wang et al., 2004）。1984年以后，国家对沿海和长江干线主要港口的管理体制进行了重大改革，形成了秦皇岛港由中央管理，沿海和长江干线37个港口由中央与地方政府双重领导、以地方政府为主的管理体制。2002年港口管理权下放到地方政府，由中央计划管理改为地方管理，由"以港养港、以收抵支"改为"收支两条线"，取消港口企业定额上缴、以收抵支的办法，同时按照国家税收管理有关规定征缴港口企业所得税。

地方政府在港口规划、建设过程中起着非常重要的作用，有港口的或有建港条件的地方政府纷纷提出"以港兴市"策略，大举建港（Cullinane et al., 2005）。而对于地方政府来说，集装箱港口吞吐量是港口建设成功与否的最重要最直观的指标，各港口城市每年的政府工作报告都会把集装箱吞吐量作为一个政绩向人大代表和社会汇报。追求集装箱吞吐量成为地方政府和港口管理部门的重要目标，对于那些暂时不具备发展外贸集装箱的港口来讲，发展对水深、管理、知名度等要求相对较小的内贸集装箱成为首选。

我国的集装箱港口发展是从外贸集装箱做起,并且一直以外贸集装箱为主体,内贸集装箱只是作为一种附带作业。1996年12月,上海港龙吴港务公司开通我国首条内贸集装箱航线,从事内贸集装箱营运的上海港龙吴作业区仅有2个专用泊位;1997年3月,上海海兴轮船股份有限公司集装箱运输分公司开通国内水路集装箱班轮航线,投入2艘614标准箱全集装箱船,采用国际通用的标准集装箱,标志着国内水路集装箱运输与国际接轨。那时,全国内贸集装箱吞吐量很小,远不足引起大家的关注。中国的内贸集装箱发展较晚,但发展迅速。内贸集装箱吞吐量从2001年的221万标准箱增至2011年的5253万标准箱,增长至23.8倍,占我国港口集装箱吞吐总量的比例从8.1%提高到28.7%。

但是与外贸集装箱相比,内贸集装箱的装卸费率标准偏低。目前各港执行的是交通部(现交通运输部)2000年版本的《国内水路集装箱港口收费办法》,其标准为20英尺重箱220元,40英尺重箱330元(刘丽耀,2012),并允许港口根据各地的成本差异在上下20%的范围内浮动。然而,港口为争夺货源,基本不执行上浮20%的权利,反而还会给予航运公司及货主一定奖励和补贴(刘丽耀,2012)。10多年来,油价、电价、用工成本大幅上涨,内贸箱装卸费率已跟不上时代。尤其是与外贸箱相比,同样一个箱子,同样一种操作,同样一份成本,只因身份不同,内贸箱的港口装卸费率仅有外贸箱的50%。因此,那些有外贸集装箱基础的港口,发展内贸集装箱的意愿不是很强烈。例如,深圳港基本上不参与珠三角内贸集装箱运输的角逐,深圳港蛇口港区主要仅为本地货源提供服务。2011年12月为建设华南地区最大的邮船母港太子湾国际邮船母港工程,深圳港蛇口港区为此拆除了3个内贸集装箱泊位用于邮船母港建设。可见,深圳港已退出内贸集装箱业务的竞争(刘丽耀,2012)。

以上现象一方面是适箱货源增加导致内贸集装箱数量增加,另一方面是内贸集装箱装卸费率较低导致有外贸条件的港口发展内贸集装箱运输的意愿不强,两方面的原因给那些没有条件发展外贸集装箱的港口如广州港、营口港、烟台港、泉州港等错位发展的机会,如广州港,由于香港港和深圳港的外贸集装箱业务成熟度远超广州港,其自发展集装箱业务伊始便以内贸集装箱为主。又如泉州港,在福建省内厦门和福州的外贸集装箱运输有明显的优势,同时通过深入调查,发现泉州港发展内贸集装箱有着天然的优势,泉州每年不光要从北方调进一千多万吨的粮食、钢材、煤炭,同时又将鞋子、服装、陶瓷、瓷砖、石板材等大量运输到北方,这一进一出绝大部分走的是水路,而且大部分又是适合以集装箱形式运输的货物,这为内贸集装箱发展带来了源源不断的货源,于是重点发展内贸集装箱,兼以部分近洋国际集装箱业务,成为全国内贸集装箱运输六大港口之一(蔡哲,2008)。

第五节 本章小结

用图层的理念来分析中国港口体系的演变，在第一图层，中国港口体系呈现分散化的现象，这在相邻港口之间也体现得非常明显，可以认为出现了周边港口的挑战。但在第二图层，相邻港口之间出现港口功能的分化，一个港口侧重于外贸，另一港口则侧重于内贸。只有上海-宁波是比较特殊的，两港都侧重于外贸。

本章从先发优势-错位发展的角度分析了中国港口体系在分散化背景下为何会出现港口功能的分化，图 8-3 表现的是在不同因素的作用下，港口功能分化的过程。横轴是时间轴，港口随着时间的推移而不断壮大；纵轴表示港口条件如水深、区位等的优越程度，以正向为强，条件较好港口的开发建设早于条件较差的港口。集装箱化和船舶大型化对港口提出了更高要求，那些拥有水深条件的港口如大连、青岛、厦门、深圳等率先得到发展，为数较少的国家建设资金集中投入这些条件较好的港口建设上。此后又特别受到外资的青睐，外资不仅给这些港口带来了资金，还带来了管理、技术、知名度、航线等，使这些港口在发展外贸集装箱运输中占得先机，获得了先发优势。中国的港口管理体制逐渐下移，地方政府在港口发展中起着非常重要的作用，集装箱吞吐量的增加是地方政府和港口管理部门非常重视的指标。在大连、青岛、厦门、深圳等港口已经形成外贸网络的情况下，相邻港口如何发展才能迎头赶上？一方面得

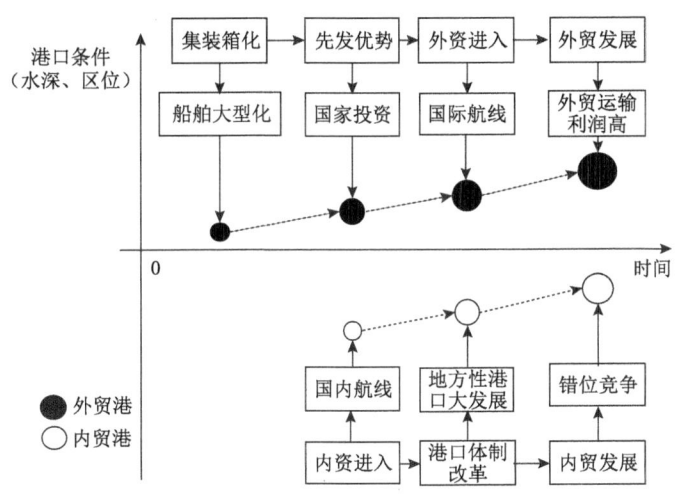

图 8-3 中国港口功能分化机制

益于中国经济发展模式转型，内需成为经济发展更加倚重的领域，适箱的货物大量增加，内贸集装箱运输潜力巨大；另一方面由于内贸集装箱运输利润远低于外贸集装箱运输，具有发展外贸集装箱基础的港口不是很重视内贸集装箱，两方面的原因给相邻港口（如营口、烟台、泉州、广州）错位发展内贸集装箱运输成为可能。于是就形成了相邻港口之间一港侧重外贸、一港侧重内贸的格局。

与其他四对相邻港口相比，上海-宁波是较为特殊的一对。两港都以外贸的重点，这与两港具有水深条件、区位条件、腹地外向型经济、外资对港口投资等有密切关系。曾经的上海港是一个河口港，在船舶大型化的压力下深受水深条件的困扰。2002年后上海市政府在中央政府的支持下与浙江省展开合作，在浙江省所辖的小洋山上建设离岸式深水港——洋山港，一定程度上解决了长期困扰上海港发展的水深问题。如果上海不建设洋山港，受水深条件的限制，上海港的外贸航线有可能会迁往宁波港，上海-宁波可能也会形成一港侧重内贸、一港侧重外贸的格局。

第九章
相邻港口竞合与航运网络演变——以上海、宁波、香港、深圳四港为中心

　　港口体系空间结构演化及其形成机制已是港口地理学领域的研究热点之一。20 世纪 50 年代，集装箱运输从陆上推向海上，部分学者开始研究集装箱港口体系。1963 年，Taaffe（1963）归纳出非洲港口体系演化的六阶段模型。Bird（1971）首次提出了 Anyport 模型，Hoyle（1989）、Notteboom（2005）等学者对该模型进行了修改。一般认为由于存在规模经济，港口活动会集中到某个区域的一个或两个具有良好区位条件的港口，进而形成枢纽港—支线港—喂给港的空间关系（Mayer，1978）。然而由于存在规模不经济，港口空间关系会出现分散化倾向。70 年代初，Mayer、Slack 等注意到集装箱枢纽港与支线港的分化现象（Mayer，1978；Slack，1990）。80 年代，Hayuth（1988）提出美国沿海集装箱港口体系五阶段模型，弥补了 Taaffe 模型的不足。80 年代后期以来，Airriess（1989）、Hoyle（1995）、Kuby 和 Reid（1992）等对东南亚、东非、美国港口体系的区域性实证研究证实了 Hayuth 假说。Starr（1994）通过对巴尔的摩港和汉普顿港竞争关系的分析，认为一个同质区域可以同时并存两个中心枢纽港。这种边缘港口崛起进而形成双枢纽模型在其他国家和地区同样存在，Notteboom（2010）研究发现新加坡港与丹戎帕拉帕斯港、釜山港与光阳港、西雅图港与长滩港等双门户结构已具雏形。Hall 和 Jacobs、Notteboom 等探讨了邻近性在港口中的作用（Hall and Jacobs，2010；Notteboom，2010）。

　　近年，随着复杂网络理论在交通运输中的应用，学者加强了对港口航运网络的研究（Ben-Avraham et al.，2009；Cohen and Havlin，2010）。Ducruet（2013）采用劳合社的数据揭示了基于图论的航运网络微观结构。Lam 和 Yap（2011）对门户港口的特征和转运功能进行了分析。Kim（2016）对港口体系的竞争力进行了分析，Monios 和 Wilmsmeier（2016）对港口体系的演化进行了研究。与此同时，航运网络及港口体系的空间格局演化也受到国内学者的关注。王成金（2008a，2008b）对中国集装箱运输网络、全球航运网络及世界航运企业组织进

行了深入剖析，并指出枢纽港是港口地理的研究重点。韩增林、曹有挥等着重对区域港口体系的发展演化进行了分析（韩增林和安筱鹏，2001；曹有挥等，2015；潘坤友等，2017；金一等，2017）。尽管前人从不同角度对港口体系及航运网络相关内容进行了分析，但学者更多地关注全球尺度的航运网络研究，而对较小尺度的航运网络及港口在航运网络中的地位发展关注较少。总体来看，作为港口体系的一部分，港口间相互作用的研究引起了广泛关注，国外学者对集装箱港口体系形成机制的探讨已达到相当深度，在此背景下，以箱流分散为特征的集装箱港口体系边缘挑战阶段在中国是否呈现新的特征，以及什么力量推动了边缘港口的挑战等问题研究尚待加强。

1840年以来，中国形成了上海、香港两大枢纽港，两港在近代中国经济格局中占有非常重要的地位。随着港口体系的不断完善与发展，位于上海、香港边缘的宁波港与深圳港迅速崛起。上海港、宁波港地处我国海岸线与长江T字形交汇点上，是中国参与国际经济的重要口岸。香港港、深圳港位于珠三角入口，地处我国与邻近亚洲国家的要冲，又处于经济增长的亚太中心，区位优势显著。

上海-宁波港与香港-深圳港分别是长三角、珠三角港口群中的重要门户港。由于两组相邻港口距离较近，一港的发展往往会影响另一港口的发展，学者分别对这两组港口的关系多有研究（王列辉，2012a；Cullinane et al.，2005；Liu et al.，2013；杨跃辉和王俊辉，2016；陈越等，2016；李春顶等，2016；郭家轩，2017），但两组相邻港口的对比研究缺乏。另外，上海、宁波、香港、深圳四港在改革开放之后发展迅速，且发展特点突出，具有代表性，分别形成区域内的双枢纽发展模式。上海、宁波、香港、深圳四港的发展具有可比性，有待深入探讨。因此，本章选取上海、宁波、香港、深圳四港为研究对象进行分析，以期进一步完善港口体系演化理论内涵，为相邻港口建设提供指导。

第一节 相邻港口竞合的数据和方法

一、研究数据

本章航线数据来源于《中国航务周刊》，包括中国至世界各港的集装箱航线数据，其中1995年无中国台湾至世界各港的船期。《中国航务周刊》杂志创刊于 1993 年，是国家发展和改革委员会主管、中国交通运输协会主办的权威性货运信息周刊，数据包括集装箱船只起讫港口、出发和抵达时间、船名和航次等，通过这些信息能把地理位置分离的港口联系在一起，形成区域内各港口间的集装箱运输通道，从而构建出由相关节点（港口）及边（航线）组成的真实集装箱航运网络。本章选取了 1995 年、2005 年和 2015 年 6 月的 O-D 航线数据，6 月既非航运的淡季，也非旺季，能较好地反映整年的航运情况，O-D 数据具有明确的关系信息，能更好地反映节点间的联系。此外，本章港口集装箱吞吐量数据来源于历年《中国港口年鉴》。

二、研究方法

（一）偏移增长率

曹有挥等（2004）曾利用偏移-分享模型来分析港口的竞争态势，并指出若某港口的 SHIFT 值为正，则该港口具有一定的竞争优势；反之，若 SHIFT 值为负，则该港口在竞争中处于劣势地位。但各港口的集装箱吞吐量在初期的绝对量上会存在较大的不同，因此本章引入偏移增长率来衡量港口自身增长的速率，具体模型如下（王列辉，2007a）：

$$SHIFT_i = ABSGR_i - SHARE_i = TEU_{it_1} - (\sum_{i=1}^{n} TEU_{it_1} / \sum_{i=1}^{n} TEU_{it_0}) \times TEU_{it_0} \quad (9\text{-}1)$$

$$SHIFTRATE_i = SHIFT_i / TEU_{it_0} \times 100\% \quad (9\text{-}2)$$

式中，$SHIFT_i$ 为 i 港口在（t_0, t_1）的偏移增长量；$ABSGR_i$ 为 i 港口在（t_0, t_1）不同时段的绝对增长量；$SHARE_i$ 为 i 港口在（t_0, t_1）的分享增长量；TEU_{it_0} 和 TEU_{it_1} 分别为 i 港口在 t_0 和 t_1 时的集装箱吞吐量；$\sum_{i=1}^{n} TEU_{it_0}$ 和 $\sum_{i=1}^{n} TEU_{it_1}$ 分别为 t_0 和 t_1 时全国集装箱吞吐量，$SHIFTRATE_i$ 为 i 港口在（t_0, t_1）的偏移增长率。$SHIFTRATE_i$ 数值越大，则说明 i 港口的发展速度越快；反之，发展速度越慢。

（二）港口首位度

首位度的概念由马克·杰斐逊在 1939 年首次提出，常用于衡量地区首位城市的集聚程度（沈建桑等，2006）。本章借鉴城市首位度的概念，采用港口首位度来考察区域集装箱港口规模序列中的顶头优势性，即区域内最大港口与第二大港口的箱量规模之比，计算公式如下（潘坤友等，2013）：

$$PPR = \frac{TEU_{1j}}{TEU_{2j}} \quad (9\text{-}3)$$

式中，PPR 为港口首位度；TEU_{1j} 为第 j 年首位港口的集装箱吞吐量；TEU_{2j} 为 j 年第二位港口的集装箱吞吐量。PPR 越大，说明首位港口的极化作用越强；反之，说明首位港口的辐射带动作用越强。

（三）复杂网络指标

度是描述复杂网络节点的重要指标，节点的度定义为一节点连接其他节点的数目，节点的度值越大表示该节点在网络中与其他节点的联系越密切，影响力越大。在集装箱航运网络中，港口节点的度可表示港口的联系范围，即与该港口有航线联系的港口数量。为综合反映节点在网络中的作用，本章采用复杂网络中的节点度指标进行衡量。度指标 D_i 的计算公式如下（钟柯等，2012）：

$$D_i = \sum_{j=1, j \neq i}^{n} L_{ij} \quad (9\text{-}4)$$

式中，L_{ij} 为节点 i 和节点 j 之间的边数；n 为节点的总数。

（四）连锁网络模型

国外学者将连锁网络模型广泛运用于世界城市网络的研究（Rossi and Taylor，2005；Yang et al.，2017），而国内关于该模型的应用较少。在世界城市网络研究中一般将城市联系度认为是一种世界城市系统或城市间的资金、信息、人才和技术等要素的流动。城市联系度不仅反映城市对外联系的强度，也体现了各个城市在整个世界城市网络中所处的地位。因此，本章借鉴世界城市网络研究中的连锁网络模型来探讨航运网络中港口的对外联系变化情况。模型具体构建过程如下（倪鹏飞等，2011）。

港口 a 在国际航运网络中的航线数量与所有航线数量之比，即该港口的航运网络联系度。

$$L_a = (N_a / T) \quad (9\text{-}5)$$

式中，L_a 为港口 a 的航运网络联系度；N_a 为港口 a 在国际航运网络中与其他港口的连接数量；T 为网络中所有港口的连接数量。

由于总的航线数量相当庞大，L_a 的值往往比较小。为便于更好地进行比较，采用相对联系度的方法，即用港口 a 的航线数量与最高港口的航线数量之比来测度。若航线数量最高的港口为 h，其航线数量用 N_h 表示，而港口 h 的联系度则定义为 1.00，则港口 a 的相对联系度（P_a）为

$$P_a = (N_a / N_h) \qquad (9\text{-}6)$$

第二节 两组相邻港口箱量与航线对比分析

一、深圳箱量规模超越香港，宁波与上海规模差距较大

港口发挥着货物集散功能，其集装箱吞吐量一般能反映港口规模大小。据表 9-1，1995 年，香港集装箱吞吐量达 1255.0 万标准箱，位列中国港口集装箱吞吐量第一名，且远远领先于国内其他港口。2005 年，上海、深圳等港口集装箱吞吐量迅速提升。至 2015 年，上海港集装箱吞吐量超越香港，达 3653.7 万标准箱，成为国内集装箱吞吐量居首位的港口，数量上占绝对优势。深圳、香港、宁波紧随其后，在国内港口集装箱吞吐量排名中居前列，作为中国沿海主要的集装箱港口，吞吐量规模较大。另外，从集装箱吞吐量的排名变化来看，香港和深圳是一个下降一个上升，而上海和宁波都在上升。

从全国港口集装箱吞吐量前十位的变化情况来看，排名提升较快的是深圳港及宁波港，1995~2015 年深圳港由第八位提升到第二位，宁波港由第十位提升到第四位，此二港口集装箱业务发展迅速，深圳港超越相邻的香港港，但宁波港与上海港还存在较大差距。

表 9-1　1995~2015 年集装箱吞吐量排名前十位的中国港口（单位：万标准箱）

排序	1995 年 港口	集装箱吞吐量	2005 年 港口	集装箱吞吐量	2015 年 港口	集装箱吞吐量
1	香港	1255.0	香港	2260.2	上海	3653.7
2	上海	152.7	上海	1808.4	深圳	2421.0
3	天津	70.2	深圳	1566.0	香港	2011.4
4	青岛	60.3	青岛	630.7	宁波	1982.4
5	广州	54.5	宁波	520.8	青岛	1743.6

续表

排序	1995 年		2005 年		2015 年	
	港口	集装箱吞吐量	港口	集装箱吞吐量	港口	集装箱吞吐量
6	大连	37.4	天津	480.1	广州	1739.7
7	厦门	31.0	广州	468.3	天津	1411.1
8	深圳	28.4	厦门	334.2	大连	944.9
9	珠海	27.5	大连	265.5	厦门	918.3
10	宁波	16.0	中山	107.6	营口	592.3

据图 9-1，在 1995~2015 年，上海、宁波、香港、深圳四港的集装箱吞吐量总体上呈上升趋势。从上海-宁波组港口来看，2008 年前上海港的集装箱吞吐量增长幅度明显快于宁波港的集装箱吞吐量增长，且二者的差距在不断扩大，2009 年后二者集装箱吞吐量出现平行增长。而香港-深圳组港口，深圳集装箱吞吐量增长幅度快于香港，两港的差距在不断缩小，2013 年深圳港集装箱吞吐量达 2327.8 万标准箱，首次超越香港，比香港港口多出近 100 万标准箱。由此说明香港的部分集装箱吞吐量转移到了深圳，上海的集装箱吞吐量没有转移到宁波。此外，从图 9-1 可以看出，受金融危机的影响，四港口在 2008~2009 年的集装箱吞吐量均有不同程度的下降，且上海港的下降幅度明显大于宁波港，香港港的下降幅度略微大于深圳港，这反映出上海港、香港港作为国际性大港，在世界经济一体化背景下受国际因素的影响较大，而区域性港口深圳港、宁波港受国际因素冲击较小，但也可以从侧面看出宁波港与上海港的国际化水平相差较大，而深圳港在国际中的地位及国际化程度紧追香港港。

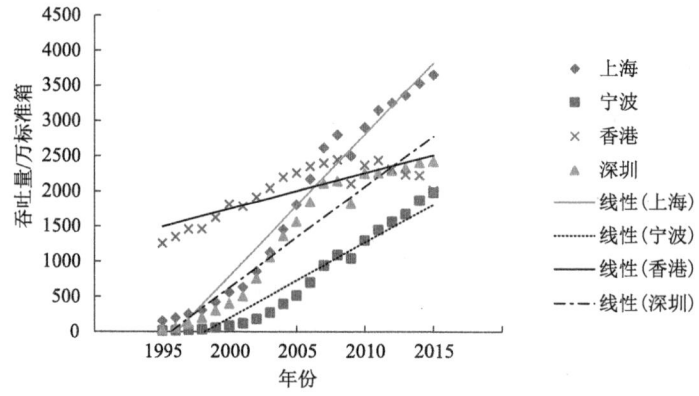

图 9-1 1995~2015 年上海、宁波、香港、深圳四港集装箱吞吐量

二、宁波、深圳偏移增长大于上海、香港，箱流趋于分散

据表 9-2，1995~2015 年上海港与宁波港的偏移增长率都为正，两者都在快速增长，但宁波港的偏移增长率整体上高于上海港，说明宁波港的发展速度比上海港快。上海港与宁波港的偏移增长率的波动变化趋势相似，总体上呈现出偏移增长率先上升后下降的特征，说明上海港与宁波港的发展速度在近 20 年经历了由快到慢的过程，彼此同步增长。深圳港在 20 世纪 90 年代增长迅速，保持较高增长率，1996 年偏移增长率高达 93.41%，但进入 21 世纪以来，其发展速度减缓。与深圳港相比，香港港偏移增长率极低，1995~2015 年一直处于较低水平，说明其近 20 年集装箱业务发展进入消退期。总体而言，宁波的偏移增长率大于上海，深圳的偏移增长率大于香港，上海、宁波、香港、深圳四港都存在边缘港口挑战现象。

表 9-2　1995~2015 年上海、宁波、香港、深圳四港偏移增长率　（单位：%）

年份	上海	宁波	深圳	香港	年份	上海	宁波	深圳	香港
1995	8.28	8.88	39.47	−5.45	2006	0.81	16.48	−1.31	−15.13
1996	17.13	14.86	93.41	−4.76	2007	2.66	15.62	−3.55	−15.84
1997	9.94	8.73	79.34	−9.64	2008	−3.67	5.18	−9.26	−8.68
1998	12.17	27.66	60.31	−9.40	2009	−3.54	2.51	−7.60	−6.90
1999	16.61	49.71	32.09	−9.74	2010	−2.65	5.83	4.43	−6.32
2000	11.68	28.57	12.30	−9.80	2011	−3.31	−0.06	−11.41	−8.75
2001	3.76	25.25	17.96	−10.71	2012	−2.70	2.01	−4.32	−11.16
2002	9.11	26.55	23.23	−19.30	2013	−2.42	1.28	−4.30	−9.07
2003	8.39	25.97	16.78	−15.87	2014	−1.43	5.07	−3.13	−6.97
2004	7.81	23.76	7.04	−13.69	2015	0.22	2.70	−2.61	−12.82
2005	6.97	12.76	−2.24	−14.43					

同时，据表 9-3，1995~2015 年长三角、珠三角的港口首位度呈现快速下降趋势，分别由 9.54、23.03 下降到 1.84、1.20。说明在上海、香港等首位港的辐射带动作用下，宁波、深圳等边缘港口发展迅速。1995 年珠三角的港口首位度远大于长三角地区，表明香港港的垄断性较上海港强。至 2015 年，长三角、珠三角地区的港口首位度均处于较低水平，说明上海、香港等首位港开始出现规模不经济现象，港口垄断性降低，货源向周边港口分流，从而促进边缘港口的发展。此外，长三角地区的首位港为上海港保持不变，宁波港作为长三角的第二大港口紧随其后；而珠三角地区的首位港口由 1995 年的香港变为 2015 年的深圳港，该地区的港口体系已进入多中心枢纽港阶段。且 2015 年珠三角地区

港口首位度低于长三角地区，说明珠三角地区香港港向边缘港口深圳港的分流大于长三角地区的上海-宁波组港口，货流分散化趋势更加明显。

表 9-3　1995~2015 年长三角、珠三角地区集装箱港口体系港口首位度计算结果

区域	1995 年		2005 年		2015 年	
	首位港	首位度	首位港	首位度	首位港	首位度
长三角	上海	9.54	上海	3.47	上海	1.84
珠三角	香港	23.03	香港	1.44	深圳	1.20

总之，长三角、珠三角地区港口集装箱吞吐量分布趋向分散，首位港口的垄断性降低，边缘港口迅速增长，对首位港的挑战效应日益加强。这种趋势有利于中小型港口的发展和港口体系的功能协作，整个港口体系向着成熟化方向发展。

三、上海-宁波航线空间布局相似，香港-深圳航线分布存在差异

港口的航线多少反映出某一港口在港口体系中的地位，如果某一港口的远洋航线密集，则该港口具备成为枢纽港的条件（Taaffe et al., 1963; Bird, 1971）。随着集装箱航海运输业的快速发展，中国沿海港口国际远洋航线也不断发展，据统计，1995 年、2005 年、2015 年中国沿海港口分别共建立国际航线 1355 条、4276 条、7106 条，其中，上海、宁波、香港、深圳四港相应年份共建立航线为 883 条、2916 条、4920 条，占比 65.2%、68.2%、69.2%，即上海、宁波、香港、深圳四港口的国际航海运输联系约占中国对外航海运输联系总量的 70%，可见以上四港口是中国国际集装箱运输体系的主要支柱。

从四个港口对外联系的港口数量看（图 9-2），1995 年香港港联系的港口达到 229 个，在四个港口中遥遥领先，其相邻港口深圳港的数量仅为 24 个；同年上海港对外联系的港口为 57 个，相邻港口宁波港的联系港口仅为 7 个。2005 年呈现两大特点，其一是香港港联系的数量下降明显，由 1995 年的 229 个下降为 2005 年的 127 个；其二是其他三港的数量都突破了 100 个，特别是宁波港从 1995 年的 6 个上升为 2005 年的 126 个，进步非常明显，上海港和深圳港的数量分别为 179 个和 115 个。2015 年上海、宁波和深圳三港联系的港口数量都突破了 200 个，但香港港仅 166 个。从相邻港口的角度看，1995~2015 年，上海港联系的港口数一直超过宁波港，但宁波港的发展迅速；珠三角的香港港和深圳港呈现出一个此消彼长的过程，1995 年香港港远超深圳港，但到 2015 年深

圳港的数量超过了香港港，反映了相邻港口之间对海向腹地激烈的竞争。

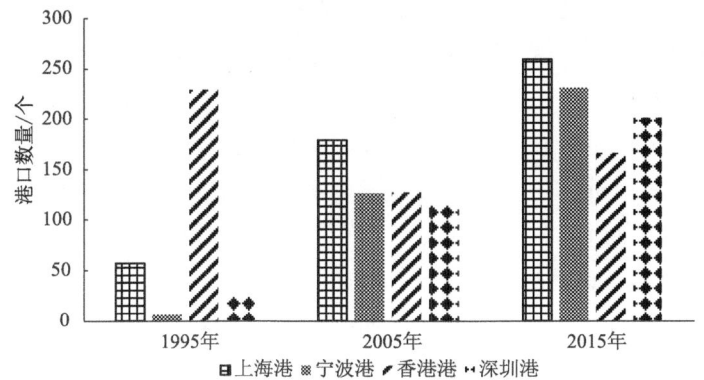

图 9-2　1995～2015 年上海、宁波、香港、深圳四港联系的港口数量

采用连锁网络模型中的联系度进行分析，可避免单纯分析航线所带来的片面性，经计算，得出 1995～2015 年上海、宁波、香港、深圳四港国际港口联系度分布结果。由表 9-4 可知，1995 年，上海、宁波港口联系密切的地区主要集中在东亚（即日韩地区），香港与世界各区域均保持较密切的联系，深圳则与北美洲地区港口城市联系密切。2005 年，上海、宁波港口联系范围与强度扩大，联系度较高的地区由日韩港口城市扩展到东南亚及欧洲地区港口城市。深圳也加强了与日韩、东南亚、欧洲地区港口城市的联系，香港联系港口数量减少，与日韩、东南亚、欧洲地区港口城市联系较密切。2015 年，上海、宁波的港口覆盖范围和联系强度进一步扩大，港口空间分布格局呈现高度相似性。深圳港口覆盖数量超过香港，但联系强度不及香港，主要集中于东南亚、西亚/中东、欧洲地区，香港与深圳港口空间格局相似性较低。

表 9-4　1995～2015 年上海、宁波、香港、深圳四港排名前十的国际港口连锁网络联系度

年份	起点	终点	值	起点	终点	值	起点	终点	值	起点	终点	值
1995	上海	新加坡	1.00	宁波	横滨	1.00	香港	芝加哥	1.00	深圳	奥克兰（美国）	1.00
	上海	神户	0.96	宁波	神户	0.57	香港	安特卫普	1.00	深圳	洛杉矶	1.00
	上海	横滨	0.79	宁波	大阪	0.43	香港	奥克兰（美国）	1.00	深圳	孟菲斯	1.00
	上海	大阪	0.75	宁波	门司	0.43	香港	鹿特丹	1.00	深圳	纽约	1.00
	上海	釜山	0.67	宁波	釜山	0.29	香港	纽约	0.90	深圳	温哥华（加拿大）	1.00

续表

年份	起点	终点	值	起点	终点	值	起点	终点	值	起点	终点	值
1995	上海	名古屋	0.42	宁波	名古屋	0.14	香港	新加坡	0.80	深圳	西雅图	1.00
	上海	塞得港	0.25				香港	达拉斯	0.80	深圳	亚特兰大	1.00
	上海	苏伊士	0.21				香港	亚特兰大	0.70	深圳	芝加哥	1.00
	上海	东京	0.13				香港	巴伦西亚	0.70	深圳	多伦多	1.00
	上海	曼谷	0.13				香港	马尼拉	0.70	深圳	巴生港	0.67
2005	上海	釜山	1.00	宁波	巴生港	1.00	香港	新加坡	1.00	深圳	汉堡	1.00
	上海	巴生港	0.75	宁波	釜山	0.87	香港	马尼拉	0.61	深圳	鹿特丹	0.97
	上海	新加坡	0.64	宁波	汉堡	0.83	香港	巴生港	0.58	深圳	巴生港	0.92
	上海	东京	0.59	宁波	鹿特丹	0.80	香港	釜山	0.58	深圳	新加坡	0.76
	上海	横滨	0.53	宁波	新加坡	0.53	香港	汉堡	0.53	深圳	费里克斯托	0.57
	上海	名古屋	0.49	宁波	费里克斯托	0.47	香港	纽约	0.42	深圳	安特卫普	0.49
	上海	神户	0.46	宁波	安特卫普	0.43	香港	横滨	0.39	深圳	纽约	0.49
	上海	大阪	0.44	宁波	勒阿弗尔	0.43	香港	萨凡纳	0.34	深圳	釜山	0.46
	上海	汉堡	0.42	宁波	横滨	0.40	香港	曼谷	0.34	深圳	勒阿弗尔	0.43
	上海	鹿特丹	0.41	宁波	奥克兰（美国）	0.37	香港	安特卫普	0.32	深圳	萨凡纳	0.43
2015	上海	新加坡	1.00	宁波	新加坡	1.00	香港	新加坡	1.00	深圳	新加坡	1.00
	上海	巴生港	0.75	宁波	巴生港	0.73	香港	巴生港	0.41	深圳	巴生港	0.89
	上海	釜山	0.66	宁波	釜山	0.64	香港	马尼拉	0.38	深圳	鹿特丹	0.40
	上海	鹿特丹	0.47	宁波	丹戎帕拉帕斯	0.48	香港	曼萨尼约（墨西哥）	0.27	深圳	苏伊士	0.40
	上海	汉堡	0.45	宁波	汉堡	0.37	香港	海防	0.25	深圳	汉堡	0.38
	上海	苏伊士	0.40	宁波	鹿特丹	0.37	香港	科伦坡	0.23	深圳	丹戎帕拉帕斯	0.32
	上海	丹戎帕拉帕斯	0.33	宁波	苏伊士	0.36	香港	桑托斯	0.23	深圳	巴塞罗那	0.27
	上海	胡志明市	0.30	宁波	曼萨尼约（墨西哥）	0.27	香港	巴拉那瓜	0.20	深圳	勒阿弗尔	0.26
	上海	东京	0.29	宁波	费利克斯托	0.26	香港	胡志明市	0.20	深圳	费利克斯托	0.25
	上海	林查班	0.29	宁波	萨凡纳	0.23	香港	那瓦什瓦	0.20	深圳	吉达	0.24

从连锁网络联系度为"1"的港口来看（表9-5），这些港口在联系网络中发挥着巨大的集散作用，其他各港口的网络联系度指数以其为基准，因此，他们是上海、宁波、香港、深圳国际航运网络联系的核心港口。

表 9-5　1995～2015 年上海、宁波、香港、深圳四港国际港口连锁网络联系度为"1"的港口

港口	1995 年	2005 年	2015 年
上海	新加坡	釜山	新加坡
宁波	横滨	巴生港	新加坡
香港	芝加哥、安特卫普、奥克兰（美国）、鹿特丹	新加坡	新加坡
深圳	奥克兰（美国）、洛杉矶、孟菲斯、纽约、温哥华（加拿大）、西雅图、亚特兰大、芝加哥、多伦多	汉堡	新加坡

综上可以看出，这些港口大多数是其所在国家的重要经济贸易中心，在世界航运网络中也处于关键节点位置。此外，可以发现 1995～2015 年上海、宁波两港联系度密切港口一直集中在距离较近的地区，即日韩与东南亚地区；香港、深圳联系密切港口则由距离较远的欧洲、北美转移到较近的东南亚地区。

四、上海-宁波港口联系范围高度重合，香港-深圳错位发展

据复杂网络中的度中心性，采用 UCINET 软件分析得出 1995～2015 年上海、宁波、香港、深圳四港的航运网络结构图（图 9-3）。由图 9-3 可知，在数

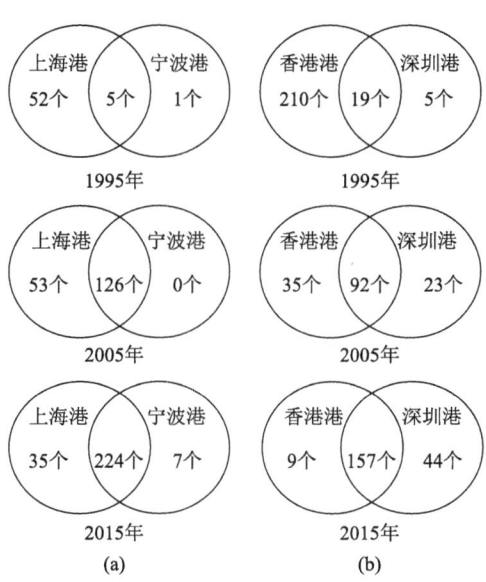

图 9-3　1995～2015 年上海、宁波、香港、深圳四港国际航运网络结构

量上，上海港挂靠的港口多于宁波港，但宁波港挂靠的港口数量与前者逐渐接近，且宁波港挂靠港口与上海港基本一致。说明宁波港的覆盖范围与上海港高度重合，很少有独立联系的港口，两港在同一覆盖范围展开竞争，因此竞争激烈，且属于同质竞争。

而深圳与香港的港口覆盖范围虽有重合，但深圳港开辟的独立航线逐年增加。在数量上，2015年深圳港挂靠的港口数量超过了香港港，还形成了自己独立的港口覆盖范围。香港港所联系的港口数量减少，深圳港填补了香港港的港口覆盖范围，独立联系港口逐渐增多。由此可知，香港港的航运联系转移到了深圳港，在某种程度上两港实现了错位竞争。

从航线联系强度来看（表9-6），1995~2015年上海、宁波、香港、深圳四港与东南亚地区港口航线联系强度均呈现增强趋势。2015年，四港口与新加坡港的航线联系最为重要，上海、宁波、香港、深圳四港与新加坡的航线联系度分别为5.0%、5.8%、7.6%、6.6%。其中，宁波、香港、深圳与新加坡的航线联系度在近20年间均有不同程度的提升。新加坡是世界主要枢纽港口之一，其地理区位优越、集装箱货物吞吐量庞大、国际班轮航线挂靠繁密，奠定了新加坡重要航运中心的地位。但上海与新加坡的联系度由1995年的11.2%下降到2015的5.0%。另外，四港口与巴生港的航线联系度均排在第二位。由此表明，上海、宁波、香港、深圳四港逐渐加强了与东南亚地区港口的航海运输联系。此外，在1995~2015年四港口排名前五的航线中，上海、宁波两港相同航线较多，而香港、深圳两港相同航线较少。由此表明上海-宁波组港口存在海向腹地的激烈竞争，而香港-深圳组港口海向腹地可实现错位发展。

表9-6 1995~2015年上海、宁波、香港、深圳四港排名前五的航线及其联系比重

（单位：%）

航线	联系比重	航线	联系比重	航线	联系比重	航线	联系比重
1995年							
上海-新加坡	11.2	宁波-横滨	35.0	香港-奥克兰（美国）	1.7	深圳-温哥华（加拿大）	5.3
上海-神户	10.7	宁波-神户	20.0	香港-芝加哥	1.7	深圳-多伦多	5.3
上海-横滨	8.9	宁波-大阪	15.0	香港-鹿特丹	1.7	深圳-西雅图	5.3
上海-大阪	8.4	宁波-门司	15.0	香港-安特卫普	1.7	深圳-纽约	5.3
上海-釜山	7.5	宁波-釜山	10.0	香港-纽约	1.5	深圳-洛杉矶	5.3

续表

航线	联系比重	航线	联系比重	航线	联系比重	航线	联系比重
2005年							
上海-釜山	5.4	宁波-巴生港	5.7	香港-新加坡	5.9	深圳-纽约	2.7
上海-巴生港	4.1	宁波-釜山	5.0	香港-马尼拉	3.6	深圳-萨凡纳	2.4
上海-新加坡	3.5	宁波-汉堡	4.8	香港-巴生港	3.4	深圳-诺福克	1.6
上海-东京	3.2	宁波-鹿特丹	4.6	香港-釜山	3.4	深圳-洛杉矶	1.5
上海-横滨	2.9	宁波-新加坡	3.1	香港-汉堡	3.1	深圳-巴拿马城	1.3
2015年							
上海-新加坡	5.0	宁波-新加坡	5.8	香港-新加坡	7.6	深圳-新加坡	6.6
上海-巴生港	3.8	宁波-巴生港	4.2	香港-巴生港	3.1	深圳-巴生港	5.9
上海-釜山	3.3	宁波-釜山	3.8	香港-马尼拉	2.8	深圳-鹿特丹	2.7
上海-鹿特丹	2.4	宁波-丹戎帕拉帕斯	2.8	香港-曼萨尼约（墨西哥）	2.0	深圳-苏伊士	2.7
上海-汉堡	2.2	宁波-汉堡	2.2	香港-海防	1.9	深圳-汉堡	2.5

注：表中联系比重为某港口与其他港口联系航线占该港口拥有的总航线之比

第三节　相邻港口航运网络演变的驱动力分析

　　曹有挥等（2003）认为集装箱港口体系的演化始终受到竞争和合作两种机制的引导与作用，两者交互构成了集装箱港口体系形成演化的内在动力。通过以上分析，可见上海、宁波、香港、深圳四港发展模式存在差异，上海-宁波相邻枢纽港的覆盖范围高度重合，宁波港一直未开辟独立的航线，两港在同一覆盖范围展开竞争，并且竞争激烈；而香港-深圳两港的联系范围虽有重合，但深圳港承接了香港港的部分航线，两港形成不同的覆盖范围，实现了错位竞争。

　　随着集装箱港口体系的空间结构日益完善，边缘挑战机制开始形成。Hayuth（1988）通过对美国沿海集装箱港口体系的分析得出其货流出现明显的分散化现象，认为在投资风险、初始优势、自我增强与规模经济的机制下，集装箱港口体系要先后经历准备期、采用期、集中期、枢纽中心期及边缘挑战期5个阶段。

在边缘挑战期，一方面，少数中心枢纽港的发展受到如土地局限、成本上升、交通阻塞、水深不足、岸线短缺等一系列限制，其发展速度明显减缓；另一方面，枢纽港边缘的众多次级港口的各种条件进一步得到改善，它们对箱源的吸引力大大增强，其发展速度明显快于中心枢纽港，区域内箱流分散化现象显现。我国集装箱港口体系结构的发展阶段与国外集装箱港口体系演化类似，经历分散、集中、枢纽到边缘挑战阶段（陈越等，2016）。本章研究也得出相似结论，长三角与珠三角地区相互邻近的港口形成了双枢纽模式，整个港口体系箱源出现分散化现象，产生边缘港口挑战效应。近年来，中心枢纽港资源瓶颈问题更为凸显，这在一定程度上制约了上海、香港等中心枢纽港吞吐量的增长速度；与此相反，宁波、深圳等边缘港口则因拥有较多土地、环境等增长空间，以及相对充足的水深、岸线等资源条件而获得超越中心枢纽港的发展速度。

根据两组相邻枢纽港口发展模式的对比分析，本章认为边缘港口的挑战类型可以分为以上海-宁波为例的激烈竞争型及以香港-深圳为例的此消彼长型。两组相邻港口的发展模式不同主要源于其港口内部发展的驱动力不同（图 9-4），具体从体制机制、发展阶段两个方面来分析。

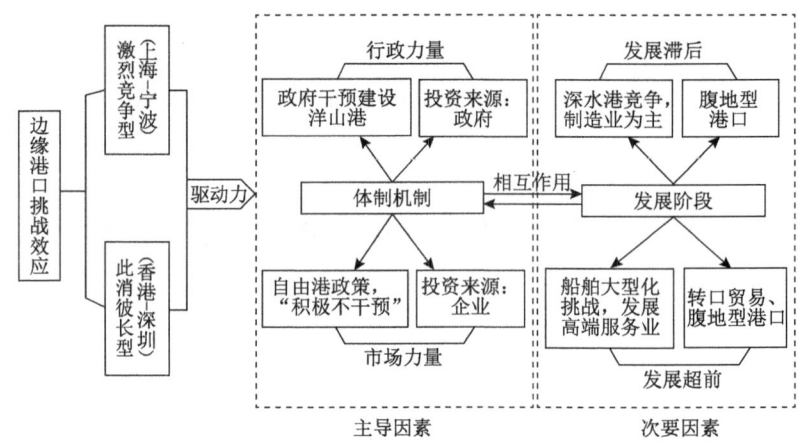

图 9-4　两组相邻港口航运网络演化的动力机制

一、体制机制

由于中国特殊的政治经济体制，行政力量在港口体系演化中一直发挥着重要作用。在港口经营管理地方化的模式下，港口投资与建设成为带动地区经济发展和提高政绩的常见手段（王爱虎和匡桂华，2014）。港口和城市经济的发展密切相关，上海港是上海经济社会发展的重要支撑之一，政府在港口建设上投入巨大的人力、物力、财力，使其产生了自我增强的动力。1995 年，上海市政府提出在洋山建设洋山深水港区的战略构想。2008 年年底，洋山深水港北港区工程全面建成，解决了上海港的水资源瓶颈问题。洋山深水港在行政区划隶属于浙江，但在上海市与浙江省积极协调下，突破了行政区划的限制，科学、高效地实现了洋山深水港的开发和洋山保税港区的建设。此外，洋山深水港区成立了我国第一个保税区，洋山保税港区由小洋山港口区域、陆上区域和连接洋山岛与陆地的东海大桥组成，是上海市和浙江省跨区域合作建设，实行海关统一监管的特殊功能区域。目前，洋山保税港区已经成为上海国际航运中心建设的核心载体，正在进一步完善各项功能，推动航运市场的发展。上海港与周边港口发展相似，受制于行政力量而发展迅速，且上海港与宁波港同步增长，导致彼此竞争激烈。

而香港港与周边港口发展情况迥异，香港率先采用新技术，成为规模较大的中心港口。香港港口的发展与香港政府长期以来实行的自由港政策和对港口投资管理的"积极不干预"政策密切相关。香港允许私人自由投资建设码头与经营，对港口管理实施的是"积极的不干预"政策，即在自由竞争的市场经济基础上，对码头的规划、建设与管理履行宏观调控的职能。深圳市港务局管理代表政府行使管理职能，不参与企业的经营活动，各港区或港口企业根据自己掌握的信息和市场预测进行港口建设和经营的决策（刘文玲，2001）。因此，香港-深圳以市场力量为主，发展环境相对自由，后期香港港发展速度减缓，地位下降，与深圳港形成此消彼长竞争态势。

此外，从投资来源来看，上海、宁波、香港、深圳四港的投资来源不一样（表 9-7），上海、宁波为省级单位港口，虽然有企业投资，但政府投资占主导地位，行政力量推动两个港口的发展，二者竞争激烈。香港、深圳两港以市场力量为主，企业投资占绝大部分。中国加入 WTO 后，更多外资进入珠三角，越来越多的集装箱货物选择直接从本地港口装卸；随着外资股比限制的解除，更多码头企业将投资重点从香港港转移至内地港口，如和记黄埔集中投资盐田码头、现代货箱大力投资大铲湾码头等。随着船舶大型化及航运网络重构，珠三角港口进一步发展，香港港开始面临土地不足、成本过高、企业投资转移等约束，其他航线逐渐减少对香港港的依赖。深圳港对香港港的边缘挑战日益加大，货物直接从深圳港直航运出而不再经香港港转运（程佳佳和王成金，2015）。并且深圳港的部分码头投资来自香港，从某种意义上讲，深圳港口也是香港港口的延伸，由此香港部分航线也转移至深圳，两港形成了错位竞争。因此，上海、宁波、香港、深圳四港发展模式不同的根本原因在于港口体制机制的差异。

表 9-7 上海、宁波、深圳港口主要集装箱码头合资经营情况

企业名称	投资方	股比/%
上海国际港务（集团）股份有限公司张华浜分公司	上海国际港务（集团）股份有限公司	100
上海浦东国际集装箱码头有限公司	上海国际港务（集团）股份有限公司	40
	中远太平洋（中国）投资有限公司	20
	和记港口浦东有限公司	30
	中远码头（浦东）有限公司	10
上海国际港务（集团）股份有限公司振东集装箱码头分公司	上海国际港务（集团）股份有限公司	100
上海沪东集装箱码头有限公司	上海国际港务（集团）股份有限公司	51
	马士基集装箱码头公司上海有限公司	49
上海明东集装箱码头有限公司	上海国际港务（集团）股份有限公司	50
	和记港口外高桥（香港）有限公司	50
上海冠东国际集装箱码头有限公司	上海国际港务（集团）有限公司	100
宁波北仑国际集装箱码头有限公司	宁波港股份有限公司	51
	香港和记港口宁波有限公司	49
宁波港股份有限公司北仑第二集装箱码头分公司	宁波港股份有限公司	100
宁波港吉（意宁）码头经营有限公司	宁波港北仑第三集装箱有限公司	50
	Ninterin Ltd	25
	意邮（中国）有限公司	25
深圳大铲湾现代港口发展有限公司	深圳市盐田港投资控股有限公司	35
	现代大铲湾投资控股（香港）有限公司	65

资料来源：《中国港口年鉴 2014》

二、发展阶段

港口发展不同阶段，其发展特点、重心不一样，即港口代际存在差异。尽管上海与宁波两港在历史上均属我国沿海地区的重要港口，然而在一个较长的时期内，宁波港却一直是长三角地区最为重要的外贸港，并独享着我国对日本和朝鲜等国进出口的门户地位。随着航运技术的进步及船舶集装箱化与大型化趋势的不断强化，深水港的竞争在港口经济实力的提升中具有了越来越关键的

地位；因而相比于拥有水深优势的宁波港，尽管上海港与宁波港都呈现出一种不断增长的趋势，但宁波港的发展态势与发展速度要好于上海港。香港港是世界第一大港，如今地位下降，发展速度减缓。香港港的竞争力受到了船舶大型化的挑战，香港的港口布局和码头的分散性使得它难以处理大型船舶。相邻深圳港与香港港的竞争加剧，大铲湾港区的建成进一步提升了深圳港的竞争力，使得深圳港分享了香港港流失吞吐量中的绝大部分。

作为中国区域经济发展水平最高的两个沿海重要区域，珠三角、长三角在对外开放上存在着由南向北逐渐展开的时间梯度。在原有产业基础、资源结构和产业演进一般规律的作用下，珠三角、长三角的产业结构存在显著差异（Hoyle，1989）。从产业结构来看，上海、宁波仍以制造业为主，产业结构趋同导致两港内部竞争激烈。而香港制造业很少，跨国公司将华南的制造基地不断地迁移到中国西部地区，以及印度、越南等国家，导致华南地区制造业的萎缩及进出口量的减少。一般而言，加工制造业比重越高，集装箱生成量与运输量就越大。近年来，香港积极推进产业结构升级，引导重点发展航运价值链高端的船舶经纪、航运金融、船舶注册、海事仲裁等，致力于发展高端服务业与物流业，将部分实体装卸转移至深圳港，与深圳港协同发展。

腹地经济是目前影响我国集装箱港口群竞争力的主要因素之一，腹地经济的发展为港口提供货源，带动港口吞吐量的增加，进而促进其建设与发展。相关研究表明港口群的竞争力受到腹地经济集疏运网络的影响（王列辉，2007a）。上海、宁波、香港、深圳四港均存在经济腹地相同的特点。上海港和宁波港都是腹地型港口，腹地经济是两港发展的主导因素。上海凭借中国制造业迅速发展及本土需求不断增长的机遇，依托长江黄金水道的建设，经济腹地作用明显。尽管宁波港的自然条件并不比上海港差，然而由于腹地经济、彼此间较近的空间位置与自身产业发展局限性的影响，宁波港与上海港的差距客观存在。因此，上海港、宁波港由于港口功能定位相似，经济腹地相同，出现了一些激烈竞争的现象。而香港作为著名的转口贸易港，转口贸易在其经济发展过程中一直发挥着重要的作用。自1841年香港开埠以来，香港的对外贸易经历了以转口贸易为主的转口贸易阶段、以港产品出口为主的贸易中心阶段和转口贸易再度兴起的阶段，在不同的历史时期，转口贸易在香港对外贸易中的地位不同，它对香港经济增长的贡献度也不同（彭咸亮，2012）。早期香港的转口贸易主要依赖于中国内地，尤其是珠三角地区。近年来，香港港与珠三角有关的中转货源对香港港发展的影响越来越大。虽然香港港与深圳港的直接经济腹地均为珠三角及其周边地区，但总体上香港港的经济腹地范围大于深圳港，且香港经济对转口贸易的依存度非常高，此外，香港码头虽然各种使用费、人工费高，但在货量、航班密度、通关效率、金融结汇、信息通信及管理人才等方面仍占绝对优势，深圳港虽然码头使用费、人工费低，增长速度快，但深圳港在通关效率、金融结汇及管理人才等方面在相当长一段时间内不会有根本改变（杨锤，2009），因此深圳和香港保持一种竞争与合作的关系，错位发展。

第四节 本章小结

本章首先对上海、宁波、香港、深圳四港的吞吐量进行分析，从而对两组相邻港口的港口箱量变化有较深刻的认识；进而考察两组港口的远洋航线设置，明确两组港口的航线分布异同，最后对两组相邻港口发展的驱动力进行深入探讨，主要得出以下结论：

（1）从两组相邻港口箱量变化来看，1995~2015年上海港与宁波港的集装箱增长速度同步变化，而香港与深圳呈现一增一减的态势，且宁波港的偏移增长率大于上海港，深圳港偏移增长率大于香港，两组相邻港口存在边缘港口挑战现象；上海-宁波与香港-深圳两组相邻港口区域内首位港垄断性均降低，箱流趋于分散。

（2）从两组相邻港口的国际航线空间分布来看，1995~2015年上海港与宁波港的国际航线空间布局高度相似，而香港与深圳港航线分布存在一定差异；上海、宁波对外联系港口覆盖范围高度重合，航线联系强度表现出一致性，而香港、深圳对外联系港口覆盖范围实现错位发展，航线联系强度的相似性较低。综上分析，上海-宁波与香港-深圳两组相邻港口分别形成了长三角与珠三角地区的双枢纽港口，港口体系箱源出现分散化现象，产生边缘港口挑战效应，且边缘港口的挑战类型可分为以上海-宁波为例的激烈竞争型，以及以香港-深圳为例的此消彼长型。

（3）两组相邻港口的不同发展模式主要源于机制体制的不同，上海-宁波组港口以政府推动为主，而香港-深圳组港口以市场驱动为主，次要因素是两组相邻港口所处发展阶段的不同。近年来，随着简政放权和负面清单等的推进，地方政府在港口发展中的作用将相对弱化，以企业为主体、以资本为纽带、以市场为配置资源的手段，将有助于整合相邻港口的资源，推动相邻港口间的协同发展。

参 考 文 献

安筱鹏, 韩增林. 2002. 北方航运中心的形成与大连集装箱枢纽港的建设[J]. 中国港口, 6: 51-56.

安筱鹏, 韩增林, 杨荫凯. 2000. 国际集装箱枢纽港的形成演化机理与发展模式研究[J]. 地理研究, 19(4): 383-390.

恩德斯 W. 2012. 应用计量经济学(第 3 版) [M]. 北京: 机械工业出版社.

班思德. 1932. 最近百年中国对外贸易史[M]. 海关总税务司署统计科译.

班思德. 2001. 最近十年各埠海关报告(1922-1931 年)上卷[M]//中国旧海关史料. 北京: 京华出版社.

滨下武志. 1999. 近代中国的国际契机: 朝贡贸易体系与近代亚洲经济圈[M]. 朱荫贵, 欧阳菲译. 北京: 中国社会科学出版社.

财团法人日本经营史研究所. 1988. 日本邮船百年史资料[M]. 东京: 日本邮船株式会社.

蔡哲. 2008. 走泉州港自己特色的发展道路[J]. 中国港口, 1: 5-7.

曹瞳瞳, 寿建敏. 2014. 两岸直航对台湾港口带动分析[J]. 特区经济, (2): 70-71.

曹卫东, 曹有挥, 李海建. 2004. 港口体系区域基础的综合评价研究——以长江下游干流沿岸港口体系为例[J]. 安徽师范大学学报(自然科学版), 27(2): 195-199.

曹小曙, 薛德升, 阎小培. 2005. 中国干线公路网络联结的城市通达性[J]. 地理学报, 60(6): 903-910.

曹有挥. 1995. 安徽省长江沿岸港口体系的初步研究[J]. 地理科学, 15(02): 154-162.

曹有挥. 1998. 安徽省长江沿岸港口体系规模组合与空间结构分析[J]. 地理科学, 18(03): 255-262.

曹有挥. 1999a. 集装箱港口体系的演化模式研究——长江下游集装箱港口体系的实证分析[J]. 地理科学, 19(06): 485-490.

曹有挥. 1999b. 长江下游集装箱港口体系的格局, 功能与发展研究[J]. 安徽师范大学学报(自然科学版), (1): 65-68.

曹有挥. 1999c. 长江沿岸港口体系空间结构研究[J]. 地理学报, (3): 233-240.

曹有挥, 毛汉英, 许刚. 2001. 长江下游港口体系的职能结构[J]. 地理学报, 56(05): 590-598.

曹有挥, 曹卫东, 金世胜, 等. 2003. 中国沿海集装箱港口体系形成演化机理[J]. 地理学报, 58(3): 424-432.

曹有挥, 李海建, 陈雯. 2004. 中国集装箱港口体系的空间结构与竞争格局[J]. 地理学报, 59(6): 1020-1027.

曹有挥, 蒋自然, 陈欢, 等. 2015. 长江沿岸港口体系的形成过程与机制[J]. 地理科学进展,

34(11): 1430-1440.

陈春益, 杨清乔, 朱金元. 2012. 直航后我国国际货柜港埠面临问题与因应策略之探讨[J]. 运输计划季刊, 41(1): 55-79.

陈芙英, 胡志华. 2016. 海上丝绸之路东南亚航运网络的复杂性分析[J]. 上海大学学报(自然科学版), (06): 804-812.

陈航. 1996. 论海港地域组合的形成机制与发展过程[J]. 地理学报, 06: 501-507.

陈璸勋, 莫世祥. 1996. 香港杂记(外二种)[M]. 广州: 暨南大学出版社.

陈继红, 真虹, 宗蓓华. 2008. 上海市现代航运服务业发展对策[J]. 水运管理, (12): 26-27, 34.

陈嘉, 韦素琼, 陈松林. 2014. 1991年来台商在大陆直接投资区位选择及驱动机制[J]. 地理学报, 69(6): 838-849.

陈梅龙, 景消波. 2001. 宁波英国领事贸易报告选译[J]. 档案与史学, (4): 3-9.

陈越, 王琤, 鲍莉芳, 等. 2016. 上海自贸区对宁波经济的影响[J]. 浙江万里学院学报, 29(6): 18-22.

陈正书. 1990. 鸦片战争前上海与香港之历史比较[J]. 史林, (1): 46-52.

程佳佳, 王成金. 2015. 珠江三角洲集装箱港口体系演化及动力机制[J]. 地理学报, 70(8): 1256-1270.

程钟康. 2009-08-07. 泉州港迈入大船时代[V]. 中国水运报, 第六版.

褚艳玲, 宫之光, 杨忠振. 2016. 21世纪以来中国航空货运空间变化研究[J]. 地理科学, 36(03): 335-341.

戴鞍钢. 1998. 港口·城市·腹地——上海与长江流域经济关系的历史考察(1843-1913)[M]. 上海: 复旦大学出版社.

戴勇. 2010. 国际航运金融业务的发展与借鉴[J]. 上海经济研究, (1): 73-81.

邓为炳, 郭龙, 李炜. 2009. 关于世界海洋运输网效率和吞吐量研究[C]. 第五届全国复杂网络学术会议.

丁日初. 1994. 再论上海成为近代中国经济中心的条件[J]. 近代史研究, (1): 85-98.

杜超, 王姣娥, 莫辉辉. 2016. 中国集装箱航运网络空间格局及复杂性研究[J]. 长江流域资源与环境, (02): 190-198.

杜欣. 2014. 中海集装箱运输股份有限公司美洲航线经营策略研究[D]. 大连: 大连海事大学硕士学位论文.

樊百川. 2003. 清季的洋务新政[M]. 上海: 上海书店.

樊百川. 2007. 中国轮船航运业的兴起[M]. 北京: 中国社会科学出版社.

费唐. 1931. 费唐法官研究上海公共租界情形报告书(第一卷)[M]. 上海: 工部局华文处.

冯湛青. 2006. 长江经济带对上海集装箱枢纽港形成的促进作用[J]. 特区经济, (02): 313-314.

高铁梅. 2009. 计量经济方法与建模(第2版)[M]. 北京: 清华大学出版社.

葛春凤. 2015. 加快广东航运服务业集聚区建设的对策研究[J]. 港口经济, (08): 20-23.

葛春凤, 黄小彪. 2010. 国际航运中心的现代航运服务业发展经验及启示[J]. 港口经济, (6): 14-16.

葛洪磊. 2014. 长三角集装箱港口群演化模式与发展建议[J]. 港口经济, (01): 22-25.

关庚麟. 1931. 交通史航政编(第6册)[M]. 交通部铁道部交通史编纂委员会.

郭家轩. 2017. 珠三角地区港口"三足鼎立"[J]. 珠江水运, (7): 44-45.

郭建科, 韩增林. 2010. 港口与城市空间联系研究回顾与展望[J]. 地理科学进展, 29(12): 1490-1498.

郭建科, 陈园月. 2017. 环渤海地区集装箱港口体系位序-规模分布特征研究[J]. 江苏师范大学学报(自然科学版), 35(01): 53-57.

郭丽娟, 王如渊. 2009. 四川盆地城市群主要城市通达性及空间联系强度研究[J]. 人文地理, (3): 42-48.

郭世泽, 陆哲明. 2012. 复杂网络基础理论[M]. 北京: 科学出版社.

郭寿生. 1993. 各国航业政策实况与收回航权问题[M]. 上海: 上海华通书局.

郭子坚, 李雪野, 唐国磊, 等. 2011. 基于空箱调运与租箱混合策略的集装箱海运网络优化[J]. 大连海事大学学报, 03: 47-50.

海关总署旧中国海关总税务司署通令选编编译委员会. 2003. 旧中国海关总税务司署通令选编(第一卷)[M]. 北京: 中国海关出版社.

韩华, 王娟, 王慧. 2010. 改进的CNM算法对加权网络社团结构的划分[J]. 计算机工程与应用, 46(35): 86-89.

韩增林. 2012. 地理学、港口空间研究与港口地理学[J]. 地理教育, (9): 4-5.

韩增林, 安筱鹏. 2001. 东北集装箱运输网络的建设与优化探讨[J]. 地理科学, 21(4): 308-314.

韩增林, 王成金. 2002. 再论环渤海港口运输体系的建设与布局[J]. 人文地理, (03): 86-89.

韩增林, 安筱鹏. 2006. 集装箱港口发展与布局研究[M]. 北京: 海洋出版社.

韩增林, 郭建科. 2014. 中国海港空间效应的识别与测度[J]. 地理学报, 69(02): 243-254.

韩增林, 安筱鹏, 王利, 等. 2002. 中国国际集装箱运输网络的布局与优化[J]. 地理学报, 57(4): 479-488.

洪丽君. 2014. 中国远洋和马士基的财务分析与发展战略比较[D]. 厦门: 厦门大学硕士学位论文.

侯荣华. 2000. 建设上海国际航运中心与国际集装箱枢纽港[J]. 同济大学学报(社会科学版), (01): 12-17, 28.

黄盛璋. 1951. 中国港市之发展[J]. 地理学报, (Z1): 23-42.

黄盛璋. 1982. 历史地理论集[M]. 北京: 人民出版社.

黄伟明. 1999. 近代宁波帮在上海的生成与发展[J]. 探索与争鸣, 1(9): 46-48.

蹇令香, 李东兵, 刘玲玲. 2012. 我国集装箱港口体系演进规律研究[J]. 经济地理, 32(12): 91-96.

姜玮. 2005. 迈克尔·波特《竞争战略》研评[D]. 北京: 对外经济贸易大学硕士学位论文.

蒋海兵, 徐建刚, 祁毅. 2010. 京沪高铁对区域中心城市陆路可达性影响[J]. 地理学报, 65(10): 1287-1298.

蒋廷黻. 1988. 筹办夷务始末补遗(道光朝)[M]. 北京: 北京大学出版社.

金从力. 2003. 我国水运业上市公司竞争力的实证分析[J]. 世界海运, (05): 18-21.

金凤君, 王姣娥. 2004. 20世纪中国铁路网扩展及其空间通达性[J]. 地理学报, 59(2): 293-302.

金嘉晨, 真虹. 2010. 境外国际航运中心软环境建设经验及启示[J]. 水运管理, 32(1): 11-14.

金一, 郭建科, 韩增林, 等. 2017. 环渤海地区港口体系与其城市经济的偏移增长及重心耦合态势研究[J]. 地理与地理信息科学, 33(1): 117-123.

柯武刚, 史漫飞. 2004. 制度经济学——社会秩序与公共政策[M]. 韩朝华译. 北京: 商务印书馆.

李必樟. 1993. 上海近代贸易经济发展概况: 1854~1898年英国驻上海领事贸易报告汇编[M]. 上海: 上海社会科学院出版社.

李伯涵. 1948. 民元来上海之地产业[G]//载朱斯煌. 民国经济史. 银行周报三十周年纪念刊: 104.

李春顶, 东艳, 靳航. 2016. 香港国际金融中心建设的经验及对深圳的启示[J]. 深圳大学学报(人文社会科学版), 33(4): 19-25.

李红艳. 2014. 中小型船公司的另类生存模式——以大西洋集装箱航运公司为例[J]. 集装箱化, 25(02): 7-9.

李怀. 2004. 基于规模经济和网络经济效益的自然垄断理论创新——辅以中国自然垄断产业的经验检验. 管理世界, (04): 61-81, 156.

李京芮. 2016. 区域港口群中码头-船公司双层竞合关系的博弈研究[D]. 深圳: 深圳大学硕士学位论文.

李敬, 陈澍, 万广华, 等. 2014. 中国区域经济增长的空间关联及其解释——基于网络分析方法[J]. 经济研究, 49(11): 4-16.

李兰冰, 刘军, 李春辉. 2011. 两岸三地主要沿海港口动态效率评价: 基于DEA-Malmquist全要素生产率指数[J]. 软科学, 25(5): 80-84.

李平华, 陆玉麒. 2005. 可达性研究的回顾与展望[J]. 地理科学进展, 24(3): 69-78.

李植斌. 2004. 宁波-舟山港口一体化发展研究[J]. 浙江学刊, (3): 222-224.

梁叶. 2010. 航运保险在建设上海国际航运中心的重要性[J]. 经济研究导刊, (11): 54-57.

刘广京. 1988. 英美在华轮船业竞争(1862-1874)[J]. 上海: 上海社会科学院出版社.

刘静. 2013. 上海港与宁波-舟山港的错位发展探讨[J]. 中国港口, (03): 22-24.

刘军. 2006. 社会支持网络的整体结构研究块模型及其应用[J]. 社会, 26(3): 69-80.

刘军. 2007. 整体网络分析讲义——UCINET软件应用[J]. 第二届社会网络与关系管理研讨会资料.

刘丽耀. 2012. 珠三角地区港口内贸集装箱运输竞争与合作[J]. 集装箱化, 23(3): 4-6.

刘文玲. 2001. 香港与深圳港口的发展方向[J]. 珠江水运, (5): 14-17.

刘勇. 2008. 航运企业竞争力关键因素分析[D]. 大连: 大连海事大学硕士学位论文.

龙登高. 2003. 江南市场史——十一至十九世纪的变迁[M]. 北京: 清华大学出版社.

卢鹏丽. 2013. 图谱理论与复杂网络相关算法[M]. 北京: 国防工业出版社.

陆为震. 1931. 中国商港建设之现在及将来[J]. 东方杂志, (10): 19-34.

吕康娟, 张蓉蓉. 2012. 基于复杂网络的世界航运中心网络结构与特征[J]. 系统管理学报, 21(1): 87-92.

马德斌. 2006. 制度与增长: 近代上海与江浙地区工业化的数量及历史验证[G]//朱荫贵, 戴鞍钢. 近代中国: 经济与社会研究[M]. 上海: 复旦大学出版社: 29-30.

马晖, 江南莼. 2017. 美森——美国航运公司中少有的成功案例[J]. 中国船检, (02): 50-55.

马默M. 2005. 人间天堂: 苏州的崛起: 1127-1550[G]/约翰逊L. 帝国晚期的江南城市[M]. 成一农译. 上海: 上海人民出版社.

马垣, 张学东, 沈娟华. 2012. CONCOR 聚类不动点研究[J]. 工程数学学报, 29(4): 620-624.
毛立坤. 2005. 晚清时期东南沿海通商口岸对外航线与港势地位的变迁[J]. 史学月刊, (12): 36-42.
毛立坤. 2006. 晚清时期香港与两广的贸易关系[J]. 安徽史学, (04): 49-59.
茅伯科, 张锋. 2009. 关于我国港口集中化发展的思考[J]. 中国港口, (5): 11-12.
莫辉辉, 王姣娥, 金凤君. 2008. 交通运输网络的复杂性研究[J]. 地理科学进展, 27(6): 112-120.
莫辉辉, 金凤君, 刘毅, 等. 2010. 机场体系中心性的网络分析方法与实证[J]. 地理科学, 30(2): 204-212.
莫辉辉, 王姣娥. 2012. 复杂交通网络: 结构、过程与机理[M]. 北京: 经济管理出版社.
倪红. 2005. 上海市档案馆馆藏近代上海港建设档案概况//上海档案史料研究(第一辑)[M]. 上海: 上海古籍出版社: 273-278.
倪鹏飞, 刘凯, 彼得·泰勒. 2011. 中国城市联系度: 基于联锁网络模型的测度[J]. 经济社会体制比较, (6): 96-103.
聂宝璋. 1983. 中国近代航运史资料(第一辑)(上册)[M]. 上海: 上海人民出版社.
聂宝璋, 朱荫贵. 2002. 中国近代航运史资料第二辑(下册)[M]. 北京: 中国社会科学出版社.
潘坤友, 曹有挥. 2014. 近百年来西方港口地理学研究回顾与展望[J]. 人文地理, 6: 32-39.
潘坤友, 曹有挥, 梁双波, 等. 2013. 中国集装箱多门户港口区域空间结构的形成与机理[J]. 地理科学进展, 32(2): 214-222.
潘坤友, 曹有挥, 吴威, 等. 2016. 长江三角洲班轮公司挂靠港选择研究[J]. 长江流域资源与环境, 25(11): 1704-1710.
潘坤友, 曹有挥, 刘可文, 等. 2017. 长江三角洲集装箱班轮网络空间格局及其演化[J]. 地理科学, 37(5): 682-690.
彭咸亮. 2012. 转口贸易在香港经济中的地位探讨[D]. 广州: 中山大学硕士学位论文.
彭燕妮. 2014. 基于复杂网络理论的集装箱班轮航运网络演化研究[D]. 大连: 大连海事大学硕士学位论文.
片山邦雄. 1996. 近代日本海运与亚洲[M]. 东京: 御茶水书房.
齐思和等. 1964. 筹办夷务始末(道光朝)[M]. 北京: 中华书局.
钱德勒. 2002. 战略与结构: 美国工商企业成长的若干篇章[M]. 昆明: 云南人民出版社.
乔志. 2017. J公司中日航线集装箱班轮经营策略研究[D]. 大连: 大连海事大学硕士学位论文.
裘昔司. 1922. 上海通商史[M]. 程灏译. 上海: 商务印书馆.
任宗伟, 葛雅丽, 王玉娇, 等. 2015. 长江流域枢纽港选址问题研究[J]. 物流技术, 34(21): 72-75.
荣朝和. 2001. 关于运输业规模经济和范围经济问题的探讨[J]. 中国铁道科学, 22(4): 97-104.
上海社会科学院"上海香港比较研究"课题组. 1991. 上海香港经济比较研究[J]. 上海社会科学院学术季刊, (4): 5-14.
上海社会科学院经济研究所. 1989. 上海对外贸易(1840-1949)[M]. 上海: 上海社会科学院出版社.
神田外茂夫. 1934. 大阪商船株式会社五十年史[M]. 大阪: 大阪商船株式会社.

沈建桑, 韩延星, 李振. 2006. 中山城市首位度的城市规划学思考. 规划师, S1: 83-85.
胜部国臣. 1912. 中国商业地理(下卷)[M]. 霍颖西译. 上海: 广智书局.
盛晓婷. 2014. M集装箱船公司发展策略探讨[D]. 上海: 上海交通大学硕士学位论文.
斯科特J. 2007. 社会网络分析法[M]. 刘军译. 重庆: 重庆大学出版社.
松浦章. 2005. 近代日本中国台湾航路的研究[M]. 大阪: 清文堂出版株式会社.
松浦章. 2013. 近代东亚海域的汽船时代[M]. 大阪: 大阪商船株式会社.
苏东斌, 李沛. 2002. 台湾 香港 澳门经济史略[M]. 广州: 广东经济出版社.
孙敏. 2010. 集装箱班轮航线靠港选择的影响因素分析[J]. 中国储运, (2): 90-91.
孙邦成. 2008. 广州港南沙港区外贸集装箱运输发展及展望[J]. 中国港口, (11): 24-26.
孙玉琴. 2004. 简述近代上海对外贸易中心地位的形成[J]. 中国经济史研究, (4): 81-85.
唐巧天. 2007. 从鼎盛到中落——上海作为全国外贸转运中心地位的变化(1864-1930)[J]. 史林, (06): 137-147.
唐振常. 1989. 上海史[M]. 上海: 上海人民出版社.
唐子来, 赵渺希. 2010. 经济全球化视角下长三角区域的城市体系演化: 关联网络和价值区段的分析方法[J]. 城市规划学刊, (1): 29-34.
田炜, 邓贵仕, 武佩剑, 等. 2007. 世界航运网络复杂性分析[J]. 大连理工大学学报, 47(4): 605-609.
田炜, 邓贵仕, 武佩剑. 2008. 具有无标度特性的港航系统网络效应分析[J]. 管理学报, 5(3): 381-384.
田芯. 2001. 中国集装箱港口发展战略研究[D]. 大连: 大连海事大学硕士论文.
汪传旭. 2014. 上海与长江流域航运服务业联动发展[M]. 上海: 格致出版社.
汪明峰, 宁越敏. 2006. 城市的网络优势——中国互联网骨干网络结构与节点可达性分析[J]. 地理研究, 25(2): 193-203.
汪小帆, 李翔, 陈关荣. 2006. 复杂网络理论及其应用[M]. 北京: 清华大学出版社.
汪小帆, 刘亚冰. 2009. 复杂网络中的社团结构算法综述[J]. 电子科技大学学报, 38(5): 537-543.
汪旭晖, 张其林. 2012. 基于价值网的高端航运服务业发展机理——国际经验及对东北亚国际航运中心建设的启示[C]. 第十一次中国物流学术年会.
汪长江, 杨美丽. 2008. 宁波-舟山港一体化建设发展障碍与对策. 经济社会体制比较, (1): 172-176.
王爱虎, 匡桂华. 2014. 中国沿海集装箱港口群体系结构演化与竞争态势[J]. 经济地理, 34(6): 92-99.
王成金. 2007. 中国港口布局格局的演化与发展机理[J]. 地理学报, 62(8): 809-820.
王成金. 2008a. 全球集装箱航运的空间组织网络[J]. 地理研究, 27(3): 636-648.
王成金. 2008b. 世界航运企业重组及其对航运网络结构的影响——兼论对中国港口体系的影响[J]. 世界地理研究, 17(1): 94-104, 118.
王成金. 2008c. 现代港口地理学的研究进展及展望[J]. 地球科学进展, 23(3): 243-251.
王成金. 2008d. 中国物流企业的空间组织网络[J]. 地理学报, 63(2): 135-146.
王成金. 2012. 集装箱港口网络形成演化与发展机制[M]. 北京: 科学出版社.
王成金, 金凤君. 2006. 中国海上集装箱运输的组织网络研究[J]. 地理科学, 26(04): 392-401.

王成金, 于良. 2007. 世界集装箱港的形成演化及国际贸易的耦合机制[J]. 地理研究, 26(3): 557-568.

王成金, Ducruet C. 2011. 现代集装箱港口体系演进理论与实证[J]. 地理研究, 30(3): 397-410.

王成金, 陈云浩. 2017. 全球航运战略支点识别[J]. 中国科学院院刊, 32(04): 348-354.

王成金, 张梦天, 程佳佳. 2016. 离岸枢纽港口的发展模式与机理——以洋山深水港为例[J]. 经济地理, 36(06): 100-108.

王缉宪. 2009. 全球化作用下中国沿海多层次港-城关系的演变过程及其影响, 经济全球化与亚洲的选择: 选择·增长·福祉[M]. 上海: 上海人民出版社.

王缉宪. 2010. 中国港口城市的互动与发展[M]. 南京: 东南大学出版社.

王杰. 2007. 国际航运中心形成与发展的若干理论研究[D]. 大连: 大连海事大学博士学位论文.

王腊娣. 2012. 基于价值链管理的航运企业核心竞争力研究[J]. 改革与战略, 28(05): 78-79, 97.

王列辉. 2007a. 上海宁波两港空间关系研究[J]. 地理研究, 26(6): 1209-1220.

王列辉. 2007b. 国外港口体系研究述评[J]. 经济地理, 27(2): 291-295.

王列辉. 2009. 高端航运服务业的不同模式及对上海的启示[J]. 上海经济研究, (09): 99-107.

王列辉. 2012a. 长三角相邻港口空间关系研究——以近代上海、宁波两港为中心[J]. 杭州师范大学学报(社会科学版), 34(1): 76-83.

王列辉. 2012b. 双中心: 沪港两地在近代中国的地位及形成原因分析[J]. 江汉论坛, (10): 69-77.

王列辉, 宁越敏. 2010. 国际高端航运服务业发展趋势与宁波的策略[J]. 经济地理, 30(2): 268-272.

王列辉, 严宽. 2015. 中国沿海港口城市航运可达性研究——以马士基、地中海航运公司为例[J]. 中国城市研究: 291-303.

王列辉, 洪彦. 2016. 直航背景下海峡两岸集装箱港口体系空间结构——基于复杂网络的视角[J]. 地理学报, 71(4): 605-620.

王列辉, 朱艳. 2017. 基于"21世纪海上丝绸之路"的中国国际航运网络演化[J]. 地理学报, 72(12): 2265-2280.

王强, 伍世代, 徐玲琳. 2011. "大三通"背景下闽台港口体系结构演变及其空间对接研究[J]. 地理科学, 31(5): 513-519.

王韬. 1994. 西人渐忌华商//弢园文录外编[M]. 沈阳: 辽宁人民出版社.

王卫平. 1999. 明清时期江南城市史研究: 以苏州为中心[M]. 北京: 人民出版社.

王晓萍. 2008. 宁波与上海两地港口经济互动初探[J]. 宁波大学学报(人文科学版), (03): 85-89.

王钟麟. 1921. 全国商埠考察记[M]. 上海: 世界书局.

沃瑟曼 S, 福斯特 C. 2012. 社会网络分析: 方法与应用[M]. 北京: 中国人民大学出版社.

吴承明. 1995. 帝国主义在旧中国的投资[M]. 北京: 人民出版社.

吴旗韬, 张虹鸥, 叶玉瑶, 等. 2012. 基于轴辐网络模型的中欧集装箱航线优化[J]. 中山大学学报(自然科学版), 51(6): 131-138.

吴旗韬, 张虹鸥, 叶玉瑶, 等. 2013. 珠三角港口体系演化模型研究[J]. 热带地理, 33(2):

171-177.

吴琼, 郑士源, 朱太球. 2014. 基于列生成算法的集装箱班轮运输网络优化[J]. 上海海事大学学报, 01: 29-34.

吴松弟. 2006. 中国百年经济拼图: 港口城市及其腹地与中国现代化[M]. 济南: 山东画报出版社.

吴威, 曹有挥, 曹卫东, 等. 2006. 长江三角洲公路网络的可达性空间格局及其演化[J]. 地理学报, 61(10): 1065-1074.

吴威, 曹有挥, 梁双波, 等. 2009. 中国铁路客运网络可达性空间格局[J]. 地理研究, 28(5): 1389-1400.

吴郁文. 1990. 香港·澳门地区经济地理[M]. 北京: 新华出版社.

武丽红, 邹继炜, 陈帅, 等. 2007. 厦门港口资源整合模式的探索[J]. 中国水运(学术版), 7(1): 215-217.

武佩剑. 2010. 集装箱班轮航运网络可靠性建模与仿真研究[D]. 大连: 大连理工大学博士学位论文.

夏俊霞. 1999. 上海开埠与江南城市格局及发展模式的变迁[G]//张国刚. 中国社会历史评论(第一卷)[M]. 天津: 天津古籍出版社: 277-295.

小风秀雅. 1995. 帝国主义下的日本海运——国际竞争和对外自立[M]. 东京: 山川出版社.

熊文海. 2009. 世界航运网络的结构特性及其动力学行为研究[D]. 青岛: 青岛大学博士学位论文.

徐骅, 金凤君, 王成金. 2008. 集装箱环球航线的枢纽区位优化[J]. 地理学报, (06): 593-602.

徐剑华. 1999. 国际航运经济新论[M]. 北京: 人民交通出版社.

徐剑华. 2018. 集运业进入"寡占型"市场结构了吗——评德路里和联合国贸发会议的一场争论[J]. 中国船检, (02): 26-29.

徐涛, 王黎明, 张大泉. 2008. 中国民用航空机场的可达性研究[J]. 地理与地理信息科学, 24(4): 88-91.

徐尉南. 1934. 上海商埠的开辟[J]. 上海通志馆期刊, 2(1): 18.

徐心刚. 2008. 内外贸集装箱同船运输[J]. 集装箱化, (6): 7-8.

徐雪筠, 张仲礼, 陈曾年, 等. 1985. 上海近代社会经济发展概况——(海关十年报告)译编[M]. 上海: 上海社会科学院出版社.

杨锤. 2009. 穗、深、港三大港口错位发展谋求共赢[J]. 珠江水运, (5): 5-6.

杨静蕾, 罗梅丰, 吴晓璠. 2012. 美国集装箱港口体系演进过程研究[J]. 经济地理, 32(2): 94-100.

杨静蕾, 吴晓璠, 罗梅丰. 2014. 地区经济、交通基础设施与集装箱港口体系集中度变迁: 基于1979-2010年中美集装箱港口体系的对比研究[J]. 经济地理, 34(2): 80-85.

杨吾扬, 王富年. 1983. 中国港口建设条件的地域类型[J]. 经济地理, 04: 293-299.

杨育谋. 2002. 外资豪赌内地码头[J]. 中国经贸, (3): 12-15.

杨跃辉, 王俊辉. 2016. 上海港与宁波-舟山港港口物流竞争力比较分析[J]. 海洋开发与管理, 33(12): 8-12.

姚列钟. 2011. 宁波-舟山港与上海港的竞争态势及宁波-舟山港的应对策略[J]. 集装箱化, 22(02): 15-19.

姚锡棠. 1990. 上海香港比较研究[M]. 上海: 上海人民出版社.

姚贤镐. 1962. 中国近代对外贸易史资料(第二册)[M]. 北京: 中华书局.

叶佳. 2005. 我国航运业的国际竞争力分析[J]. 综合运输, (11): 63-67.

叶士琳, 曹有挥, 王佳韡, 等. 2017. 基于企业视角的中国集装箱运输组织网络[J]. 地理学报, 72(8): 1520-1530.

于凤义. 2017. 基于轴辐式网络的长江集装箱航运枢纽港选择[J]. 上海海事大学学报, 38(03): 47-51.

于海宁, 张宏莉, 余翔湛. 2012. 交通网络拓扑结构及特性研究综述[J]. 华中科技大学学报(自然科学版), (S1): 274-279.

余绳武, 刘存宽. 1994. 十九世纪的香港[M]. 北京: 中华书局.

俞树彪. 2006. 论长时间港群一体化进程中宁波-舟山港的发展机遇[J]. 浙江海洋学院学报(人文科学版), 23(1): 47-51.

曾浩, 余瑞祥, 左桠菲, 等. 2015. 长江经济带市域经济格局演变及其影响因素[J]. 经济地理, 35(5): 25-31.

翟洁萍. 2007. 国外航运企业投资港口的理论及区位选择方法[D]. 青岛: 中国海洋大学博士学位论文.

张后铨. 1988. 招商局史(近代部分)[M]. 北京: 人民交通出版社.

张丽娟. 2008. 长江三角洲集装箱港口一体化发展[J]. 苏州科技学院学报(社会科学版), 25(4): 7-9.

张莉, 陆玉麒. 2006. 基于陆路交通网的区域可达性评价——以长江三角洲为例[J]. 地理学报, 61(12): 1235-1246.

张敏, 翟再. 2009. 浅谈海峡两岸海上直航集装箱运输[J]. 集装箱化, 20(11): 12-14.

张荣忠. 2010. 日本政府实施国际战略集装箱枢纽港方案[J]. 中国港口, (12): 21-24.

张晓辉. 2000. 香港与近代中国对外贸易[M]. 北京: 华侨出版社.

张晓辉. 2001. 香港近代经济史: 1840-1949[M]. 广州: 广东人民出版社.

张心澂. 1930. 帝国主义者在华航业发展史[M]. 上海: 日新地舆学社.

张雅丽. 2015. APL航运公司战略联盟的案例研究[D]. 广州: 华南理工大学硕士学位论文.

张翼. 2012. 集装箱港口企业竞争力与竞争策略研究[D]. 武汉: 武汉理工大学博士学位论文.

张忠民. 2005. 近代上海城市发展与城市综合竞争力[M]. 上海: 上海社会科学院出版社.

张仲礼. 1990. 近代上海城市研究[M]. 上海: 上海人民出版社.

张仲礼, 陈曾年, 姚欣荣. 1991. 太古集团在旧中国[M]. 上海: 上海人民出版社.

章勃. 1933. 日本对华之交通侵略[M]. 上海: 商务印书馆.

章雁. 2006. 国际航运企业竞争力研究[D]. 上海: 同济大学博士学位论文.

赵作权. 2009. 地理空间分布整体统计研究进展[J]. 地理科学进展, 28(01): 1-8.

郑建风, 孙卓, 高薇, 李树彬, 等. 2016. 能力限制条件下内河集装箱枢纽港选址问题研究: 以长江为例[J]. 系统工程理论与实践, 36(05): 1213-1220.

郑士源. 2003. 我国内贸集装箱航运公司竞争力评价[J]. 上海海运学院学报, (03): 265-269.

郑忠. 2007. 嬗变与转移: 近代长江三角洲城市体系之雏形(1842-1895)[J]. 复旦学报(社会科学版), (1): 65-72.

织田一. 1902. 中国商务志(再版)[M]. 蒋篯方译. 上海: 广智书局.

致远. 2012. 营口港: 内贸集装箱的成功路线图[J]. 中国远洋海运, (7): 32-34.

中华人民共和国杭州海关. 2002. 近代浙江通商口岸经济社会概况——浙海关、瓯海关、杭州关贸易报告集成[M]. 杭州: 浙江人民出版社.

中华人民共和国交通部. 2006. 全国沿海港口布局规划[OL]. http://www.gov.cn/gzdt/2007-07/20/content_691642.htm[2007-07-20].

钟柯, 肖昱, 许珺, 等. 2012. 基于列车运行网络的中国城市中心性分析[J]. 地球信息科学学报, 14(1): 85-93.

朱建邦. 1937. 扬子江航业[M]. 上海: 商务印书馆.

朱丽波. 2015. 科学合作网络的中心性分析[J]. 图书馆学研究, (03): 97-101.

朱彤. 2003. 网络效应经济理论: 文献回顾与评论[J]. 教学与研究, (12): 66-70.

朱荫贵. 2008. 中国近代轮船航运业研究[M]. 北京: 中国社会科学出版社.

宗刚, 胡蓓蓓, 韩建飞. 2012. 中国沿海港口网络空间结构的复杂性研究[J]. 中国软科学, (12): 171-178.

Adolf K Y N, Peter V H, Athanasios A P. 2013. Institutions and the transformation of transport nodes[J]. Journal of transport geography, 27(6): 1-3.

Airriess C A. 1989. The spatial spread of container transport in a developing regional economy: North Sumatra, Indonesia [J]. Transportation Research Part A General, 23: 453-461.

Alexandrou G, Gounopoulos D, Thomas H M. 2014. Mergers and acquisitions in shipping[J]. Transportation Research Part E: Logistics and Transportation Review, 61: 212-234.

Andreou P C, Louca C, Panayides P M. 2012. Valuation effects of mergers and acquisitions in freight transportation[J]. Transportation Research Part E, 48(6): 1221-1234.

Antoine F, Martin S. 2007. Northern European range: Shipping line concentration and port hierarchy[G]// Ports, cities, and global supply chains. London: Ashgate Publishing Litmited: 105-120.

Antoine F. 2007. Global maritime networks: The case of Maersk[J]. Journal of Transport Geography, 15(6): 431-442.

Barke M. 1986. Transport and Trade[M]. Edinburgh: Oliver & Boyd.

Bastian M, Heymann S, Jacomy, M. 2009. Gephi: An open source software for exploring and manipulating networks[G] //In Proceedings of the Third International Conference on Weblogs and Social Media. Menlo Park, CA: AAAI Press: 361-362.

Ben-Avraham D A, Barrat M, Barthelemy A. 2009. Vespignani: Dynamical processes on complex networks[J]. Journal of Statistical Physics, 135(4): 773-774.

Bergantino A S, Veenstra A W. 2002. Interconnection and co-ordination: An application of network theory to liner shipping[J]. International Journal of Maritime Economics, 4(3): 231-248.

Bird J. 1963. The Major Seaports of the United Kingdom[M]. London: Hutchinson.

Bird J. 1971. Seaports and Seaport Terminals[M]. London: Hutchinson University Library.

Blondel V D, Guillaume J L, Lambiotte R, et al. 2008. Fast unfolding of communities in large networks[J]. Journal of Statistical Mechanics: Theory and Experiment, 10: 1008.

Breiger R. 1981. Structures of Economic Interdependence among Nations[J]. Continuities in structural inquiry, 2007: 19-24.

Burt R S. 1976. Positions in Networks[J]. Social Forces, 5(1): 93-122.

Cable B. 1937. A Hundred Years History of the P. & O. Peninsular and Oriental Steam Navigation Company (1837-1937)[M]. London: Ivor Nicholson and Watson Limited.

Canal De Panama. 2013. Annual Report[R].

Carlino G, Defina R. 1995. Regional Income Dynamics[J]. Journal of Urban Economics, 37(1): 88-106.

Carlson J M, Doyle J. 2002. Complexity and robustness[J]. Proceedings of the National Academy of Sciences of the United States of America, 99(3): 2538-2545.

Castells M. 2000. Materials for an exploratory theory of the network society[J]. British Journal of Sociology, 51(1): 5-24.

Chan W K K. 1977. Merchants, mandarins, and modern enterprise in late Ch'ing China[M]. Cambridge, Mass: Harvard University Press.

Cheong W E. 1979. Mandarins & Merchants & Jardine Matheson and Co, a China Agency of the Early Nineteenth Century[M]. London: Curzon Press.

Cheung R. 2003. The transition from freight consolidation to logistics: The case of Hong Kong[J]. Journal of Transport Geography, 11(4): 245-253.

Cohen R, Havlin S. 2010. Complex Networks: Structure, Robustness and Function[M]. Cambridge: Cambridge University Press.

Comtois C, Rimmer P J. 2004. China's complete push for global trade: Port system development and the role of COSCO[G]//Hipping and Ports in the 21st Century. London: Routledge: 40-62.

Comtois C, Dong J. 2007. Port competition in the Yangtze River Delta[J]. Asia Pacific Viewpoint, 48(3): 299-311.

Crucitti P, Latora V, Porta S. 2006. Centrality in networks of urban streets[J]. Chaos, 16(1): 1-9.

Cullinane K, Khanna M. 1999. Economies of Scale in Large Container Ships[J]. Journal of Transport Economics and Policy, 33(2): 185-208.

Cullinane K, Wang T F, Cullinane S. 2004. Container Terminal Development in Mainland China and its Impact on the Competitiveness of the Port of Hong Kong[J]. Transport Reviews, 24(1): 33-56.

Cullinane K, Teng Y H, Wang T F. 2005. Port competition between Shanghai and Ningbo. Maritime Policy & Management, 32(4): 331-346.

Daniel Ben-Avraham A, Barrat M, Barthelemy A. 2009. Vespignani: Dynamical processes on complex networks[J]. Journal of Statistical Physics, 135(4): 773-774.

Daniel O, Brian S. 2006. Rethinking the port[J]. Environment and planning A, 38: 1409-1427.

Das S. 2011. To partner or to acquire? A longitudinal study of alliances in the shipping industry[J]. Maritime Policy and Management, 38: 111-128.

Deng W B, Long G, Wei L, et al. 2009. Worldwide marine transportation network: Efficiency and container throughput[J]. Chinese Physics Letters, 26(11): 242-245.

Dingle E J. 1917. The New Atlas and Commercial Gazetteer of China: A Work Devoted to its Geography & Resources and Economic & Commercial Development[M]. Shanghai, China:

North-China Daily News & Herald.

Drage C. 1970. Taikoo [M]. London: Constable & Co. Ltd.

Ducruet C. 2013. Network diversity and maritime flows[J]. Journal of Transport Geography, 30: 77-88.

Ducruet C. 2017. Multilayer dynamics of complex spatial networks: The case of global maritime flows (1977-2008)[J]. Journal of Transport Geography, 60: 47-58.

Ducruet C, Notteboom T. 2012. The worldwide maritime network of container shipping: Spatial structure and regional dynamics[J]. Global Networks, 12(3): 395-423.

Ducruet C, Wang L. 2018. China's global shipping connectivity: internal and external dynamics in the contemporary era (1890-2016)[J]. Chinese Geographical Science, 28(2): 202-216.

Ducruet C, Roussin S, Jo J C. 2009a. Going West? Spatial Polarization of the North Korean Port System[J]. Journal of Transport Geography, 17(5): 357-368.

Ducruet C, Notteboom T, Langen P D. 2009b. Revisiting inter-port relationships under the New Economic Geography research framework[J]. Ecological Modelling, 220(23): 3271-3279.

Ducruet C, Lee S W, Na A K Y. 2010a. Centrality and vulnerability in liner shipping networks: Revisiting the Northeast Asian port hierarchy[J]. Maritime Policy and Management, 37, (1): 17-36.

Ducruet C, Rozenblat C, Zaidi F. 2010b. Ports in multi-level maritime networks: Evidence from the Atlantic(1996-2006)[J]. Journal of Transport Geography, 18(4): 508-518.

Fernando G L, Maria J F S, Carlos P M. 2012. Maritime degree, centrality and vulnerability: Port hierarchies and emerging areas in containerized transport (2008-2010) [J]. Journal of Transport Geography, 24: 33-44.

Fevour E L. 1968. Western Enterprise in Late Ch'ing China: A Selective Survey of Jardine, Matheson and Company's Operations, 1842-1895[M]. Cambridge Mass: Harvard University Press.

Fleming D K, Hayuth Y. 1994. Spatial characteristics of transportation hubs: Centrality and intermediacy[J]. Journal of Transport Geography, 2(1): 3-18.

Fossy J. 2013. The Containerisation International Yearboo[M]. London: Informa Group.

Freeman L C. 1979. Centrality in social networks conceptual clarification[J]. Social Networks, 1(3): 215-239.

Frémont A. 2007. Global maritime networks: the case of Maersk[J]. Journal of Transport Geography, 15(6): 431-442.

Frémont A. 2009. Empirical evidence for integration and disintegration of maritime shipping, port and logistics activities[J]. OECD-ITF Discussion Paper 2009-1.

Frémont A. 2015. A geo-history of maritime networks since 1945. The case of the Compagnie Générale Transatlantique's transformation into CMA-CGM[G]//Maritime Networks: Spatial Structures and Time Dynamics. London, New York: Routledge.

Frémont A, Soppé M. 2007. Northern European range: Shipping line concentration and port hierarchy[G]//Ports, Cities, and Global Supply Chains. Ashgate Publishing Limited: 105-120.

Fu X, Ng A K Y, Lau Y Y. 2010. The impacts of maritime piracy on global economic

development: The case of Somalia[J]. Maritime Policy and Management, 37(7): 677-697.
Fusilo M. 2009. Structural factors underlying mergers and acquisitions in liner shipping[J]. Marit. Econ. Logist, 11: 209-226.
Gadhia H K, Kotzab H, Prockl G. 2011. Levels of internationalization in the container shipping industry: An assessment of the port networks of the large container shipping companies[J]. Journal of Transport Geography, 19(6): 1431-1442.
Geoffrey J. 2002. Merchants to multinationals: British trading companies in the nineteenth and twentieth centuries[M]. Oxford: Oxford University Press.
Groenewold N, Guoping L, Anping C. 2007. Regional output spillovers in China: Estimates from a VAR model[J]. Papers in Regional Science, 86(1): 101-122.
Ha M S. 2003. A comparison of service quality at major container ports: Implications for Korean ports[J]. Journal of Transport Geography, 11(2): 131-137.
Hall P V, Jacobs W. 2010. Shifting proximities: The maritime ports sector in an era of global supply chains[J]. Regional Studies, 44(9): 1103-1115.
Hansen W G. 1959. How Accessibility Shapes Land-use[J]. Journal of the American Institute of Planners, 25: 73-76.
Hayuth Y. 1981. Containerization and the load center concept[J]. Economic Geography, 57(2): 160-175.
Hayuth Y. 1988. Rationalization and deconcentration of the U. S. container port system[J]. The Professional Geographer, 40(3): 279-288.
Heaver T D. 2002. The evolving roles of shipping lines in international logistics[J]. International Journal of Maritime Economics, 4(3): 210-230.
Hilling D. 1975. Port specialisation and efficiency: The case of Ghana[J]. Maritime Policy and Management, 3 (1): 13-20.
Hilling D. 1977. The evolution of a port system: The case of Ghana[J]. Geography, 62(2): 97-105.
Hilling D. 1996. Transport and developing countries[M]. London, New York: Routledge.
Hilling D, Hoyle B S. 1984. Spatial Approaches to Port Development[G]// Seaport Systems and Spatial Change: Technology, Industry, and Development Strategies. New York: John Wiley & Sons.
Hoyle B S. 1989. The port-city interface: Trends, problems and examples[J]. Geoforum, 20: 429-435.
Hoyle B, Charlier J. 1995. Inter-port competition in developing countries: An East African case study[J]. Journal of Transport Geography, 3(2): 87-103.
Hsiao L. 1974. China's foreign trade statistics(1864-1949)[M]. Cambridge: Harvard University Press.
Hsu C I, Hsieh Y P. 2005. Direct versus hub-and-spoke routing on a maritime container network[J]. Journal of marine science and technology, 13(3): 209-217.
Hu Y H, Zhu D L. 2008. Empirical analysis of the worldwide maritime transportation network[J]. Physica A Statistical Mechanics and It's Applications, 388(10): 2061-2071.

Hu Y H, Zhu D L. 2009. Empirical analysis of the worldwide maritime transportation network[J]. Physica A Statistical Mechanics & Its Applications, 399: 2061-2071.

Hui H T, Cherng C H. 2005. Analysis of hub port choice for container trunk lines in East Asia[J]. Journal of the Eastern Asia Society for Transportation Studies, (6): 907-919.

Hunsberger W S, Marriner S, Hyde F E. 1969. The Senior: John Samuel Swire, 1825-1898, Management in Far Eastern Shipping Trades[J]. Economic History Review, (3): 74.

Jardine Matheson Co. Ltd. 1979. Jardine, Matheson & Company, An Historical Sketch[M]. Hong Kong: Jardine Matheson & Co. Ltd.

John F. 2013. The Containerisation International Yearboo[M]. London: Informa Group.

Jones Geoffrey. 2002. Merchants to multinationals: British trading companies in the nineteenth and twentieth centuries[M]. Oxford: Oxford University Press.

Kaluza P, Kölzsch A, Gastner M T, et al. 2010. The complex network of global cargo ship movements[J]. Journal of the Royal Society Interface, 7(48): 1093-1103.

Kevin X L, Mei F L, Jing L Y. 2012. Container port system in China and the USA: A comparative study[J]. Maritime Policy and Management, 39(5): 461-478.

Kim S, Kang D, Dinwoodie J. 2016. Competitiveness in a Multipolar Port System: Striving for Regional Gateway Status in Northeast Asia[J]. The Asian Journal of Shipping and Logistics, 32(2): 119-125.

Kimmerle J, Thiel A, Cress U, et al. 2013. Knowledge construction in an outsider community: Extending the communities of practice concept[J]. Computers in Human Behavior, 29(3): 1078-1090.

Klink H A V. 1998. The Port Network as a New Stage in Port Development: the Case of Rotterdam[J]. Environment and Planning A, 30: 143-160.

Krackhardt D. 1994. Graph theoretical dimensions of informal organizations[J]. Computational organization theory, 89(112): 123-140.

Kuby M, Reid N. 1992. Technological change and the concentration of the U. S. General Cargo Port System: 1970-1988[J]. Economic Geography, 68(3): 272-289.

Kwang C L. 1959. Steamship Enterprise in Nineteenth-Century China[J]. Journal of Asian Studies, 18(4): 435-455.

Kwang C L. 1964. British-Chinese Steamship Rivalry in China: 1873-1885//The Economic Development of China and Japan: Studies in Economic History and Political Economy[M]. London: George Allen and Unwin Ltd: 49-78.

Lam J S L, Yap W Y. 2011. Dynamics of liner shipping network and port connectivity in supply chain systems: Analysis on East Asia[J]. Journal of Transport Geography, 19(6): 1272-1281.

Lau Y Y. 2009. An application of the Porter's diamond framework: the case of Hong Kong airfreight industry[G]//Proceedings of 3rd International Forum of Shipping, Ports and Airports, Hong Kong, China, May.

Lau Y Y, Ng A K Y, Fu X, et al. 2013. The evolution and research trends of container shipping[J]. Maritime Policy and Management, 40(7): 654-674.

Lau Y Y, Ducruet C, Ng A K Y, et al. 2017. Across the waves: A bibliometric analysis of container shipping research since the 1960s[J]. Maritime Policy & Management, 44(6): 667-684.

Lee J Y, Rodrigue J P. 2006. Trade reorientation and its effects on regional port systems: The Korea-China link along the Yellow Sea Rim[J]. Growth and Change, 37(4): 597-619.

Lee S W. 2010. Centrality and vulnerability in liner shipping networks: Revisiting the Northeast Asian port hierarchy[J]. Maritime Policy and Management, 37(1): 17-36.

Lee W, Sarder M D. 2011. Sustainable Manufacturing in the US Shipbuilding Industry through Outsourcing[J]. International Journal of Engineering & Industries, 2(4): 86-96.

Li K X, Luo M, Yang J. 2012. Container port system in China and the USA: A comparative study[J]. Maritime Policy and Management, 39(5): 461-478.

Liu K C. 1959. Steamship Enterprise in Nineteenth-Century China[J]. Journal of Asian Studies, 18(4): 435-455.

Liu K C. 1964. British-Chinese Steamship Rivalry in China: 1873-1885//The Economic Development of China and Japan: Studies in Economic History and Political Economy[M]. London: George Allen and Unwin Ltd: 49-78.

Liu L, Wang K Y, Yip T L. 2013. Development of a container port system in Pearl River Delta: Path to multi-gateway ports[J]. Journal of Transport Geography, 28(4): 30-38.

Loo B P Y, Hook B. 2002. Interplay of international, national and local factors in shaping container port development: A case study of Hong Kong[J]. Transport Reviews, 22(2): 219-233.

Low J M W, Shao W L, Tang L C. 2009. Assessment of hub status among Asian ports from a network perspective[J]. Transportation Research Part A Policy & Practice, 43(6): 593-606.

Malhotra B, Bressan S, Lam J S L. 2012. Mining maritime schedules for analyzing global shipping networks. Business Intelligence and Data Mining, 7(3): 186-202.

Marcadon J. 1999. Containerization in the ports of Northern and Western Europe[J]. GeoJournal, 48: 15-20.

Mayer H M. 1978. Current trends in Great Lakes shipping[J]. GeoJournal, 2: 117-122.

Mccalla R J. 2004. Hierarchical network structure as seen in container shipping liner services in the Caribbean Basin[J]. Belgeo, (4): 407-418.

Mckenzie R D. 1933. The Metropolitan Community[M]. New York: McGraw-Hill.

Merk O. 2013. The competitiveness of global port-cities: Synthesis report[R]. Sourceoecd Governance.

Michel M, Sushil C. 1999. Merchants, Companies, and Trade: Europe and Asia in the Early Modern Era[M]. London, New York: Cambridge University Press.

Monios J, Wilmsmeier G. 2016. Between path dependency and contingency: New challenges for the geography of port system evolution[J]. Journal of Transport Geography, 51: 247-251.

Morineau M, Chaudhury S. 1999. Merchants, Companies, and Trade: Europe and Asia in the early Modern Era[M]. London, New York: Cambridge University Press.

Na Y H C, Yoshida S. 2013. Evaluation of M&A Effects in Japanese Shipping Companies: Case Study of NYK & Showa Line and OSK & Navix Line[J]. The Asia Journal of Shipping and

Logistics: 23-43.

Nagarajan R, Kalinka A T, Hogan W R. 2013. Evidence of Community Structure in Biomedical Research Grant Collaborations[J]. Journal of Biomedical Informatics, 46(1): 40.

Nam K C, Kim H W, Lee M S, et al. 2010. A study on the operation of Busan new port distripark[G]//Proceedings of 3rd International Forum on Shipping, Ports and Airport, Chengdu, Sichuan, China: 62-69.

Ng A K Y. 2013. The evolution and research trends of port geography[J]. The Professional Geographer, 65(1): 65-86.

Ng A K Y, Hall P V, Pallis A A. 2013. Guest editors' introduction: Institutions and the transformation of transport nodes[J]. Journal of Transport Geography, 27(6): 1-3.

Ng A K Y, Ducruet C, Jacobs W, et al. 2014. Port Geography at the Crossroads with Human Geography: Between Flows and Spaces[J]. Journal of Transport Geography, 41: 84-96.

Notteboom T E. 1997. Concentration and load centre development in the European container port system[J]. Journal of Transport Geography, 5(2): 99-115.

Notteboom T E. 2002. Consolidation and contestability in the European container handling industry[J]. Maritime Policy and Management, 29: 257-269.

Notteboom T E. 2004. Container shipping and ports: An overview[J]. Review of network economics, 3(2): 86-106.

Notteboom T E. 2007a. Strategic challenges to container ports in a changing market environment[G]// Devolution, Port Governance and Port Performance. Elsevier: Oxford and Amsterdam: 29-52.

Notteboom T E. 2007b. Container river services and gateway ports: Similarities between the Yangtze River and the Rhine River[J]. Asia Pacific Viewpoint, 48(3): 330-343.

Notteboom T E. 2009. Complementarity and substitutability among adjacent gateway ports[J]. Environment and planning A, 41(3): 743-762.

Notteboom T. 2010. Concentration and the formation of multi-port gateway regions in the European container port system: An update[J]. Journal of transport geography, 18(4): 567-583.

Notteboom T E. 2012. Challenges for container river services on the Yangtze River: A case study for Chongqing[J]. Research in Transportation Economics, 35: 41-49.

Notteboom T E, Winkelmans W. 2001. Structural changes in logistics: How will port authorities face the challenge[J]. Maritime Policy and Management, 28(1): 71-89.

Notteboom T E, Rodrigue J P. 2005. The port regionalization: Towards a new phase in port development[J]. Maritime Policy & Management, 32(3): 297-313.

Ogundana B. 1971. The location factor in changing seaport significance in Nigeria[J]. Nigerian Geographical, 14: 71-88.

Olivier D, Slack B. 2006. Rethinking the port[J]. Environment & Planning A, 38(8): 1409-1427.

Oliveira M, Gama J. 2012. An overview of social network analysis[J]. Wiley Interdisciplinary Reviews: Data Mining and Knowledge Discovery, 2(2): 99-115.

Parola F, Veenstra A W. 2008. The spatial coverage of shipping lines and container terminal operators[J]. Journal of Transport Geography, 16(4): 292-299.

Rimmer P J. 1967a. Recent changes in the status of seaports in the New Zealand coastal trade[J]. Economic Geography, 43(3): 231-243.

Rimmer P J. 1967b. The changing status of New Zealand seaports, 1853-1960 [J]. Annals of the Association of American Geographers, 57(1): 88-100.

Rimmer P J. 1967c. The search for spatial regularities in the development of Australian seaports 1861-1961/2[J]. Geografiska Annaler Series B, Human Geography, 49(1): 42-54.

Rimmer P J. 1999. The Asia-Pacific Rim's transport and telecommunications systems: Spatial structure and corporate control since the mid-1980s[J]. GeoJournal, 48: 43-65.

Rimmer P J. 2007. Port dynamics since 1965: Past patterns, current conditions and future directions[J]. Journal of International Logistics and Trade, 5(1): 75-97.

Rimmer P J, Comtois C. 2005. China's extra and intra-Asian liner shipping connections 1990-2000[J]. Journal of International Logistics and Trade, 3(1): 75-97.

Rimmer P J, Comtois C. 2009. China's container-related dynamics: 1990-2005[J]. GeoJournal, 74(1): 35-50.

Robinson R. 1976. Modelling the port as an operational system: A perspective for research[J]. Economic Geography, 52(1): 71-86.

Robinson R. 2002. Ports as elements in value-driven chain systems: The new paradigm[J]. Maritime Policy and Management, 29(3): 241-255.

Rodriguez-Pose A, Zademach H. 2003. Rising Metropoli: The Geography of Mergers and Acquisitions in Germany[J]. Urban Studies, 40(10): 1895-1923.

Rossi E C, Taylor P J. 2005. Banking networks across Brazilian cities: Interlocking cities within and beyond Brazil[J]. Cities, 22(22): 381-393.

Sims C A. 1980. Macroeconomics and Reality[J]. Econometrica, 48(1): 1-48.

Slack B. 1985. Containerization, Inter-port Competition and Port Selection[J]. Maritime Policy and Management, 12(4): 293-303.

Slack B. 1990. Intermodal transportation in North America and the development of inland load centers[J]. The Professional Geographer, 42(1): 72-83.

Slack B. 1993. Pawns in the Game: Ports in a Global Transportation System[J]. Growth and Change, 24: 579-588.

Slack B, Wang J J. 2002. The challenge of peripheral ports: An Asian perspective[J]. GeoJournal, 56: 159-166.

Slack B, Frémont A. 2009. Fifty years of organisational change in container shipping: Regional shift and the role of family firms[J]. GeoJournal, 74(1): 23-34.

Smith D A, White D R. 1992. Structure and dynamics of the global economy: Network analysis of international trade 1965-1980[J]. Social Forces, 70(4): 857-893.

Snyder D, Kick E L. 1979. Structural position in the world system and economic growth, 1955-1970: A multiple-network analysis of transnational interactions[J]. American Journal of Sociology, 84(5): 1096-1126.

Song D W. 2003. Port Co-opetition in Concept and Practice[J]. Maritime Policy and Management, 30(1): 29-44.

Song D W, Yeo K T. 2004. A competitive analysis of Chinese container ports using the analytic hierarchyprocess[J]. Maritime Economics and Logistics, 6: 34-52.

Starr J T. 1994. The mid-Atlantic load center[J]. Maritime Policy and Management, 21(3): 219-227.

Su H W, Stephen J P, Dong W K, et al. 2011. Seaport research: A structured literature review on methodolorical issues since the 1980. Transportation Research Part A, (45): 667-685.

Subhan M, Ghani A B A. 2010. An analytic hierarchy process approach in formulating growth strategy of a port system: A case study of Aceh ports in Indonesia[G]// Proceedings of 3rd International Forum on Shipping, Ports and Airport, Chengdu, Sichuan, China: 196-207.

Taaffe E J, Morrill R L, Gould P R. 1963. Transport expansion in underdeveloped countries: A comparative analysis[J]. Geographical Review, 53(4): 503-529.

Tai H H, Hwang C C. 2005. Analysis of hub port choice for container trunk lines in East Asia[J]. Journal of the eastern Asia society for transportation studies, 6: 907-919.

Taylor M, Sekhar S, D'Este G. 2006. Application of Accessibility Based Methods for Vulnerability Analysis of Strategic Road Networks[J]. Network and Spatial Economics, 6(3-4): 267-291.

Taylor P J. 2001. Specification of the World City Network[J]. Geographical Analysis, 33(2): 181-194.

Veenstra A W, Mulder H M, Sels R A. 2005. Analysing container flows in the Caribben[J]. Journal of Transport Geography, 13(4): 295-305.

Veenstra A, Notteboom T. 2011. The development of the Yangtze River container port system[J]. Journal of Transport Geography, 19(4): 772-781.

Wang J J. 1998. A container load center with a developing hinterland: A case study of Hong Kong[J]. Journal of Transport Geography, 6(3): 187-201.

Wang J J, Slack B. 2000. The evolution of a regional container port system: The Pearl River Delta[J]. Journal of Transport Geography, 8: 263-275.

Wang J J, Slack B. 2004. Regional governance of port development in China: A case study of Shanghai International Shipping Center[J]. Maritime policy and management, 31(4): 357-373.

Wang J J, Oliver D. 2007. Shanghai and Ningbo: In search of an identity for the Changjiang Delta Region[G]// Asian Container Ports, Development, Competition and Co-operation. New York: Palgrave Macmillan Ltd: 183-197.

Wang J J, Ng A K Y. 2011. The geographical connectedness of Chinese seaports with foreland markets: A new trend[J]. Tijdschrift Voor Economische En Sociale Geografie, 102(2): 188-204.

Wang J J, Ng A K Y, Olivier D. 2004. Port governance in China: A review of policies in an era of internationalizing port management practices[J]. Transport Policy, 11: 237-250.

Wang Y, Cullinane K. 2014. Traffic consolidation in East Asian container ports: A network flow analysis[J]. Transportation Research Part A Policy & Practice, 61(1): 152-163.

Wasserman S, Faust K. 1994. Social Network Analysis: Methods and Applications[J]. Cambridge: Cambridge University Press Analysis in the Social Sciences, 24(48): 219-220.

Weigend G. 1958. Some elements in the study of port geography[J]. Geographical Review, 48: 185-200.

White H C, Breiger R L. 1976. Social Structure from Multiple Networks. I. Blockmodels of Roles and Positions[J]. American Journal of Sociology, 81(4): 730-780.

Wilmsmeier G, Notteboom T. 2011. Determinants of liner shipping network configuration: A two-region comparison[J]. GeoJournal, 76: 213-228.

Woolley-Meza O, Thiemann C, Grady D, et al. 2011. Complexity in human transportation networks: a comparative analysis of worldwide air transportation and global cargo-ship movements[J]. European Physical Journal B, 84(4): 589-600.

Wright A. 1990. Twentieth Century Impressions of Hong Kong, Shanghai and Other Treaty Ports[M]. Singapore: Graham Brash.

Xu M, Li Z, Shi Y, et al. 2015. Evolution of regional inequality in the global shipping network[J]. Journal of Transport Geography, 44: 1-12.

Yang D, Wang S. 2017. Analysis of the development potential of bulk shipping network on the Yangtze River[J]. Maritime Policy & Management, 44(4): 1-12.

Yang X, Derudder B, Taylor P J, et al. 2017. Asymmetric global network connectivities in the world city network, 2013[J]. Cities, 60: 84-90.

Yeong S H, Jung S S. 2017. An Analysis of the Competitiveness of Major Liner Shipping Companies Asian Journal of Shipping and Logistics, 33(2): 53-60.

Yip T L, Lun Y H V, Lau Y Y. 2012. Scale diseconomies and efficiencies of liner shipping[J]. Maritime Policy and Management, 39(7): 673-683.

Yiping L E, Hitoshi I E D A. 2010. Evolution dynamics of container port systems with a Geo-Economic concentration index: A comparison of Japan, China and Korea[J]. Asian Transport Studies, 1(1): 46-61.

Yuen C L A, Zhang A, Cheung W. 2012. Port competitiveness from the users' perspective: An analysis of major container ports in China and its neighboring countries[J]. Research in Transportation Economics, 35: 34-40.

Zheng J, Yang D. 2016. Hub-and-spoke network design for container shipping along the Yangtze River[J]. Journal of Transport Geography, 55: 51-57.

Zheng Y. 2012. China on the sea: How the maritime world shaped modern China[J]. The Journal of Asian Studies, 71(4): 1129-1131.